Les tableaux de bord de la gestion sociale

Développez les nouveaux outils de la performance sociale

Jean-Pierre TAÏEB

4e édition

DUNOD

Du même auteur

La masse salariale
(en collab. avec Françoise Le Huerou), Dunod, 2e éd., 2002.

Paie et administration du personnel
Dunod, 2002.

Vous pouvez contacter l'auteur à :
jp.taieb@paierh.fr

Conseiller éditorial :
Dominique Chalvin

ISBN 2 10 007606 X

Table des matières

Introduction

VOUS avez certainement déjà constaté que l'atteinte d'objectifs en matière sociale n'est pas uniquement une question de foi. Cela nécessite un objectif précis, un chemin tracé pour progresser et un tableau de bord pour y parvenir. C'est dans les périodes troublées que la nécessité d'un outil de gestion prévisionnelle comme celui-ci, se fait le plus sentir.

L'amorce d'un nouveau millénaire marque le temps des bilans. Le moment pour tous de s'interroger sur le passé, les résultats présents et leurs causes, afin de mieux appréhender l'avenir. C'est la raison pour laquelle, ces dernières années, les tableaux de bord se sont rapidement intégrés dans notre environnement.

Après avoir équipé le poste de pilotage des voitures, ils prennent maintenant une place prépondérante dans notre vie quotidienne. On les retrouve sur les appareils électro-ménagers, le matériel électronique et les outils informatiques. Dans l'entreprise, c'est dans les services financiers, les services commerciaux et au contrôle de gestion, qu'ils ont d'abord été mis en place. Ce n'est que plus récemment qu'ils équipent les directions des ressources humaines.

Définition d'un tableau de bord

Le tableau de bord est un outil de gestion qui permet, par extrapolation, de réaliser des prévisions à court et moyen terme, pour assurer l'atteinte d'un objectif fixé préalablement. Il réunit cycliquement un ensemble d'indicateurs mesurés, choisis comme étant les principaux leviers de l'action.

Pour cela il convient de déterminer une norme pour chaque indicateur. Ainsi, lorsque les valeurs de ces indicateurs dépassent celles référencées comme normales, elles agissent comme des clignotants d'alerte. À charge au décideur de mener préventivement l'action ou les actions correctrices nécessaires à la réalisation nominale de l'objectif.

Cette action engagée, dès les premiers signes mesurés de dérive, est une « proaction ». Elle est appelée ainsi parce qu'elle intervient avant la comparaison finale entre l'objectif à atteindre et le résultat constaté, elle est d'autant plus efficace qu'elle intervient tôt.

Par opposition, la *réaction* définit l'action qui est menée *a posteriori*, après le constat de l'objectif raté. Autrement dit la réaction est une action qui arrive en retard.

La figure I.1 illustre le fonctionnement général d'un tableau de bord.

> Prenons l'exemple de coureurs à pied qui s'entraînent en salle, sur les tapis de course des gymnases. Ils visent l'objectif permanent de se dépasser et d'améliorer leur résultat par rapport aux performances enregistrées par d'autres coureurs de même catégorie. Ce qui revient pour eux à se fixer un objectif permanent de temps à réaliser sur une distance déterminée, au plus égal à leur précédent record personnel. Ils ont vite compris l'intérêt du tableau de bord qu'ils suivent en permanence.
>
> Un affichage successif d'indicateurs est programmé :
>
> – le temps de course depuis la mise en route de l'appareil,
>
> – le nombre de kilomètres effectués dans ce même temps,
>
> – la vitesse exprimée en kilomètres par heure,
>
> – le degré d'inclinaison du plan de course, simulant les montées ou les descentes,
>
> – les calories dépensées en fonction du poids du coureur,
>
> – la meilleure performance enregistrée sur cette machine, par un coureur de même gabarit.
>
> À tout moment, le coureur se positionne grâce à la mesure de la distance parcourue et du temps réalisé. Il peut ainsi, en fonction de la distance restant à parcourir et de l'objectif de temps qu'il s'est préalablement fixé, accélérer l'allure pour rattraper le retard constaté, ou dans le cas contraire ménager ses efforts pour tenir la distance.
>
> Accélérer, maintenir ou ralentir l'allure sont des exemples de proactions que peut mener le coureur.
>
> Il peut ainsi, en fonction de ses capacités physiques, couvrir la distance dans le temps maximum qu'il s'est fixé au départ, ou mieux encore réduire ce temps.

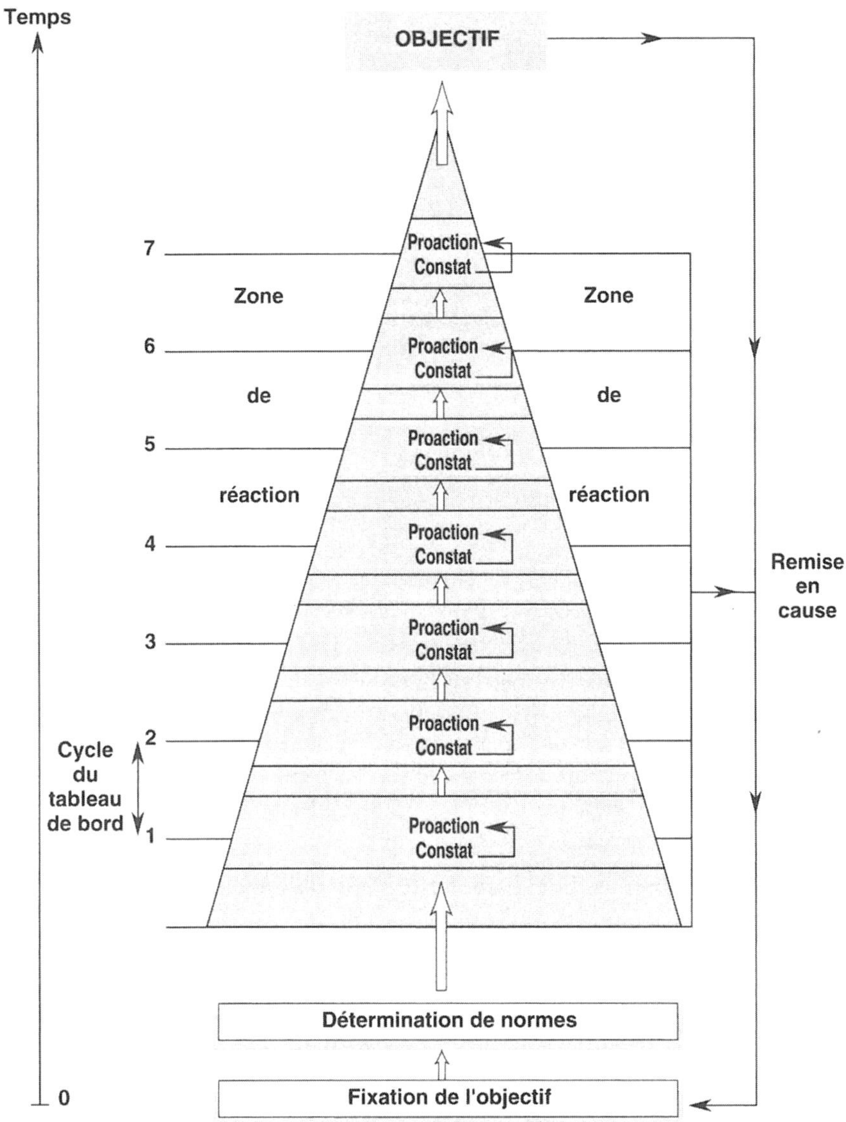

Figure I.1 – Fonctionnement général d'un tableau de bord

Les tableaux de bord sont des outils adaptés à nos besoins qui évoluent avec eux. Une fois intégrés dans notre environnement, il paraît impossible de pouvoir s'en passer et, qui plus est, on n'imagine plus notre vie sans eux.

Pour optimiser la gestion dans l'entreprise, ils sont d'autant plus précieux qu'ils répondent aux besoins de s'étalonner et de se comparer aux autres, source d'un indispensable progrès.

Rôle des tableaux de bord sociaux

L'environnement économique et social est complexe. Après la récession, la relance est bien présente, peut-être de façon momentanée et la consommation des ménages progresse. Des entreprises naissent avec les NTIC[1] et Internet, des emplois sont créés.

Au sein des directions qui sont les vôtres, celles du personnel et des ressources humaines, les objectifs sont simples, ils se résument ainsi : recruter et maintenir un personnel compétent, productif, motivé, adaptable, mobile géographiquement, stable mais pas trop, jeune mais pas trop, avec du potentiel pour évoluer on ne sait encore où, tout en diminuant la masse salariale dans un climat social serein. Dans ce contexte trouble où il est difficile de naviguer, le besoin de tableaux de bord sociaux se fait fortement sentir.

C'est par temps de brouillard, lorsque la visibilité est réduite que le navigateur a le plus besoin de se référer à un tableau de bord. Il peut ainsi vérifier tout au long de son voyage, qu'il tient le cap fixé afin d'ajuster sa route le cas échéant.

Comme le navigateur, les responsables du personnel et les managers de l'entreprise ont besoin de tableaux de bord spécifiques à leur fonction.

Les décisions de management qu'ils prennent reposent sur un certain nombre d'informations sociales, avec comme objectif de maintenir des équipes en nombre suffisant, en bonne santé physique et morale tout en faisant évoluer leurs compétences.

Dans cette perspective, les tableaux de bord qui leur sont destinés, réunissent des données sociales qui permettent de suivre l'évolution des effectifs, de contrôler l'augmentation de la masse salariale, de mesurer

1. Nouvelles technologies de l'information et de la communication.

la progression des compétences et de la productivité des salariés, de vérifier enfin la qualité du climat social.

Plus généralement, les tableaux de bord vont permettre de mesurer les résultats concrets des différents axes d'une politique sociale, de dégager des écarts et de prendre les décisions d'actions rendues nécessaires. C'est sous cet angle essentiellement dynamique que le tableau de bord social est un outil de pilotage au service des stratégies les plus fines. C'est pourquoi la construction des tableaux de bord de la *fonction ressources humaines* va justifier une prescription méthodologique.

Notre progression se fera à partir des enseignements tirés du tableau de bord spécifique qu'est le **bilan social**. Se donner des objectifs clairs et très précis sera le point de départ de notre démarche qui sera suivie de la prise en compte personnalisée des destinataires, clients des tableaux de bord sociaux. **L'indicateur social**, véritable unité d'œuvre des tableaux de bord, une fois défini, sera placé dans un référentiel de temps et comparé avec des normes externes à l'entreprise.

Nous analyserons les valeurs que prennent les principaux ratios de la fonction aujourd'hui et suivrons leur évolution par secteur d'activité et en moyenne nationale.

Nous procéderons ainsi à un véritable **diagnostic social** précédant l'action correctrice, lorsque celle-ci s'impose. Entre autres actions, nous envisagerons le *benchmarking* qui consiste à transposer chez soi, des méthodes de gestion du personnel issues d'une autre entreprise dont la performance est reconnue.

Des outils comme les **statistiques** et les **représentations graphiques** seront une aide précieuse pour permettre d'ajouter du sens aux résultats et de mieux les valoriser.

Pour laisser le temps aux opérationnels de mener les actions nécessaires, le tableau de bord doit venir à point nommé, ni trop tôt ni trop tard. Nous verrons comment l'objectif va préciser cet équilibre délicat : quelle périodicité pour quel délai d'action ?

Enfin, nous illustrerons en synthèse l'ensemble des points de la méthodologie par des exemples concrets de tableaux de bord appliqués aux principaux domaines de la gestion des ressources humaines : les effectifs, l'absentéisme, la formation, et la masse salariale.

CHAPITRE 1

Élaborer le tableau de bord social à partir du bilan social

DANS ce chapitre, nous rappellerons le contexte de la création du bilan social, premier tableau de bord imposé par le législateur.

Nous réfléchirons sur ses objectifs et nous nous interrogerons sur l'atteinte du but. Nous verrons enfin comment il est possible de faire du bilan social la base d'un référentiel social externe.

Nous nous appuierons sur le bilan social pour dégager les principaux points de la méthodologie de réalisation des tableaux de bord sociaux.

➤ Contexte de la création du bilan social

On peut dire que ce sont les États-Unis qui, les premiers, ont recherché les mesures signifiantes des facteurs sociaux de l'entreprise. À l'image de la comptabilité générale et de la comptabilité analytique, ils ont cherché à exprimer à travers un certain nombre d'indicateurs, un bilan annuel de la gestion sociale dans son ensemble.

En Europe, le besoin s'en est fait sentir à la fin des années 60, d'abord aux Pays-Bas puis en Allemagne. Dans le même temps, le patronat français a commencé à réfléchir à la promotion du bilan social et a émis des propositions qui ont été largement reprises dans le projet de loi relatif au bilan social adopté en Conseil des ministres du 26 janvier 1977.

La loi du 17 juillet 1977 a fait du bilan social le premier tableau de bord social, obligatoire pour les entreprises et les établissements dont l'effectif habituel est d'au moins trois cents salariés.

➤ Objectif du bilan social : « nouer un dialogue social »

Les objectifs poursuivis par le bilan social sont de trois ordres :
– information,
– concertation,
– planification.

Ils sont exprimés dans le rapport émis par le comité d'études pour *La réforme de l'entreprise* présidé par Pierre Sudreau, comme « la volonté de transformer la vie de l'entreprise et en particulier de nouer un dialogue social dans l'entreprise ».

Le bilan social présente un grand nombre d'indicateurs sociaux regroupés en sept familles, elles-mêmes divisées en sous-familles dont l'unité de base est l'indicateur social.

Les sept familles d'indicateurs du bilan social sont :

1. l'emploi,
2. les rémunérations et les charges accessoires,
3. les conditions d'hygiène et de sécurité,
4. les autres conditions de travail,
5. la formation,
6. les relations professionnelles,
7. les autres conditions de vie relevant de l'entreprise.

Les indicateurs du bilan social se répartissent à l'intérieur de ces familles. Chaque indicateur est comparé aux valeurs qu'il prenait au cours des deux années précédant l'année de référence du bilan social. Les indicateurs doivent pour la plupart, être ventilés en au moins trois catégories socio-professionnelles.

Pour terminer la présentation du bilan social, il nous faut préciser qu'il existe quatre modèles de bilans sociaux, un pour chacun des grands secteurs d'activité défini par le législateur. On en trouve un modèle pour le secteur *Industriel et Agricole*, un autre propre au secteur du *Commerce et des Services*, un troisième pour le *Bâtiment et les Travaux Publics* et enfin un dernier pour le secteur des *Transports.*

C'est dans le secteur du *Commerce et des Services* que le bilan social comporte le plus grand nombre d'indicateurs puisqu'on en dénombre plus de cent.

➤ Une communication destinée aux salariés et aux partenaires sociaux

Le bilan social est destiné aux membres du comité d'entreprise et aux administrateurs des sociétés anonymes, mais il est seulement tenu à la disposition des salariés qui souhaitent le consulter.

Pour ces derniers, l'ampleur des informations présentées rend le bilan social difficile d'accès. Tous n'ont pas le temps ni la technicité nécessaires pour analyser l'ensemble des indicateurs présentés.

Les salariés, premiers concernés par ces informations, ne savent pas tous ce que représente le rapport entre le premier et le dernier décile des rémunérations, pas plus qu'ils ne peuvent analyser le taux de gravité des accidents du travail, pour ne citer que deux exemples.

Le bilan social est donc pour eux un document de référence certes, mais trop volumineux et complexe à déchiffrer.

De plus, ils n'en sont pas directement destinataires ce qui les incite peu à aller le consulter.

Quant aux membres du comité d'entreprise, une communication formelle leur est réservée annuellement sur ce point. Ils perçoivent ce document comme un regroupement d'informations dont ils ont déjà eu connaissance au cours de l'année concernée.

Rappelons que le comité d'entreprise est destinataire d'informations régulières portant sur le fonctionnement de l'entreprise et ses conséquences sur l'emploi. Il doit de plus être informé et consulté en cas de difficultés économiques de l'entreprise ayant un impact sur la structure des emplois.

Lorsque les partenaires sociaux prennent connaissance du bilan social, dans le courant du mois d'avril de l'année suivant l'exercice auquel il se rapporte, les informations qu'il contient sont largement dépassées.

Tardif dans sa conception comme dans sa diffusion, le bilan social rend toute réaction difficile ; quant à la proaction elle est impossible. Peu diffusé auprès de salariés pour des raisons de coût, il est généralement admis que ce document ne suscite que peu l'intérêt.

Les résultats d'une enquête menée par Entreprise et Progrès confirme ces dires. Cet organisme demandait par voie de questionnaire à ses adhérents, leur avis sur les premiers bilans sociaux.

Les résultats étaient déjà peu encourageants :

« Pour ceux qui veulent agir, le bilan social ne constitue pas un outil efficace. On ne peut évidemment pas préjuger des réactions qu'il suscitera dans les années à venir, mais il n'est pas étonnant qu'un document de ce type, globalisant et centralisateur, intéresse très faiblement les gens. »

« Cet échec actuel du bilan social par rapport aux objectifs que lui assignait le législateur, conforte la démarche qui avait été proposée par Entreprise et Progrès, dès 1975, à propos des indicateurs sociaux dans l'entreprise : commencer par mettre en place des indicateurs peu nombreux, significatifs de la situation de l'atelier ou du service, suivis régulièrement par l'encadrement avant de vouloir réaliser un document concernant l'entreprise ou même l'établissement. »

Pour conclure sur ce tableau de bord particulier qu'est le bilan social, on constate que les objectifs qui lui ont été fixés en matière de communication étaient vastes. Ils ont amené les techniciens chargés de le concevoir à « nouer avec beaucoup de difficulté le dialogue social » préconisé par le rapport Sudreau.

En synthèse, nous nous appuierons sur la figure 1.1 qui compare le bilan social au tableau de bord, pour définir la méthodologie de construction des tableaux de bord sociaux.

Vous le savez certainement si vous avez déjà eu à le réaliser, le bilan social représente un gros travail de collecte, de calcul et de mise en forme des informations. C'est pourquoi nous allons tenter de rentabiliser ce travail en assignant au bilan social l'objectif de préfigurer la base d'un référentiel social.

Bilan social	Critère analysé	Tableau de bord
Pas d'objectif précis	**Objectif**	Un objectif clair et précis
Constat statique	**Constat**	Constat dynamique
Obligation légale	**Obligation**	Pas d'obligation légale
Créé par le ministère du Travail	**Création**	Créé par l'entreprise
Annuelle	**Périodicité**	Au choix, selon les thèmes et les destinataires
Exprime la plupart de ses informations en moyenne	**Utilisation de statistiques**	Peut adopter médiane ou écart-type chaque fois que la précision de l'information la réclame
Demande essentiellement des données chiffrées	**Rapport entre les informations chiffrées**	Utilise presque toujours le rapport entre les données et leur pourcentage
N'est pas prévue	**Visualisation**	Absolument nécessaire
Membres des CE et CCE représentants syndicaux, délégués syndicaux, inspecteur du travail, actionnaires et salariés qui en font la demande	**Destinataires**	Déterminés en fonction du thème du tableau de bord
Aucune	**Action**	Proaction

Figure 1.1 – Comparaison bilan social/Tableau de bord

➤ Le bilan social comme base d'un référentiel social

Les entreprises et établissements de plus de trois cents salariés doivent réaliser un bilan social. Les indicateurs qui le composent ont un mode de calcul qui est strictement défini par la loi. De ce fait, la rigueur imposée par le législateur pour le calcul de certains indicateurs, comme « l'effectif au 31 décembre » (indicateur n° 111), ou « l'effectif permanent » (indicateur n° 112), permet de réaliser des comparaisons fiables et significatives avec les autres entreprises.

C'est pourquoi vous pouvez commencer la construction d'une base de données sociales, faisant office de référentiel externe, à partir des indicateurs du bilan social.

Cette base de départ, vous l'enrichirez des informations puisées dans le bilan social des entreprises d'activité similaire ou voisine dans leur fonctionnement.

C'est une démarche de même type que vous propose le cabinet de José Allouche, professeur d'université, qui effectue un regroupement des informations issues du bilan social de près de quatre cents entreprises.

Il propose aux entreprises clientes de réaliser une véritable « radioscopie sociale » par le biais d'une analyse comparée de leur bilan social.

Cette étude procède à l'analyse de cent quatre vingts indicateurs sur six ans.

Les données spécifiques de l'entreprise sont systématiquement comparées avec celles des quatre cent quatre vingts entreprises intégrées dans la banque de données sociales du cabinet. La comparaison des données sociales se fait dans le domaine d'activité de l'entreprise, pour l'ensemble des entreprises de même taille et au plan national.

De plus, le *scoring social* permet à partir de soixante dix huit indicateurs regroupés en neuf thèmes de performance, de mesurer la performance sociale de l'entreprise par rapport au marché national et par rapport à son propre secteur. (Voir Le scoring social, p. 14 et 15)

Le bilan social est un tableau de bord spécifique dont le principal objectif est la **communication**.

Mais l'objectif d'action est peu présent, ce qui donne de faibles applications opérationnelles à ce tableau de bord.

Toutefois la rigueur qui a présidé à la conception du bilan social a permis d'imposer aux entreprises assujetties les mêmes modes de calcul des indicateurs sociaux.

Si le bilan social n'a pas d'application concrète dans le domaine de l'action sociale, il permet néanmoins de contrôler la validité des politiques définies.

➤ Aborder le tableau de bord comme un outil de gestion

Les modifications économiques et structurelles sont de nos jours fréquentes, elles entraînent une gestion serrée des outils de production et des hommes qui les font fonctionner. Ceci explique que les objectifs sociaux font désormais partie des objectifs stratégiques de l'entreprise et que les directions des ressources humaines (DRH) sont, plus qu'avant, intégrées au comité de direction.

C'est la raison pour laquelle vous devez maintenant convaincre la direction générale des retombées économiques positives de votre gestion sociale par des résultats mesurables.

Comme vous gérez puis diffusez l'information sociale auprès de tous les acteurs du management, il convient de réfléchir à la forme rationnelle la plus éloquente qu'elle peut revêtir.

Transformer en pourcentage toutes les données concernant les hommes dans l'entreprise serait utopique, mais nous verrons au chapitre 6 que l'approche quantitative d'un phénomène social par plusieurs indicateurs mesurés, en facilite le suivi.

Les moyens dont disposent les directions des ressources humaines évoluent eux aussi pour s'adapter à ces mutations. De nombreux outils de projection de la masse salariale, de gestion prévisionnelle des emplois et des compétences, de mesure de l'absentéisme et les tableaux de bord sociaux, se développent.

Le scoring social

Le *scoring social* se présente sous la forme de 12 graphiques systématiquement commentés. Les 4 premiers vous sont présentés ci-après.

1. **La mesure de la performance sociale globale** sur moyenne période

– Analyse sur 6 ans de l'évolution de l'intensité de performance globale.

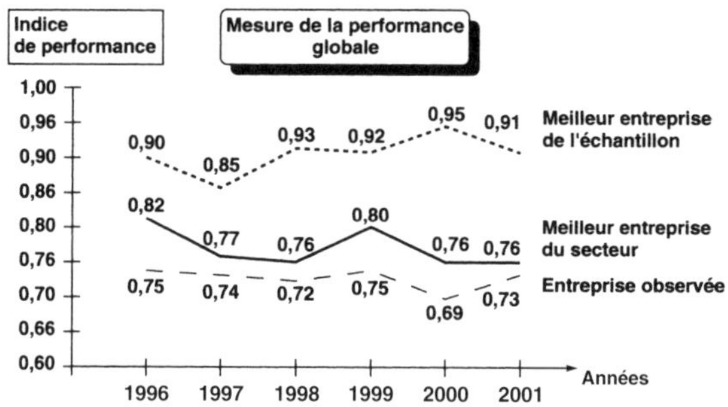

2. **La mesure comparative nationale de la performance sociale éclatée par thème : le « tunnel de la performance sociale »**

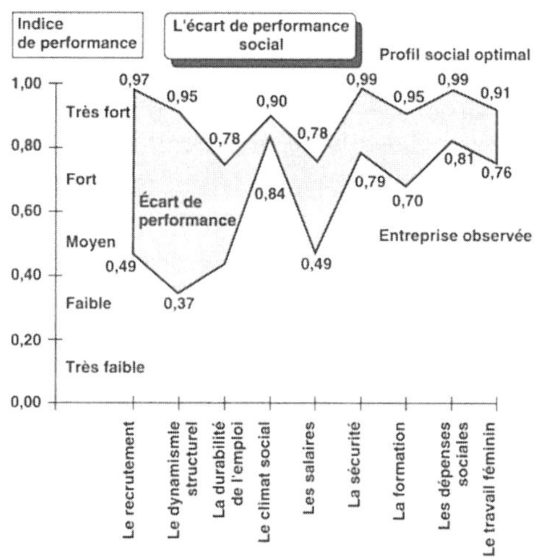

– **Profil de l'entreprise observée** au cours de la dernière année, construit à partir de l'intensité de performance partielle sur chacun des 9 thèmes clés.

– **Profil de l'entreprise « idéale »** (intensité de performance partielle la plus élevée pour chacun des 9 thèmes et sur l'ensemble de l'échantillon).

– **Profil de l'entreprise « épouvantail »** (intensité de performance partielle la plus faible, pour chacun des 9 thèmes et pour l'ensemble de l'échantillon).

Les deux derniers profils illustrent le « **tunnel** » de la performance sociale.

3. La mesure comparative sectorielle de la performance sociale éclatée par thème : « le serpent de la performance sociale »

– **Profil de l'entreprise observée** au cours de la dernière année, construit à partir de l'intensité de performance partielle sur chacun des 9 thèmes clés.

– **Profil de l'entreprise sectorielle « idéale »** (intensité de performance partielle la plus élevée, pour chacun des 9 thèmes et pour l'ensemble du secteur).

– **Profil de l'entreprise sectorielle « épouvantail »** (intensité de performance partielle la plus faible, pour chacun des 9 thèmes et pour l'ensemble du secteur).

Les deux derniers profils illustrent le « serpent » de la performance sociale.

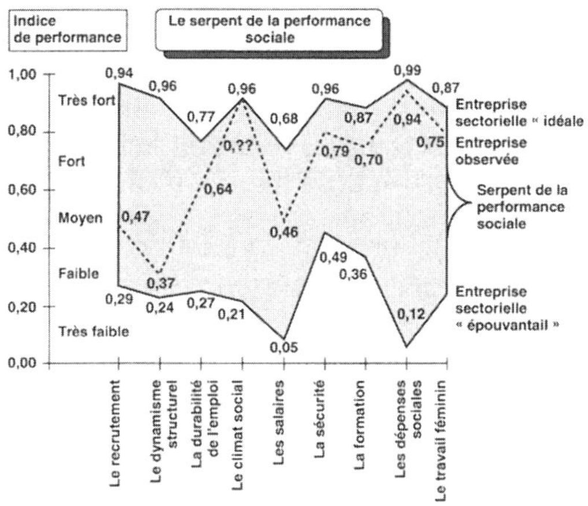

4. Le profil de la performance sociale partielle

Pour chacun des 9 thèmes, le profil de l'entreprise observée peut être tracé à partir des indicateurs et des ratios qui le constituent.

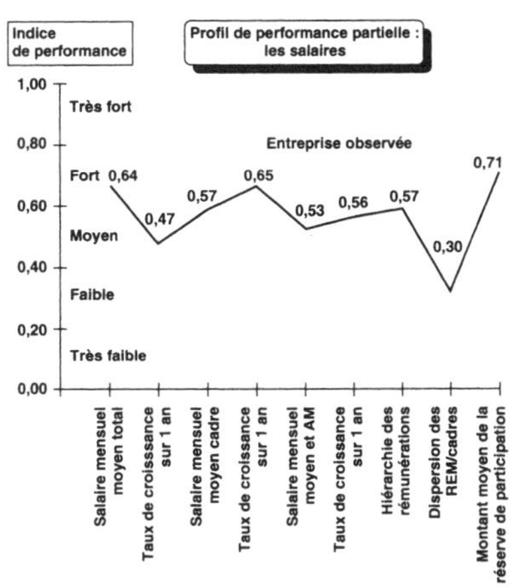

➤ Aborder le tableau de bord comme un outil de communication

Il est naturel que dans les entreprises modernes, les hommes-clés souhaitent accroître leur niveau d'information pour mieux décider. Leurs interrogations et leurs recherches portent essentiellement sur les moyens de communication : le support qui véhiculera le mieux les informations qu'ils désirent transmettre.

Les systèmes sophistiqués d'informations de gestion qui se développent, offrent de nombreuses possibilités d'extraire et de véhiculer l'information sociale. Mais les informations qu'attendent tous les acteurs de la gestion sociale, sont des informations simples, en nombre limité et sélectionnées pour leur pertinence. C'est pourquoi, la DRH joue un rôle important dans la communication d'informations sélectionnées, enrichies dans le fond et transformées dans la forme pour accentuer leur lisibilité.

On mesure la performance de la direction des ressources humaines à la qualité de ses éléments de sortie, par la valeur qu'elle a ajoutée à la donnée sociale de base.

CHAPITRE 2

Définir l'objectif du tableau de bord et les moyens d'y parvenir

LES TURBULENCES économiques orientent la fonction ressources humaines vers une contribution plus directe aux résultats de l'entreprise.

C'est donc dans un nouveau cadre de gestion, plus rigoureux et attaché aux résultats mesurés, que les stratégies sociales s'élaborent et se contrôlent.

Réussir ce changement, c'est se fixer des objectifs quantifiés précis grâce auxquels vous pourrez fournir les résultats attendus de manière mesurable, sous contrôle permanent.

Nous verrons dans ce chapitre comment préciser l'objectif en s'aidant des verbes quantitatifs qui définissent la proaction à mener.

Déterminer précisément le but

Prenons comme exemple cet objectif de tableau de bord : « Apprécier les niveaux de rémunération du personnel ». L'objectif est-il assez précis pour réaliser votre tableau de bord ou n'est-ce seulement que l'expression d'un vague constat ? Il convient sans nul doute d'y apporter plus de précision en utilisant des verbes d'action mesurable.

Raisonnons par analogie avec les préparatifs d'un départ en vacances. On exprime tous le souhait de partir en vacances, mais cet objectif est-il suffisamment précis pour préparer un sac de voyage ?

Son contenu dépendra bien évidemment de la destination choisie et des activités prévues : on ne prend pas le même équipement pour faire du bateau aux Baléares que pour faire l'ascension du Mont Blanc. À défaut de ces précisions, il faut tout emporter.

Il en va de même si l'objectif du tableau de bord n'est pas suffisamment précis, il faut y mettre un grand nombre d'indicateurs pour être sûr de l'atteindre. Parce qu'un objectif imprécis présente plusieurs inconvénients.

Voici les trois inconvénients d'un objectif imprécis.

➤ Effets nuls en terme d'action et de communication

Prenons l'objectif « cerner les effectifs ». Comme le verbe cerner n'est pas pris là dans son sens propre, l'objectif ne veut rien dire et sans précision supplémentaire, on obtiendra un tableau de bord aux nombreux indicateurs parmi lesquels :

– le statut du salarié,
– la catégorie socio-professionnelle,
– la direction, le département et le service de rattachement,
– la nature du contrat (à durée déterminée ou indéterminée),
– le régime de travail (plein temps ou temps partiel),
– le nombre des entrées au cours de la période,
– le nombre des sorties au cours de la même période,
– les motifs d'entrées et de sorties,
– les salariés présents,
– les salariés non présents et non payés,
– les salariés non présents mais payés, etc.

Il faut en fait tout prévoir, alors qu'il s'agit peut-être de traiter le seul effectif des ouvriers sous contrat à durée déterminée.

Le tableau de bord obtenu équivaut alors à un petit bilan social dont les effets en termes d'action et de communication sont faibles.

➤ Un travail important

De plus, ce tableau de bord représente une charge importante de travail, inutile et inefficace pour les collaborateurs de la DRH.

Ceux-ci doivent renseigner régulièrement tous les indicateurs qui le composent et investissent de ce fait beaucoup de leur temps.

➤ Un désintérêt et un discrédit

Le désintérêt qu'il suscite chez les opérationnels entraîne inéluctablement une perte de crédibilité de la DRH.

Déjà perçue comme un organe éloigné du terrain des opérations, la DRH risque de renforcer encore une image technocratique.

☞ **À chaque objectif, il convient d'associer un tableau de bord spécifique pour une action spécifique.**

Préciser les résultats intermédiaires attendus et mesurer les écarts

L'objectif d'un tableau de bord social comporte deux volets distincts : un volet pour le constat et un volet pour l'action. Au moment de la fixation de l'objectif, vous êtes parfois gênés de devoir prévoir l'action qu'il faudra mener, avant même d'avoir le résultat du constat.

En effet, il paraît plus logique une fois le constat fait, de se fixer des objectifs d'actions. On entend fréquemment ce genre de remarque :

« C'est en fonction du type d'anomalie constatée sur un indicateur et de son ampleur, que nous déterminerons l'action la meilleure qu'il convient de mener. »

Comme si la mise en évidence d'une anomalie sur un indicateur ne nécessitait pas la définition préalable de sa valeur normale ?

Dégager les actions correctrices

Mais la réalisation d'un tableau de bord nécessite une volonté affirmée d'agir. Préalablement au résultat du constat, il est nécessaire de savoir où l'on désire aller.

Sinon quelle direction prendre ? Comment choisir les indicateurs pertinents sans cette information indispensable ?

Vous le savez, il est impossible de choisir parmi une infinité d'indicateurs celui qui est le meilleur si on ne l'a pas au préalable précisé. Pour pouvoir juger de la qualité de vos indicateurs, vous devez définir les critères de ceux qui vous paraissent les meilleurs.

Cette notion superlative est subjective, elle demande à être rapportée à l'objectif poursuivi.

Le tableau de bord obtenu sans objectif d'action à mener réunirait une pléthore d'indicateurs, sans nul doute intéressants, mais trop nombreux pour être lus et analysés à la fois.

☞ **Se poser les bonnes questions avant d'aborder les techniques de réalisation d'un tableau de bord.**

Si l'on prend en exemple l'objectif : « suivre l'absentéisme », il est probable que celui qui l'a formulé a une idée plus précise de ce qu'il souhaite atteindre comme objectif.

C'est assurément pour mener une action d'un des trois types :

– réduction,
– stabilisation,
– augmentation.

Bien que l'augmentation de l'absentéisme soit généralement assez rarement souhaitée, elle peut dans certains cas et pour certains types d'absences, trouver sa justification.

Les objectifs qui sont assignés aux tableaux de bord sociaux revêtent les formes les plus diverses :

– surveiller les frais de personnel,
– cerner la masse salariale,
– suivre l'absentéisme,
– gérer les coûts de personnel,

– appréhender le *turn-over,*
– vérifier les usages en formation.

Certains paraissent plus précis, par exemple *« mieux suivre l'absentéisme ».*

Du côté des collaborateurs de la DRH qui vont réaliser ces tableaux de bord, les difficultés sont grandes : « comment faire pour suivre l'absentéisme ? » Si suivre l'absentéisme semble déjà difficile, « comment faire pour mieux le suivre » ?

S'assurer de la précision des objectifs

Reprenons en exemple cet objectif imprécis « suivre l'absentéisme », et apportons les corrections successives qui nous permettront de réaliser un tableau de bord efficace.

1. La rédaction des objectifs doit préciser sur quoi et sur qui porte l'étude.

Il faut d'abord préciser le cadre de l'action à mener :

– Quel type d'absentéisme ?

– Pour quelle partie du personnel ?

L'objectif devient :

Suivre l'absentéisme maladie de moins de quatre jours, de tout le personnel non cadre.

2. L'objectif doit comporter des verbes d'action mesurable.

Ces verbes ne sont pas aussi nombreux qu'il y paraît à première vue : augmenter, diminuer, réduire, etc.

L'objectif devient :

Diminuer l'absentéisme maladie de moins de quatre jours, de tout le personnel non cadre.

3. Faire suivre le verbe d'action mesurable, d'un chiffrage de l'action à mener.

L'objectif devient :

Diminuer de 50 % l'absentéisme maladie de moins de quatre jours, de tout le personnel non cadre.

4. La dernière précision concerne la durée de l'action envisagée.

L'objectif devient :

Diminuer de 50 % l'absentéisme maladie de moins de quatre jours, de tout le personnel non cadre, sur trois ans et maintenir ce niveau.

C'est à ce stade, et à ce stade seulement que l'on peut aborder les techniques de réalisation des tableaux de bord sociaux.

Matrice d'aide à la rédaction des objectifs du tableau de bord

1. Délimiter l'objectif du tableau de bord
– Quel en est précisément l'objet ?
– Quelle est la population concernée ?
– Quelle est l'unité géographique à prendre en compte ?

2. Choisir des verbes d'action mesurable
– Augmenter.
– Diminuer.
– Maintenir.

3. Quantifier la mesure de l'action envisagée
– De combien ?

4. Définir la durée de l'action envisagée ou la date à laquelle les résultats sont escomptés
– Sur quelle durée ?

Chapitre 3

Adapter les tableaux de bord sociaux à leurs destinataires

Les opinions des gestionnaires de l'entreprise sur la nature des informations qui doivent figurer dans un bon tableau de bord, sont aussi nombreuses que les gestionnaires eux-mêmes. Quant à la forme que le tableau de bord doit revêtir, vous vous rendrez compte, en interrogeant plusieurs responsables de l'entreprise, de la diversité des réponses obtenues.

Le tableau de bord doit être en effet, et c'est une de ses qualités, personnalisé : il prendra la forme attendue par celui à qui il est destiné.

Grâce à une mise en valeur appropriée, sur le fond et sur la forme, le décideur pourra exercer un contrôle actif et effectif sur les indicateurs qu'il a choisi de suivre.

Dans la mesure où ils participent à la prise de décision des managers, les tableaux de bord sociaux sont des outils de haute précision dont tous les destinataires attendent la plus grande qualité.

En appliquant la définition de la qualité aux tableaux de bord sociaux, on définit alors un ensemble de caractéristiques qui vont leur permettre de satisfaire les besoins des différents acteurs de l'entreprise à qui ils sont destinés. Une fois les clients identifiés et leurs besoins connus, on peut préciser la qualité des tableaux de bord et plus globalement la qualité du service attendu de la DRH.

Déterminer les clients

Ce sont tous les responsables de l'entreprise, qui ont besoin d'informations sociales pour prendre des décisions de management. Ces responsables sont les décideurs qui pilotent des unités, quels que soient leur pouvoir hiérarchique, leur niveau de décision et la taille de leur équipe (service, atelier, département, unité, voire établissement).

Ils sont au nombre de trois :

1. La direction générale.
2. Les responsables opérationnels d'établissement, de département, de division, de service, d'atelier, etc.
3. La direction des ressources humaines.

Pourquoi seulement ces trois seuls clients pour les tableaux de bord sociaux ? Les salariés pris individuellement, les partenaires sociaux, les instances extérieures de contrôle (inspection du travail) ne peuvent-ils pas être, eux aussi, des clients de nos tableaux de bord ?

Même s'il est vrai que l'ensemble des clients de la DRH a besoin d'informations sociales spécifiques et ponctuelles, ce ne sont pas pour autant des tableaux de bord qu'ils souhaitent. En effet, toutes les informations sociales ne visent pas la gestion de l'entreprise.

Il en va ainsi de ce salarié qui réclame une attestation de présence ou de celui qui a besoin de relevés individuels de salaires ou de ce dernier enfin qui doit justifier d'un certain nombre d'heures de travail auprès de la Sécurité sociale.

Il en va de même pour les partenaires sociaux. Dans le cadre du fonctionnement du comité d'entreprise par exemple, on peut lister un grand nombre d'informations sociales comparées qui leur sont obligatoirement communiquées (bilan social, rapport sur l'égalité professionnelle entre les hommes et les femmes, informations trimestrielles sur les entrées et sorties par nature de contrat…).

Ces informations leur sont données dans le cadre de la loi, et répondent à « l'expression collective des salariés et à la prise en compte de leurs intérêts dans les décisions relatives à la gestion et à l'évolution économique et financière de l'entreprise, à l'organisation du travail et aux techniques de production », principe posé par l'article L-431-4 du code du travail. Ces informations sont donc indépendantes d'actions de gestion autonomes que les partenaires sociaux auraient à mener pour l'entreprise.

C'est pourquoi, en terme de responsabilité, il faut avoir la faculté de piloter une unité de l'entreprise pour être destinataire d'un tableau de bord social.

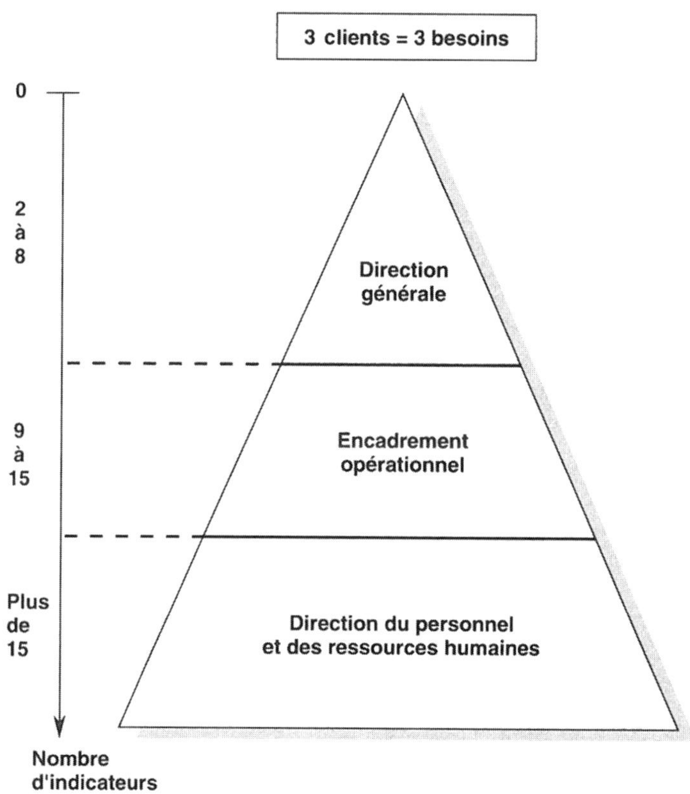

Figure 3.1 – Les clients des tableaux de bord sociaux et leur niveau de besoins

Identifier les besoins : une logique de personnalisation

Les besoins de la direction générale

Pour la direction générale un tableau de bord global est nécessaire pour lui permettre de remplir ses missions de supervision, de contrôle et de pilotage de l'entreprise. Ce tableau résulte de l'agrégation de plusieurs tableaux de bord initiaux issus de chaque direction de l'entreprise.

C'est la raison pour laquelle, tous les tableaux de bord destinés à la direction générale devront répondre, de la manière la plus simple, aux objectifs qu'elle a exprimés.

Ceci s'applique à toutes les directions techniques qui font leur *reporting* par tableaux de bord et il en va bien entendu de même pour la DRH.

La direction générale étant un client important, vous cédez parfois à de mauvais réflexes qui transforment les tableaux de bord qui lui sont destinés en de lourds recueils d'indicateurs sociaux.

Pourtant, la direction générale est parmi vos clients celui pour lequel les indicateurs nécessaires sont peut-être le moins nombreux. Un bon tableau de bord synthétique qui lui est destiné comprend entre deux et huit indicateurs selon le cas.

Pour arriver à une telle synthèse, il est nécessaire de travailler par décantations successives sur des tableaux d'informations analytiques. Ces tableaux intermédiaires restent généralement au service du personnel. Il est entendu que cette simplicité affichée ne vous dispense pas de pouvoir, le cas échéant, justifier à tout moment les chiffres portés par les indicateurs.

Il arrive que le nombre d'indicateurs augmente momentanément pour accompagner des phases de gestion difficiles comme des restructurations ou des plans sociaux. La direction générale suit alors l'évolution positive d'indicateurs spécifiques comme le reclassement des salariés, l'absentéisme ou le climat social.

Quel niveau d'informations souhaite la direction générale ?

La direction générale ne peut dissocier le personnel des autres indicateurs de performance de l'entreprise. Elle souhaite corréler les informations sociales avec les chiffres clés du fonctionnement global de l'entreprise. Vous transmettez ainsi aux grands décideurs de l'entreprise les informations synthétiques de gestion issues des *Executive Information Systems (EIS).*

La direction générale souhaite disposer dans un tableau de bord social d'informations le plus souvent simples et peu nombreuses qui sont de deux ordres.

➤ La contribution du personnel à la rentabilité de l'entreprise

Ce sont des ratios financiers qui vont permettre d'analyser la productivité du personnel.

L'objectif est de rapporter les chiffres issus du personnel aux indicateurs de résultats globaux de l'entreprise.

Exemples

Ratios financiers

- Ratio de productivité
  - La contribution économique par salarié

$$\frac{\text{Chiffre d'affaires}}{\text{Effectif moyen}}$$

  - Ce que rapporte un salarié

$$\frac{\text{Valeur ajoutée}}{\text{Effectif moyen}}$$

- Ratio du poids des frais de personnel
  - Le coût par salarié

$$\frac{\text{Frais de personnel}}{\text{Valeur ajoutée}}$$

$$\frac{\text{Frais de personnel}}{\text{Ensemble des charges de l'entreprise}}$$

– Ratio des dépenses en ressources humaines

$$\frac{\text{Frais de personnel}}{\text{Effectif moyen}}$$

$$\frac{\text{Masse salariale}}{\text{Frais de personnel}}$$

$$\frac{\text{Masse salariale}}{\text{Chiffre d'affaires}}$$

Voir les modalités de calcul de ces ratios au chapitre 6 p. 78 et 84.

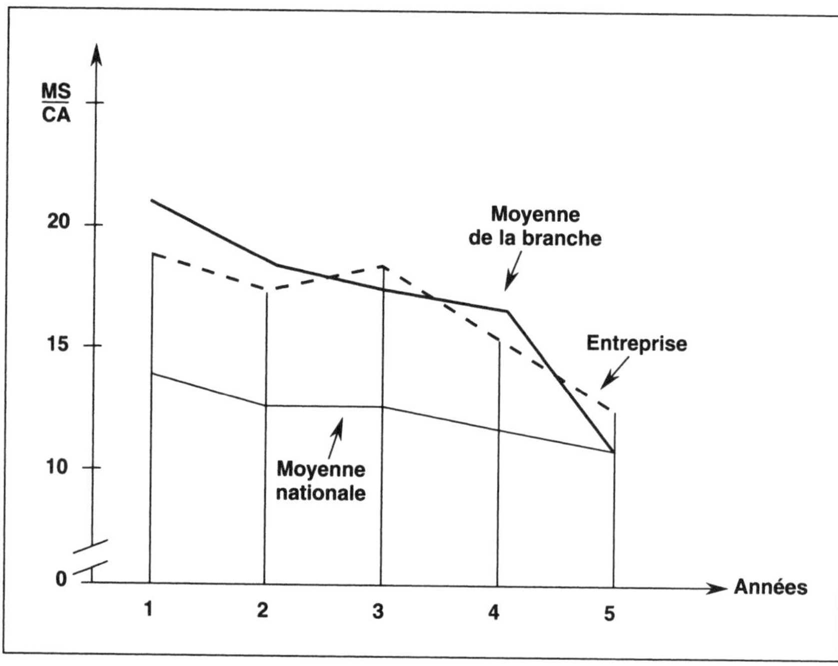

Figure 3.2 – Résultats annuels : Ratio = $\frac{\textbf{Masse salariale}}{\textbf{Chiffre d'affaires}}$

Quant à la présence des effectifs, elle se justifie souvent par le symbole social qu'ils revêtent en France. La typologie des tailles d'entreprise se fait toujours par rapport à ses effectifs déclarés, même si ceux-ci ne sont plus vraiment significatifs des forces réelles de production.

Bien que ce chiffre ait perdu beaucoup de sa pertinence avec les nouveaux modes de production flexibles (délocalisation de la production, sous-traitance, intérim...), je vous conseille encore de positionner l'effectif et son évolution dans le tableau de bord destiné à la direction générale.

➤ L'analyse du climat social

Elle se fait à l'aide d'indicateurs de comportement. On les retrouve dans toute la vie sociale de l'entreprise :

- l'absentéisme en général,
- l'absentéisme maladie de courte durée en particulier,
- la participation aux élections des représentants du personnel, au premier tour comme au second tour,
- les heures de délégation utilisées,
- le niveau de participation des salariés à la vie de l'entreprise, etc.

À l'exception de situations particulières que nous avons précédemment évoquées, les tableaux de bord destinés à la direction générale visent des objectifs généraux : le niveau d'information requis est donc global. Dans le cas contraire, il est utile de se questionner sur les raisons qui amènent la direction à poursuivre d'autres objectifs que ceux liés au pilotage général.

Pourquoi s'intéresser à des indicateurs dont l'analyse relève d'une technique spécifique de gestion sociale et pour laquelle vous avez été recrutés (directeur des ressources humaines et techniciens du personnel) ?

Deux possibilités sont alors à envisager :

- Le directeur général, issu de la *fonction ressources humaines*, a besoin de retrouver des indicateurs avec lesquels il est familiarisé et dont il maîtrise parfaitement l'analyse. Ce n'est dans ce cas qu'une habitude qu'il faut aider à faire passer pour laisser à la DRH plus de latitude.
- La DRH est récente et n'a pas encore acquis la confiance de la direction générale qui a besoin de cogérer le personnel. Il faut là encore faire rapidement ses preuves pour laisser la direction diriger.

Les besoins des responsables opérationnels

Vous avez peut-être déjà mis en place le management par objectif au sein de votre encadrement opérationnel.

Cette méthode consiste à fixer des objectifs individuels à atteindre, qui sont directement liés aux résultats de l'unité.

Elle nécessite la présence simultanée de plusieurs facteurs.

- L'existence d'un plan d'actions et de résultats à court et moyen terme.
- Des objectifs de réalisation précis donnés aux responsables en fonction de leur secteur d'activité.
- L'existence d'un système d'informations de gestion.
- L'existence enfin d'un système de sanctions positives ou négatives associées aux résultats.

Dans ce processus, votre rôle est d'apporter à ces responsables opérationnels les tableaux de bord qui optimisent la gestion du personnel de leur unité. Car s'ils font leur affaire de la gestion technique, ils sont désemparés face à la gestion des hommes.

L'implication du management à la veille sociale les amène à prendre en compte les données humaines et à développer leurs capacités d'analyse face à ces questions : en ce sens c'est un processus formateur.

Leurs besoins s'expriment généralement par ces phrases :

- « Motiver le personnel ».
- « Accroître la productivité ».
- « Améliorer la qualité ».
- « Limiter les débrayages ».
- « Réduire l'absentéisme ».
- « Respecter le budget masse salariale ».

Le moyen d'atteindre ces objectifs réside dans la détection avant leur survenance, des problèmes humains. Les tableaux de bord qui apportent des réponses sont des outils légers, personnalisés dans le fond comme dans la forme.

➤ Niveau d'information souhaité par les opérationnels

Tour à tour fournisseurs et clients, les responsables opérationnels ont besoin de tableaux de bord concrets qui s'intègrent dans le cadre des objectifs qu'ils ont à réaliser. En matière d'informations sociales, ce sont des clients particulièrement exigeants.

En effet, directement en contact avec le personnel de leur unité, ils fournissent déjà toutes les informations individuelles émanant de leur équipe. Leurs besoins d'informations sociales portent donc sur des constats synthétiques qui leur donnent le recul suffisant pour apprécier et décider.

Leurs objectifs très ciblés visent plus particulièrement les facteurs qui influencent quantitativement et qualitativement, le développement de la production.

➤ Combien d'indicateurs faut-il ?

Le nombre précis d'indicateurs qui doit y figurer est bien sûr impossible à déterminer sans connaître avec précision l'objectif.

Toutefois en fonction des expériences issues du terrain, on peut déterminer un nombre d'indicateurs compris entre 8 et 15. Tous doivent être extrêmement expressifs pour en faciliter au maximum l'analyse.

Lecture et analyse des tableaux de bord sont des tâches nouvelles qui s'ajoutent aux activités déjà nombreuses des opérationnels.

➤ Personnaliser les tableaux de bord

Les contraintes quotidiennes des responsables opérationnels vont guider l'expression de leur besoin en matière de tableau de bord social.

Les indicateurs qu'ils jugent pertinents sont sélectionnés autour des items de la compétence, de la motivation et du coût des forces de production.

Le bon niveau d'information est celui qui gravite autour de l'unité qu'ils pilotent. De ce fait, l'expression des indicateurs doit rester dans leur domaine d'actions.

Les responsables hiérarchiques ne sont pas des techniciens du personnel, les tableaux de bord qui leur sont destinés doivent donc garder un nombre d'indicateurs raisonnable. De plus, les informations dont l'analyse repose sur une trop grande technicité sont à éviter.

Il importe peu, pour un responsable opérationnel, technicien ou ingénieur, de savoir que la représentation graphique de la répartition par âge de ses collaborateurs, se présente graphiquement comme une « pelote de laine » ou comme une « poire », s'il n'en a pas la compréhension immédiate.

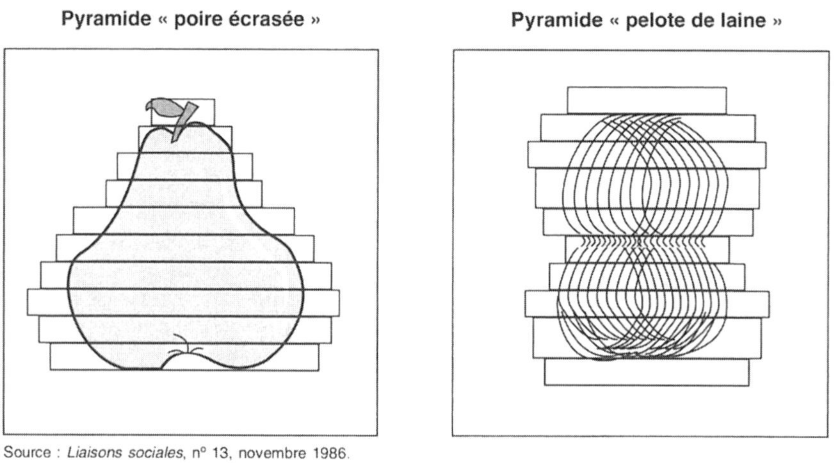

Source : *Liaisons sociales*, n° 13, novembre 1986.

Figure 3.3 – Deux types de pyramides

☞ **Pour l'encadrement opérationnel, l'expérience montre que le trop grand nombre d'indicateurs nuit à l'exploitation d'un tableau de bord.**

Les besoins de la direction des ressources humaines

Vous êtes le premier consommateur des tableaux de bord de la *fonction ressources humaines.* La mission qui vous est assignée est en premier lieu de répondre aux obligations légales en matière d'administration du personnel.

Mais le minimum légal n'est plus suffisant quand c'est à l'optimum qu'il convient d'envisager la gestion des ressources humaines.

Il faut donc aller plus loin et gérer les compétences des salariés en vue d'une productivité et d'une qualité optimisées dans un cadre budgétaire maîtrisé.

La mission n'est pas impossible !

L'atteinte de ces objectifs reste il est vrai difficile, mais le judicieux recours aux tableaux de bord de gestion sera une aide précieuse.

Votre direction regroupe aujourd'hui de véritables professionnels de la fonction formés aux techniques de gestion du personnel. Autant de personnes qui savent analyser conjointement les nombreux indicateurs sociaux regroupés par famille, et qui participent ainsi à l'élaboration d'un diagnostic humain global.

Une telle analyse n'est réalisable que par la direction des ressources humaines, véritable experte en la matière. La présence de cette compétence justifie le recours à des tableaux de bord aux thèmes diversifiés et aux indicateurs nombreux et variés.

Former les destinataires à l'utilisation du tableau de bord

C'est le moyen de garantir l'efficacité finale du tableau de bord. En plus des possibilités réelles d'actions qu'il permet, il faut vous assurer aussi, préalablement à sa diffusion, que le tableau de bord est bien lisible et compréhensible par tous ceux à qui il est destiné.

Il arrive que le tableau de bord ne soit pas utilisé comme il le devrait parce que le destinataire n'a pas perçu à temps la dérive qui s'amorçait ni vu les moyens de l'action correctrice. Une formation est probablement nécessaire. Pour cela, vous profiterez d'une réunion pour soumettre le projet de tableau de bord à ses destinataires afin de recueillir leurs avis. Ils repéreront ainsi, dans l'ordre, les étapes progressives de lecture : de la visualisation des résultats globaux aux détails de leur explication, et découvriront les moyens de l'action correctrice.

Pour que ce document réponde aux attentes des utilisateurs, il doit présenter un juste équilibre entre la simplicité de sa forme et l'instantanéité de sa lecture.

La prise en compte d'exemples chiffrés significatifs de la gestion quotidienne va donner un intérêt pratique à votre présentation. Plusieurs matrices du tableau de bord, remplies avec des données chiffrées vous permettront de simuler des situations de gestion concrètes. Par exemple :

1. Un constat nominal avec un écart à la norme nul ou voisin de zéro : aucune action n'est envisagée.
2. Un constat d'anomalie positionnant la mesure de l'indicateur dans la zone d'alerte : clignotant allumé. Il s'agit alors de sensibiliser les décideurs sur la recherche, dans le corps même du tableau de bord, des moyens d'actions proposés.

Les participants vous proposeront d'éventuelles mises au point, et leur implication, dès la phase d'élaboration, va renforcer le processus d'appropriation de cet outil.

Sans cette étape indispensable, vos clients ne prendront pas le temps de lire le tableau de bord, faute de savoir ce qu'il fallait y lire.

Chapitre 4

Utiliser les indicateurs sociaux

« Une information, c'est tout ce qui permet de réduire une incertitude » C'est ce concept, développé par les sociologues américains, qui a inspiré les travaux de Michel Crozier et qui va nous aider à définir l'indicateur social.

Nous préciserons dans ce chapitre le fonctionnement d'un bon indicateur ainsi que son rôle dans les tableaux de bord sociaux. Nous aborderons ensuite les grandes familles d'indicateurs de la gestion sociale et terminerons sur les applications informatiques en matière de données sociales.

L'indicateur social comme unité d'œuvre

L'indicateur social est défini à partir d'une donnée de base qu'est l'*information.* Mais pour qu'il puisse constituer valablement l'unité d'œuvre du tableau de bord, il convient d'enrichir cette information sociale pour la rendre plus signifiante.

Une première phase d'enrichissement consiste à la référencer dans le temps, ce qui revient à la comparer aux valeurs qu'elle occupait à différents moments du passé.

Situer l'information dans son histoire : le repérage cinématique

Pour élaborer un indicateur social, il convient de placer l'information qu'il représente, dans un *repère cinématique temporel.* Grâce à quoi, comme dans la lanterne magique d'Edison (aussi appelée kinétoscope), la vitesse de déroulement des images va, en concentrant l'échelle de temps, animer l'information en affichant successivement les différentes valeurs qu'elle a prises.

Le temps passé permet ainsi de visualiser l'évolution d'une information sociale et d'en prévoir l'évolution future, comme le montre la figure 4.1.

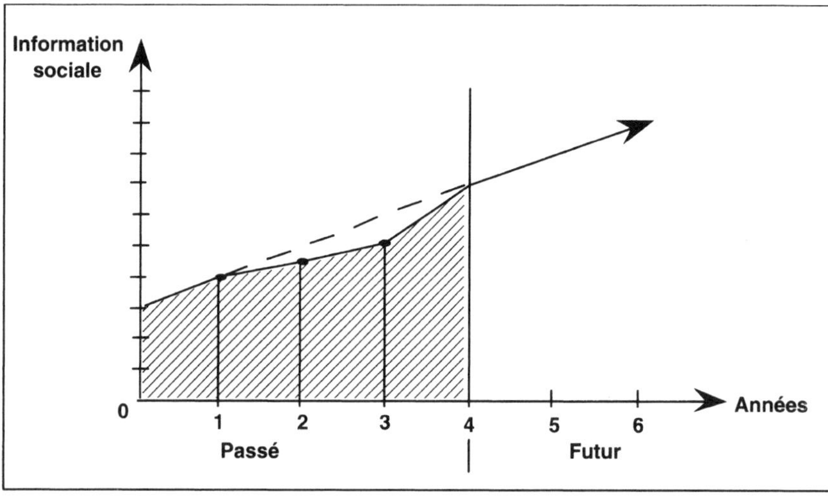

Figure 4.1 – Les tendances d'évolution d'une variable

Pour illustrer les repères temporels, prenons l'exemple d'un patient qui souffre de lombalgies. Le médecin qu'il consulte demande avant tout diagnostic, de faire des radiographies de sa colonne vertébrale.

Quelles informations celles-ci vont-t-elles apporter au médecin ? À l'évidence, une visualisation de l'état du dos de son patient à l'instant donné du cliché.

S'il y voit une anomalie, il localisera la cause des souffrances de son patient, mais en aucun cas, il ne pourra se prononcer sur l'évolution antérieure ni future de ce mal : il manquera de points de comparaison. La consultation des radiographies à différents moments passés de la vie du patient faciliterait le diagnostic. Le médecin pourrait ainsi se prononcer valablement sur la progression du mal ou sur son éventuelle régression.

L'analyse de l'information brute prise hors de son repère de temps est de courte portée et risque en plus d'être trompeuse.

Pour un diagnostic complet il faudrait à ce médecin des clichés plus anciens, afin qu'il les compare à la radioscopie présente.

☞ **Référencer une information de base, c'est la situer dans son histoire en la comparant aux valeurs qu'elle a prises dans le passé pour faire au temps présent un diagnostic et engager l'avenir.**

Chaque information sociale vit, elle est intégrée à un contexte historique qui a marqué la vie sociale de l'entreprise.

La replacer dans son histoire contribue à lui donner plus de sens et permet à son destinataire de prendre valablement une décision. Le repérage cinématique est le cadre de cette comparaison.

Chaque information ainsi référencée devient un indicateur social et trouve sa place dans le tableau de bord approprié.

Dans la mesure où l'information sociale est définie par l'entreprise, il est possible d'en suivre l'évolution. Son repérage cinématique est simple à élaborer et facilement accessible car toutes les entreprises conservent aujourd'hui en historique les informations qu'elles génèrent.

Exemple : le salaire moyen mensuel des ouvriers spécialisés (OS)

Cette donnée de base est commune à deux entreprises E_1 et E_2.

Définissons tout d'abord son mode de calcul comme la somme algébrique du salaire moyen mensuel des ouvriers spécialisés pour chacun des douze mois de l'année A, divisée par douze.

En juxtaposant le salaire moyen mensuel des OS de cette année A, avec les valeurs qu'il prenait en $A - 1$, $A - 2$ et $A - 3$ (les trois dernières années), on réalise la première étape de l'enrichissement de cette information.

On le voit clairement dans cet exemple, au présent c'est-à-dire en année A, les salaires moyens mensuels des OS sont identiques dans les deux entreprises.

Si l'information constatée en A n'avait pas été référencée, on aurait conclu hâtivement, au vu de l'égalité des salaires moyens de cette catégorie de personnel, à une politique salariale commune chez E_1 et E_2.

Pourtant ces résultats sont le reflet de deux situations très différentes.

Dans l'entreprise E_1 la progression des salaires moyens mensuels est forte et constante, alors que dans l'entreprise E_2 l'évolution est faible.

Années \ Entreprises	E_1	E_2
$A-3$	1 500	1 850
$A-2$	1 600	1 850
$A-1$	1 800	1 900
A	1 900	1 900

Figure 4.2 – Salaire moyen mensuel des ouvriers spécialisés (exprimé en Euros)

➤ Bien choisir l'échelle de temps

Toutefois il importe de trouver la bonne échelle de temps, celle qui fait le mieux ressortir l'évolution de l'information. Dans le domaine des ressources humaines, le choix de l'unité de temps va osciller entre le mois et l'année, plus rarement le trimestre. Les autres unités de temps sont moins fréquentes, néanmoins c'est l'objectif qui reste le seul facteur conditionnant valablement ce choix.

Prenons l'exemple d'une information sociale fréquemment usitée par les services des ressources humaines : « l'ancienneté moyenne du personnel », que l'on définit comme la somme des années pleines d'ancienneté de chaque salarié divisée par le nombre de salariés.

La bonne unité de temps

On peut s'interroger sur l'analyse appropriée de cette information sur un repère de temps aussi court que le mois. On risque alors, en valorisant cette information tous les mois, de rater des évolutions significatives par une dilution des effets. En revanche, en choisissant un repère temporel plus long, l'année par exemple, on a de bonnes chances de faire apparaître des constats clairs : la stabilité du personnel ou à l'inverse l'importance du *turn-over.*

Plaçons maintenant cet indicateur au sein d'une unité de production U_1 de l'entreprise E. Celle-ci est composée de cinquante-cinq ouvriers, six agents de maîtrise, un cadre de supervision et un directeur de production.

On peut tout de suite dire que, si aucun mouvement n'intervient et si toutes les choses restent égales par ailleurs, la valeur de la moyenne croîtrait linéairement d'une unité chaque année.

Ce serait alors le reflet d'une parfaite stabilité du personnel.

Si au contraire cette valeur reste stable ou régresse d'une année sur l'autre, le constat serait alors inversé et on parlerait de rotation forte du personnel ou de *turn-over* important.

Partons du postulat qu'à l'instant présent *T*, les salariés de cette unité ont en moyenne 5,5 ans d'ancienneté. L'analyse de cette seule information est d'un faible intérêt.

Peut-on dire si 5,5 ans d'ancienneté moyenne est un résultat fort ou alors un résultat atypique ? Est-elle en augmentation ou en régression » ?

Il est impossible de répondre à ces questions si on ne peut pas mesurer l'évolution de cette information dans le temps.

Si on replace maintenant cette information dans un repère temporel annuel portant sur trois ans, on peut alors comparer sa valeur de l'instant *T* aux valeurs qui étaient les siennes à (*T* – 1) et à (*T* – 2).

L'analyse prend deux aspects opposés selon les deux cas extrêmes que nous allons aborder.

• L'année précédente (*T* – 1) à la même date, l'ancienneté moyenne valait 4,5 ans et 2 ans auparavant (*T* – 2) elle équivalait à 3,7 ans.

Le constat que l'on dégage semble confirmer une bonne stabilité du personnel qui prend, en moyenne, une année d'ancienneté chaque année.

Les départs et les embauches sont à priori rares ou compensés en moyenne.

• L'année précédente (*T* – 1) à la même date, l'ancienneté moyenne était de 6 ans, alors que 2 ans auparavant (*T* – 2) elle était de 7,2 ans.

On constate une baisse continue de l'ancienneté moyenne sur les trois dernières années.

On peut penser qu'à effectif constant, des départs de salariés anciens ont eu lieu. Les remplacements qui sont intervenus l'ont été par des recrutements extérieurs de salariés sans ancienneté.

➤ Un nombre de prises de mesure suffisant

Plus les comparaisons au passé sont nombreuses, plus on valide les tendances exprimées par l'indicateur et plus on crédibilise les projections faites sur le futur.

Dans son cadre historique, il est probable que l'information ait été heurtée par les multiples changements qui sont intervenus. On le sait, des situations exceptionnelles entraînent des actions exceptionnelles qui écartent ponctuellement l'indicateur de ses valeurs habituelles.

La particularité de ces situations, si elle est limitée dans le temps, perturbera peu la tendance d'évolution de l'indicateur. *C'est pourquoi il faut en limiter le poids relatif en l'incorporant à un plus grand nombre de mesures qui en pondère l'impact.*

Comme de nos jours, les situations exceptionnelles ont tendance à se multiplier, il convient, pour relativiser ces mesures d'écarts ponctuels, de retrouver la tendance d'évolution profonde en augmentant les prises de mesure.

Ce qui revient à agrandir le cadre du repère temporel pour retrouver des cycles qui se reproduisent avec plus de régularité.

On avait coutume jusqu'à présent de limiter le repère temporel d'une variable annuelle à un étalonnage sur 3 ans.

À l'heure actuelle, il paraît plus sérieux de rajouter une quatrième mesure afin d'estomper l'effet d'un événement aléatoire du passé. On passe ainsi à un étalonnage annuel moyen sur 4 années.

Bien conscient que le rajout d'une quatrième mesure représente un travail de recherche supplémentaire et une présentation plus chargée, il ne fait toutefois pas de doute que l'enrichissement de l'information nécessite un référentiel de temps plus long. Le constat n'en est alors que plus facile et la décision d'action meilleure.

Les 3 rôles d'un indicateur social

➤ *Informer*

Le premier rôle dévolu à tout indicateur social est un rôle d'information.

Cette information permet à l'entreprise de mesurer le résultat de la politique sociale qu'elle a mise en œuvre.

➤ Diagnostiquer

Le deuxième rôle des indicateurs sociaux est de permettre un diagnostic, c'est-à-dire de faire ressortir l'écart qu'il y a entre la mesure de l'indicateur et la valeur considérée comme normale.

Ce constat met d'une part en valeur un phénomène pressenti ou non qu'est la corrélation entre deux variables, et il donne d'autre part naissance à la prévision.

➤ Prévoir

Le troisième rôle des indicateurs sociaux est de prévoir. Les indicateurs d'alerte permettent de détecter les éléments susceptibles de provoquer des dysfonctionnements, de préciser les moyens nécessaires pour mener les actions correctrices et de suivre l'évolution positive des actions engagées.

Les indicateurs dans la vie quotidienne

> Le *thermomètre* est le parfait exemple de l'indicateur construit avec méthode. Il comporte un repère interne gradué entre les valeurs extrêmes que peut prendre la température : 35 °C et 42 °C, ainsi que la référence externe normalisée à 37 °C. La simple lecture de l'indicateur donne, d'une part la mesure précise de la température et d'autre part un diagnostic immédiat sur l'état de santé.
>
> Après chaque usage : lecture et diagnostic, l'indicateur est prêt à un nouvel emploi ; il trouve une justification cyclique.
>
> Le *réveil* est l'indispensable indicateur de position de la vie quotidienne. C'est lui qui référence dans un repère interne, gradué en 12 heures et 60 minutes, le déroulement de chacune de nos journées. Nous déterminons individuellement la référence externe par la programmation de notre heure de réveil.

Choix des indicateurs

On l'a vu, il n'y a pas de règle générale pour choisir les indicateurs sociaux, il convient plutôt de les adapter finement aux objectifs qu'ils visent et aux clients à qui ils sont destinés.

Procédez à la double sélection qui suit et vous choisirez les bons indicateurs pour vos tableaux de bord.

Quantitativement tout d'abord vous limitez leur nombre à l'essentiel, qualitativement ensuite vous ne conservez que ceux qui éclairent le mieux les objectifs poursuivis.

L'indicateur social étant l'unité d'œuvre du tableau de bord social, son choix contribue grandement à la réussite de l'outil à réaliser.

Le choix des indicateurs est un subtil dosage.

Une fois que la première étape de fixation des objectifs a été réalisée avec précision, le choix des indicateurs est facilité et leur nombre, de ce fait, réduit.

Partant de cette base, il vous faut maintenant composer un choix pertinent d'indicateurs, au nombre limité à l'optimum qui répondront le mieux à l'objectif visé.

Tous les paramètres sociaux qui concourrent à l'atteinte de l'objectif font partie à priori des indicateurs possibles du tableau de bord social. Pourtant vous savez que dans la pratique il est difficile de tous les suivre, compte tenu de la charge de travail que cela entraîne. De plus, tous les indicateurs ne participent pas directement à la réalisation de l'objectif.

Pour déterminer ceux qui contribuent pleinement à l'objectif, envisagez la conséquence de leur défaillance sur la réalisation de l'objectif.

Un autre critère qui va vous aider dans ce choix est lié aux possibilités d'actions consécutives à une mesure anormale de l'indicateur.

En résumé, le choix des indicateurs se fait en fonction de leur *contribution à la réalisation de l'objectif* et des *actions possibles* qu'ils permettent en cas de dérive.

Prenons l'exemple d'un tableau de bord dont l'objectif est de « diminuer de 10 % les risques d'accident du travail liés à une chute avec dénivellation chez les ouvriers d'une entreprise du secteur du bâtiment ».

Les indicateurs sont nombreux, et pour ne citer que les principaux, on trouve :

– *du côté des ouvriers* : le sexe, l'âge, le niveau de formation, la nature du contrat (à durée déterminée ou indéterminée), l'ancienneté dans le poste, la qualification, le niveau de salaire, le statut, etc. ;

– *du côté matériel* : les types de lieux où se produisent ces accidents (nature du chantier), leur configuration, les mesures de sécurité déjà en place (filet de protection, attaches et ceintures de sécurité, cordes de rappel), l'heure à laquelle ont lieu les accidents, etc. ;

– *du côté de l'organisation*, enfin : les horaires de travail des ouvriers, les cycles programmés de travail, les doublures sur des postes à haut risque, les repos compensateurs, etc.

Tous ces indicateurs, on le voit, ont un rapport avec la survenance de l'accident du travail. Les suivre tous est idéal dans l'absolu, mais impossible dans la pratique. Votre choix va donc porter sur ceux qui sont le plus directement en rapport avec l'objectif.

Pour diminuer ce type d'accident du travail, il faut d'abord s'intéresser aux personnes les plus exposées. C'est pourquoi vous allez faire figurer quelques indicateurs de position parmi ceux que vous savez liés au risque.

Par exemple, les statistiques nationales issues de la Caisse nationale d'Assurance Maladie confirment que l'âge et la catégorie socio-professionnelle sont deux facteurs importants explicatifs de la survenance des accidents du travail.

En moyenne des accidents du travail en France, on constate que c'est chez les ouvriers qualifiés et non qualifiés âgés de 40 à 49 ans que surviennent le plus grand nombre d'accidents du travail (voir chapitre 6).

Dans ce tableau de bord figureront les indicateurs suivants :

– âge des ouvriers accidentés,

– catégorie socio-professionnelle.

L'âge des ouvriers, la nature de leur contrat ainsi que la nature des causes de l'accident du travail, sont des indicateurs explicatifs des causes de l'accident. Ils contribuent à ce titre à l'atteinte de l'objectif fixé.

Comme il est impossible de modifier l'âge et la catégorie socio-professionnelle des ouvriers, on va s'intéresser en complément aux indicateurs sur lesquels on peut agir :

– La nature de la cause de l'accident,

– Les éléments matériels impliqués dans l'accident,

– Les équipements de sécurité présents,

– Le type de chantier concerné,

– Le nombre de jours d'arrêt suite à un accident du travail,

– Le coût global de l'accident du travail.

Par la connaissance des facteurs qui influencent les accidents de travail, il devient alors possible d'infléchir leur survenance en renforçant par exemple les équipements de sécurité en place, et ce sur les chantiers à plus gros risque, en y affectant de préférence des salariés de moins de 40 ans.

☞ **Des indicateurs moins nombreux mais plus significatifs de l'objectif fixé.**

Le choix des indicateurs qui figurent dans un tableau de bord est subtil dans la mesure où plusieurs solutions sont possibles.

Les grandes familles d'indicateurs

Il existe plusieurs familles d'indicateurs sociaux, et nous allons aborder leur spécificité en regard de l'objectif poursuivi par le tableau de bord.

Du point de vue du manager : que doit-il absolument savoir pour piloter son unité et atteindre les objectifs qui lui ont été fixés ? Quelles informations sur son équipage lui permettront d'optimiser cette ressource rare ?

Votre choix se fera parmi quatre grandes familles d'informations sociales.

➤ Famille d'informations de structure

Les indicateurs de position englobent tous les paramètres qui individualisent de façon durable les hommes dans l'organisation. Ils sont comparables à des photographies prises sous différents angles, des collaborateurs de l'entreprise. Ils permettent ainsi de définir les composantes physiques, sociales et sociétales qui les caractérisent.

On y trouve des informations de base comme l'âge, le niveau d'études, la situation familiale, le statut, le coefficient de leur poste, etc.

Ces indicateurs sont dits « de position » car ils reflètent une situation à un moment donné. Ils se caractérisent par une évolution généralement lente qui se fait au fil du temps et du renouvellement progressif du personnel.

➤ Famille d'informations sur la compétence

Les indicateurs de la formation et des compétences du personnel se déclinent en formations initiale et continue, ainsi qu'en compétences professionnelles et leurs applications sur des résultats opérationnels.

On retrouve communément parmi eux, les diplômes obtenus, le nombre, la nature et la durée des formations continues suivies, par salarié, par service, et par catégorie professionnelle.

On trouve plus rarement des informations sur les étapes mesurées de l'évaluation des formations suivies, qui permettraient pourtant à l'organisation de disposer d'indicateurs fiables sur les compétences appliquées aux postes de travail.

Toutefois, des procédures d'évaluation commencent à se mettre en place et des résultats globaux apparaissent.

Parce qu'ils reflètent le potentiel de l'entreprise à s'adapter aux grandes évolutions, les indicateurs de compétence méritent toute votre vigilance.

➤ Famille d'informations de comportement

Elle regroupe tous les indicateurs issus du comportement collectif des salariés qui renvoient directement à l'analyse du climat social dans l'entreprise.

Il s'agit de toutes les informations sociales significatives du degré d'implication et de motivation des salariés.

La participation aux élections professionnelles est habituellement analysée comme tel. Elle se mesure par le pourcentage de salariés votants rapporté au nombre de salariés inscrits et la participation aux deux tours. L'absentéisme de courte durée rémunéré et le nombre des salariés participant aux activités sociales sportives et culturelles (voyages, sorties) sont aussi des indicateurs de comportement.

Il est instructif de suivre l'ensemble de ces indicateurs par service, par département et en globalité d'entreprise. Ils permettent de mesurer les résultats d'une politique sociale volontariste ou en soulignent au contraire sa carence.

Il paraît donc prudent d'en assurer le suivi avant la survenance de problèmes graves qui se manifestent souvent avec soudaineté. C'est lorsque tout semble aller bien qu'il faut organiser la composition d'un tableau de bord de ce type et concevoir chaque indicateur comme un véritable clignotant social.

➤ Famille d'informations politiques

Elle comporte tous les indicateurs issus de la volonté de l'entreprise et exprime le résultat d'une politique sociale affirmée.

On trouve entre autres exemples dans cette famille d'indicateurs :

• Les composantes de la rémunération avec la part du fixe et du variable rapportées à la rémunération totale ainsi que les niveaux de rémunération par catégorie professionnelle, les écarts de rémunération entre la fraction des salariés les mieux payés et la même fraction des salariés les moins bien payés.

• L'évolution du pourcentage de la masse salariale consacré à la formation dans l'entreprise ainsi que la répartition de ce pourcentage par catégorie socio-professionnelle, par niveau de qualification, par unité géographique.

Il faut cependant être prudent car selon le type d'entreprise, ces indicateurs peuvent dire une chose ou son contraire et le mode de fixation des rémunérations en est un bon exemple. C'est en général la manifestation d'un choix politique : on parle d'ailleurs de politique de haut ou de bas salaire. Mais dans les entreprises de type bureaucratique, on trouve des règles d'avancements automatiques issues du statut ou de la convention collective, qui laissent peu de place à la rémunération des performances individuelles.

Il faut donc dans ce cas considérer les indicateurs de rémunération comme le reflet d'une position.

➤ Composez votre tableau de bord à l'aide d'indicateurs issus de deux familles

On peut dire que la majeure partie des tableaux de bord sociaux sont le fruit de la rencontre de deux familles d'indicateurs : les indicateurs de position qui précisent les constats avancés et les indicateurs de la famille politique concernée pour l'action. Cette deuxième famille d'indicateurs est conditionnée par la nature de l'objectif du tableau de bord. Votre choix portera d'emblée sur deux des quatre familles d'indicateurs.

Prenons en exemple la comparaison du pourcentage de participation du personnel aux élections professionnelles au cours des quatre dernières années. Deux grandes familles d'indicateurs participent à l'élaboration de ce tableau de bord : des indicateurs de comportement et des indicateurs de position.

Appuyez-vous sur les indicateurs de comportement et comparez les taux de participation (nombre de salariés ayant voté sur le nombre de salariés inscrits) aux élections des délégués du personnel et du comité d'entreprise sur quatre années.

Séparez la participation du premier tour des élections de celle d'un éventuel second tour, et vous en tirerez des conclusions riches de sens, sachant que les candidats libres ne peuvent se présenter qu'au second tour, le premier tour étant réservé aux organisations syndicales.

Il vous reste ensuite à croiser ces indicateurs de comportement avec des indicateurs de position comme le sexe et l'âge des votants, leur niveau de rémunération, leur statut hiérarchique, leur service de rattachement, leur ancienneté et leur niveau de formation initiale. Ce sont, on l'a compris, les indicateurs de situation qui précisent qualitativement le constat et orientent ainsi l'action lorsque celle-ci est nécessaire.

On constate généralement que les ouvriers participent plus aux élections que les cadres, parmi eux les hommes plus que les femmes et les plus de 45 ans plus que les jeunes. Enfin, ce sont les non-syndiqués qui dominent ce paysage devant la CFDT et la CGT (voir chapitre 6).

Une exception à cette règle des deux familles concerne les tableaux de bord, plus complets, destinés à la direction des ressources humaines qui peuvent comporter des indicateurs des quatre familles.

La collecte des informations sociales

La principale source d'information sociale est interne, elle est constituée par les milliers de variables qui individualisent chaque salarié.

Les informations que transmettent les responsables hiérarchiques ne sont pas seulement des données de position statiques comme âge, situation familiale, etc. mais aussi des informations dynamiques de gestion portant sur les rythmes de travail et les mouvements des salariés.

La remontée de ces informations s'organise généralement à des périodicités mensuelles liées à la paie. Il est opportun de profiter de la nécessité de collecter les informations destinées au calcul de paie, pour impliquer les managers dans une démarche plus large de collecte d'indicateurs sociaux.

L'enregistrement des données de base est confié aux différents niveaux de l'encadrement de l'entreprise, maîtrise incluse, qui saisit en direct ou codifie les bordereaux de liaison destinés au service Paie.

Cette pratique sensibilise tous les responsables de l'entreprise à un transfert d'informations fiables, juste investissement pour obtenir en retour des tableaux de bord de gestion de qualité.

Des études ponctuelles nécessitent parfois l'organisation de collectes d'informations lourdes à réaliser. Elles vous amènent parfois à impliquer davantage les responsables pour renseigner un tableau d'indicateurs sociaux.

L'organisation de telles collectes, lourdes à gérer au demeurant, a le mérite de faire participer en amont les responsables à l'élaboration des tableaux de bord. De ce fait, il convient en retour de les informer des résultats.

➤ Informer ou communiquer à l'aide des informations sociales ?

Si vous posez clairement la question de la communication sociale dans l'entreprise, il y a de grandes chances qu'on vous réponde en terme de système d'informations.

On le constate souvent, des batteries de moyens de plus en plus sophistiqués se développent et sont le résultat des découvertes technologiques les plus récentes.

Le multimédia est présent au cœur des systèmes d'information performants : une combinaison de plus en plus parfaite entre les images et le son.

Peut-on pour autant parler de communication sociale ?

Tant que la donnée de base est seulement véhiculée d'un point à un autre, quel que soit le degré de technologie du support, on ne peut pas encore parler de communication sociale.

L'entreprise est souvent engagée dans des processus complexes impliquant une grande partie de son organisation. La réussite de ces processus dépend pour partie d'une bonne communication sociale. Partant de là, développer la communication sociale se définit concrètement comme la transmission d'informations sociales enrichies, nécessaires à la réalisation des objectifs de chaque service.

Gérer l'information autour d'une application informatique

L'élaboration d'un système d'informations des ressources humaines (SIRH) concerne la DRH mais aussi tous les niveaux décisionnels de l'entreprise qui vont y puiser leurs informations de gestion.

Sur le plan technique, la réponse à ce besoin passe par une solution informatique qui peut partir du traditionnel progiciel de paie complété par des produits annexes de gestion. Cette option technique passe par une évolution de l'architecture vers le client-serveur composé d'une base de données relationnelle, d'un serveur et de postes client. De plus, Internet offre aujourd'hui des nouvelles possibilités de configuration.

Une seconde solution, plus novatrice, repose sur des produits informatiques conçus dès l'origine pour tirer parti de ces nouvelles architectures. Dans ce cadre, le concept de la gestion sociale par événement a donné naissance à des applications informatiques permettant de gérer l'information sociale autour d'un événement reconnu de la gestion des ressources humaines. Qu'il s'agisse d'embauche, de mutation ou de licenciement, vous trouverez dans l'outil l'image des processus qu'il met en œuvre.

Les caractéristiques fonctionnelles de telles applications offrent aux responsables hiérarchiques qui ne connaissent pas parfaitement l'organisation des données, une traduction instantanée des conséquences des événements de la gestion du personnel. Une telle approche entraîne inévitablement une plus grande décentralisation vers les opérationnels des actes quotidiens de la gestion sociale.

Quel que soit le type d'outil informatique, vous devez disposer à la DRH d'une base de données dans laquelle les informations sociales sont finement définies, qu'elles soient organisées autour du salarié, du poste ou de l'événement.

Toutes les informations de base concernant le salarié vont y figurer :

- Informations générales relatives à sa position sociale et sociétale comme l'âge, la date d'entrée, le salaire, le coefficient, la classification, le statut, etc., ainsi que les formations initiale et continue et les expériences professionnelles avant l'embauche.

- Informations sur son déroulement de carrière dans l'entreprise, avec :
  - les différentes affectations géographiques,
  - les postes occupés,
  - les horaires ou cycles de travail, les heures supplémentaires et complémentaires effectuées,
  - tout le détail des formations suivies depuis la date de son entrée dans l'entreprise.

Toutes ces informations sont conservées dans un historique suffisamment long, pour qu'il puisse donner naissance à des indicateurs sociaux évoluant sur quatre années.

Enfin il est important de posséder un outil de requêtes ou tout autre moyen qui vous permette d'exploiter aisément la base de données ainsi constituée. Vous pourrez ainsi, de la façon la plus autonome possible, extraire et enrichir de comparaisons vos informations sociales de base.

On assiste encore fréquemment au stockage informatique de nombreuses données sociales auxquelles, faute de moyens, on n'accède qu'exceptionnellement. Pourtant les progiciels commercialisés sur le marché donnent de nouvelles facilités d'exploitation grâce à un langage simplifié qui permet l'extraction des données sociales.

Pour ce faire, on voit se profiler depuis quelques années, une responsabilité plus affirmée de la direction des ressources humaines sur la conduite et la maintenance opérationnelle de telles applications. Vous trouverez ce transfert de responsabilités parfaitement justifié, mais il doit s'accompagner de moyens additionnels pour y faire face. C'est pourquoi on assiste à l'émergence de nouvelles compétences pour structurer l'information, l'organiser dans une architecture informatique, réaliser les interfaces, communiquer avec les utilisateurs. Rassurez-vous ces compétences ne vous sont pas demandées. Elles sont de plus en plus souvent confiées à un nouveau poste en émergence dans les organisations : celui de **communicateur technique**.

Le métier de communicateur technique

Un nouveau métier émerge actuellement aux États-Unis : celui de communicateur technique (de l'américain *technical communication*).

Sa mission :

- concevoir et gérer l'information autour d'un produit informatique de type base de données,
- définir les documentations qui l'accompagnent,
- organiser et réaliser toutes les requêtes croisées souhaitées par les utilisateurs.

Ce nouveau poste à forte dominante informatique mais orienté vers le service documentaire, se développe en Europe.

CHAPITRE 5

Intégrer les référentiels externes

POUR que les indicateurs sociaux que vous avez définis fonctionnent comme de vrais clignotants, il est important de les comparer à des indicateurs de même nature, mesurés à l'extérieur de l'entreprise.

Vous constituerez ainsi votre référentiel externe et vous y puiserez des sources de comparaisons, améliorerez votre visibilité et celle de vos clients tout en fiabilisant la prise de décision.

Pour ce faire, il existe plusieurs types de référentiels dans lesquels s'intègrent les informations sociales :

- *Le référentiel interne :* développé au chapitre précédent (voir p. 35), il retrace l'évolution de l'information sociale dans le temps.
- *Le référentiel externe* situe l'entreprise sur son marché en comparant ses informations avec celles des autres entreprises.
- *Le référentiel semi-externe* situe les résultats d'une unité par rapport à ceux d'une autre unité dans la même entreprise.

Enrichir l'information grâce à la référence externe

Nous définirons donc l'intérêt d'un référentiel externe comme la possibilité de comparer la valeur que prend un indicateur dans votre entreprise avec la valeur qu'il prend à l'extérieur de l'entreprise.

Il existe deux niveaux d'externalité : celui de l'unité étudiée et celui de l'entreprise, c'est ce qui différencie en fait le référentiel externe du référentiel semi-externe.

Quel que soit le niveau d'externalité, l'intégration de références externes dans les tableaux de bord sociaux va permettre aux destinataires de prendre les meilleures décisions d'actions en fonction des contraintes de leur environnement.

☞ **Les référentiels externes sont à la direction des ressources humaines ce que les études de marché sont à la direction du marketing.**

Vous pouvez librement définir le champ d'externalité de votre référentiel. Vous pouvez, par exemple, prendre comme valeur référentielle externe, celle de l'indicateur calculé sur la moyenne nationale ou adopter le champ, plus restreint mais plus significatif, de la branche d'activité.

Identifier les principales sources d'informations externes

Les informations qui vous servent de références externes proviennent de deux principales sources : la source des statistiques nationales et celle des statistiques issues de la branche d'activité.

- *Au niveau national*, les informations disponibles sont des moyennes calculées sur l'ensemble des sociétés françaises. Elles nécessitent d'être préalablement validées avant de figurer dans les tableaux de bord sociaux.

Les moyennes nationales que nous utilisons fréquemment lissent les écarts parfois importants qui existent entre les grandes et les petites entreprises dans les différents secteurs de l'activité économique nationale.

- *Au niveau de la branche d'activité*, les informations qui y sont traitées ont l'avantage d'être issues d'une réalité similaire à la vôtre. La validation reste toutefois indispensable malgré la proximité de l'activité de base.

C'est ce niveau d'externalité qui présente le plus grand intérêt pour vous car il permet des comparaisons significatives.

☞ **La présence d'un référentiel externe va pondérer l'analyse des fluctuations internes d'une variable sociale.**

Exemple : indicateur du salaire moyen mensuel (SMM) des ingénieurs de l'unité de recherche d'une entreprise de haute technologie

Positionnons l'indicateur des salaires moyens sur les quatre dernières années dans son repère historique (voir figure 5.1.).

Rubrique \ Temps	$T-3$	$T-2$	$T-1$	T	$T+1$
Salaire moyen mensuel ingénieurs	3 800	3 998	4 250	4 520	?
Écarts	$D = +5{,}21$ % $D = +6{,}30$ % $D = +6{,}35$ %				$D = ?$
	Passé				*Futur*

Figure 5.1 – Salaire moyen mensuel des ingénieurs (exprimé en Euros)

On constate que cet indicateur a varié de $D = +5{,}21$ % entre $T-3$ et $T-2$, de $D = +6{,}30$ % entre $T-2$ et $T-1$ et de $D = +6{,}35$ % entre $T-1$ et T.

La problématique du directeur des ressources humaines (DRH*) de cette entreprise est de déterminer pour* $T+1$, le pourcentage d'augmentation du Salaire Moyen Mensuel de cette population.

Les ingénieurs de ce niveau sont rares sur le marché et le coût de leur recrutement est élevé.

L'objectif du DRH est donc de fidéliser ses ingénieurs par l'attribution d'une augmentation de salaire appropriée. La détermination du salaire moyen pour $T+1$ revêt donc la plus grande importance. Notre DRH a pris sa décision. Comment a-t-il déterminé le nouveau salaire ?

Au vu du tableau des salaires moyens situés dans leur repère temporel et des pourcentages d'augmentation octroyés dans le passé, le DRH a décidé une augmentation encore plus élevée que les années passées.

C'est ainsi qu'il a fixé à 7 % le pourcentage moyen d'augmentation des ingénieurs.

Les résultats ne se sont pas fait attendre longtemps : un grand nombre des ingénieurs, parmi les meilleurs, ont quitté l'entreprise pour rejoindre les entreprises concurrentes.

Pourquoi une telle réaction ? Parce qu'il manquait au DRH, lorsqu'il a décidé du taux d'augmentation, le taux moyen des augmentations offertes par le marché du travail aux ingénieurs de cette catégorie. Cette décision a été prise en comparaison avec le seul repère interne, donc dans des conditions d'information insatisfaisantes.

S'il avait eu dans son tableau de bord la valeur externe du taux moyen du marché qui était de 9 %, c'est au moins à cette valeur qu'il aurait déterminé un taux d'augmentation motivant.

Les meilleurs des ingénieurs, ceux qu'il fallait fidéliser, ont quitté l'entreprise pour rejoindre les entreprises concurrentes les plus offrantes.

Les ingénieurs les moins bons, déjà peu enclins à partir, ont eux profité de l'aubaine que représentait cette forte augmentation.

Nombreux sont les salariés qui suivent l'évolution de leur cote sur le marché du travail, par simple consultation des journaux spécialisés.

Les offres quotidiennes d'emploi, véhiculées par les médias, représentent une source d'informations externes d'une précision, il est vrai, très moyenne mais intéressante tout de même.

Comme nous venons de le mettre en évidence, un tableau de bord sans référentiel externe est généralement dangereux pour la prise de décision, et ce d'autant plus que la mesure des indicateurs fait apparaître une progression interne. Sans comparaison avec l'extérieur il est impossible d'alerter le décideur sur le fait que sa progression est moins rapide que celle de la moyenne des entreprises de la branche.

Dans ce cas, on lit la mesure trompeuse d'une progression qui masque en fait un recul.

L'entreprise n'est pas seule sur son marché, la concurrence y est âpre et conditionne souvent les stratégies de développement. Il convient donc, autant que faire se peut, de multiplier les points de références externes et de les affiner progressivement.

L'ordre de progression dans les recherches est de cibler la mesure des indicateurs externes comme suit :

- Au niveau international.
- Au niveau européen.
- Au niveau national.
- Au niveau de la branche d'activité :

– par taille d'entreprises,
– par types de produits fabriqués,
– par catégorie de personnel.

➤ La recherche de la référence externe

La construction d'un référentiel extérieur est délicate car tous les ratios de gestion appliqués à l'entreprise n'existent pas forcément sous la même forme ailleurs.

De plus, même s'ils existaient ainsi calculés, ce serait chez les concurrents qu'il faudrait se les procurer et cela n'est pas toujours facile à obtenir.

> Dans une entreprise qui fabrique et commercialise des photocopieurs, l'indicateur social que nous analysons ici est un ratio rapportant la masse salariale des VRP (Voyageurs Représentants Placiers) à la masse salariale totale.
>
> Le DRH souhaite connaître chaque mois, à partir de la masse salariale de ses vendeurs, les coûts liés à la vente rapportés aux coûts de production.
>
> Dans ce cas, il est probable que la plus grande difficulté est de trouver les mesures à l'identique de ce ratio, évoluant sur les mêmes années, dans les entreprises de même activité.
>
> Il faut, à défaut d'un niveau de précision équivalent, faire figurer dans le tableau de bord concerné un ratio extérieur référent plus général.
>
> On trouve plus facilement la mesure de ce ratio au niveau national tous secteurs confondus.
>
> Il est à noter tout de même que dans la moyenne nationale, dont il faut parfois se contenter, figure aussi la concurrence.

➤ Les principales sources d'informations externes

Comment trouver les informations clés nécessaires au référentiel externe des tableaux de bord sociaux ?

Il existe des informations sociales externes en quantité illimitée. Les divers organismes détenteurs de ces informations sont nombreux, mais une fois qu'ils sont identifiés, leur accès est aisé. Ils délivrent des informations de qualité et sont le plus souvent peu onéreux.

Encore faut-il les connaître et connaître l'étendue des informations dont ils disposent.

Gardons la hiérarchie des niveaux de référentiels externes que nous avons présentée précédemment, afin d'étudier les sources de ces différentes informations.

- *Le niveau international*

En plus des congrès internationaux sur le management des ressources humaines qui permettent, épisodiquement, la confrontation de nombreuses données sociales, on peut se référer de façon durable aux organismes suivants.

– Organisation des Nations-Unies et institutions rattachées (ONU)
42nd Street and First Avenue
NEW YORK NY 10017
ÉTATS-UNIS

– Office statistique des Communautés européennes (EUROSTAT)
Bâtiment Jean Monnet,
Plateau de Kirchberg
LUXEMBOURG

– Office des publications officielles des communautés européennes
5 rue de Commerce
BP 1003
LUXEMBOURG

– Organisation de Coopération et de Développement Économiques (OCDE)
Division de statistiques économiques et des comptes nationaux
2 rue André-Pascal
75775 PARIS Cedex 16

– Bureau International du Travail (BIT)
1 rue Miollis
75732 PARIS Cedex 15
Tél : 01 45 68 32 50

- *Le niveau national*

– Agence pour l'Emploi des Cadres (APEC)
51 Bd Brune
75689 PARIS Cedex 14
Tél : 01 40 52 20 00
et dans 30 autres villes de France.

– Caisse Nationale d'Assurance Maladie des Travailleurs Salariés (CNAM)
33 Avenue du Maine
75755 PARIS Cedex 15
Tél : 01 45 38 60 60

La CNAM diffuse annuellement plusieurs brochures d'informations sociales consolidées au niveau national. Le temps nécessaire à la remontée des informations et à leur traitement statistique entraîne un décalage de trois ans entre l'année de référence des données sociales exploitées et l'année de leur diffusion. Ainsi, les chiffres les plus récents dont nous disposons en 2001 sont ceux de l'année 1999.

Parmi les principales diffusions de la CNAM, on trouve les *Statistiques technologiques d'accidents du travail* dont vous ne pouvez vous passer. Sur ce seul thème, figurent dans cet ouvrage de nombreux tableaux et graphiques avec, entre autres informations, l'évolution du risque global « accident du travail » sur huit années ainsi que le nombre des accidents avec incapacité permanente étudiés sur trois secteurs d'activité particulièrement exposés :

- la métallurgie,
- le bâtiment,
- les transports,
- les autres branches d'activité réunies.

Ces brochures de statistiques qui sont publiées par la CNAM sont délivrées gratuitement sur simple demande.

Extrait des *Statistiques technologiques d'accidents du travail* de l'année 1999 :
– l'évolution sur cinq ans des accidents du travail avec arrêt dans les quatre grandes branches d'activité (fig. 5-2),
– l'évolution sur cinq ans des accidents avec incapacité permanente (fig. 5-3),
– l'évolution sur neuf ans du pourcentage moyen d'une incapacité permanente (fig. 5-4).

– Centre pour le développement de l'information sur la formation permanente (CENTRE INFFO)
4 ave du Stade de France
93218 LA PLAINE ST-DENIS
http://www.centre-info.fr
Tél : 01 55 93 91 91

– Ministère de l'Éducation Nationale
110 rue de Grenelle
75007 PARIS
Tél : 01 49 55 10 10

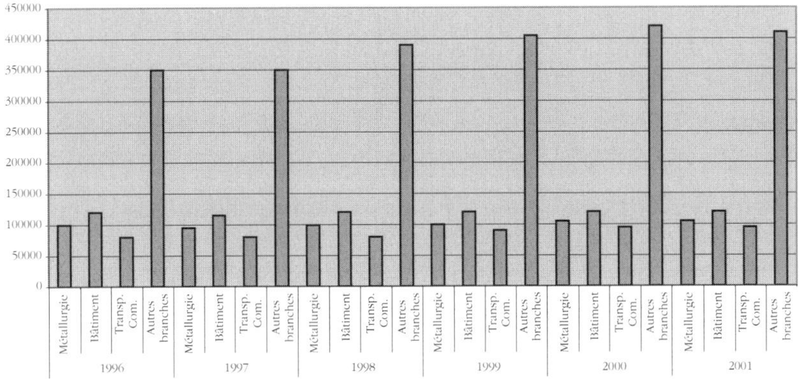

Figure 5.2 – Accidents avec arrêt de travail

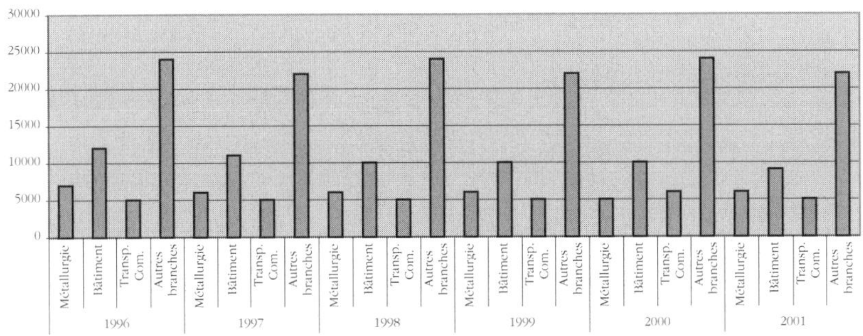

Figure 5.3 – Accidents avec incapacité permanente

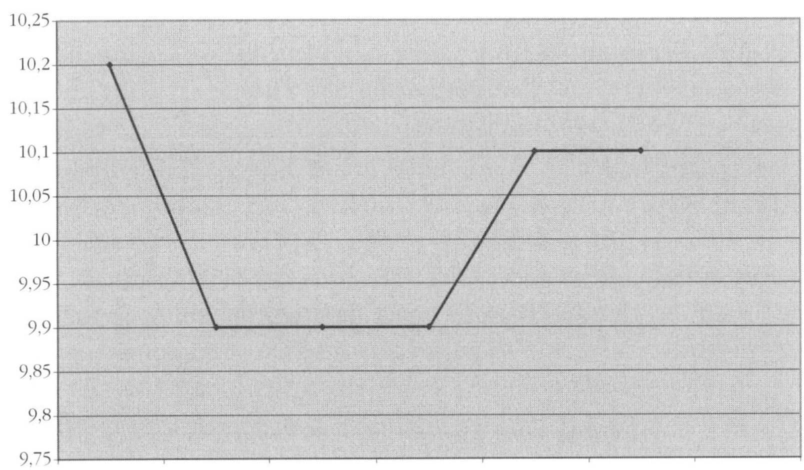

Figure 5.4 – Pourcentage moyen d'une incapacité permanente

– Centre de Recherches pour l'Expansion de l'Économie et le Développement des Entreprises (REXECODE)
29 rue Hoche
75008 PARIS
Tél : 01 43 59 04 56

– Centre de Recherche pour l'Étude et l'Observation des Conditions de Vie (CREDOC)
142 rue de Chevaleret
75013 PARIS
Tél : 01 40 77 85 00

– Direction de l'Animation, de la Recherche, des Études et des Statistiques (DARES)
Ministère du Travail, de l'Emploi et de la Formation professionnelle
1 place de Fontenoy
75007 PARIS
Tél : 01 40 56 60 00

Les principales publications de la DARES sont :

– *Premières informations*
– *Premières synthèses*
– *Cahier Travail et Emploi*

Ce ministère publie des recueils statistiques tels que *Premières informations* et *Premières synthèses* avec des analyses thématiques sur l'emploi. Par exemple, on y trouve une information largement développée sur l'insertion professionnelle des jeunes (1998-2000) parue dans le n° 26.1 de juin 2001.

Concernant la formation, on doit citer un document de référence qui est l'annexe annuelle au projet de loi de finances ainsi que les statistiques diffusées par le Ministère du Travail (DARES) à partir, entre autres sources, de l'exploitation statistique des déclarations annuelles de formation Cerfa 2483. Ces statistiques reprennent tous les indicateurs relatifs à la formation professionnelle continue, et les comparent sur une période allant de trois à neuf ans selon les cas.

À titre d'exemple, voyons l'évolution des financements de l'État de 1999 à 2001. Elle est présentée à la figure 5.5.

– Institut National de la Statistique et des Études Économiques (INSEE)

Information, consultation et vente : auprès des Observatoires économiques régionaux. À Paris, Tour Gamma A
195 quai de Bercy
75582 PARIS Cedex 12
www.ladocumentationfrancaise.fr
Tél : 01 43 45 73 74

Le service documentation est situé au 2e étage de la Tour Gamma A. Vous pouvez consulter les nombreuses sources de documentation de l'INSEE ainsi que celles qui émanent de la DARES ou de la Documentation française.

Un conseil, n'oubliez pas de vous munir d'un justificatif professionnel pour obtenir gratuitement la carte « INSEE Info Service » qui vous donnera accès à la salle de consultation. De plus, vous pourrez consulter et acheter les publications de l'INSEE à la librairie située au rez de chaussée de la tour.

Parmi un grand nombre de recueils statistiques, vous trouverez :

• *Note de conjonctures de l'INSEE* qui présente quatre fois par an, l'étude approfondie de la situation et des perspectives de l'économie française.

• *Insee première* qui présente une fois par semaine des données statistiques autour d'un thème (60 numéros par an).

• *Insee résultats* est une collection qui présente des bilans sur le thème « Emploi-Revenus » ; on y trouve par exemple un bilan synthétique sur les salaires dans le secteur privé et semi-public et le « Bilan formation-emploi ».

– Centre d'Études et de Recherches sur l'Emploi et les Qualifications (CEREQ)
10 quai Lazaret
13002 MARSEILLE

De nombreux thèmes sur l'emploi et les qualifications sont présentés une fois par mois dans la collection intitulée *Bref*.

– Observatoire Français des Conjonctures Économiques (OFCE)
69 quai d'Orsay
75007 PARIS
http://ofce.science-po.fr
Tél : 01 45 55 95 12

Actions & types de publics	Loi de finances 1999	Loi de finances 2000	Projet de loi de finances 2001
A – Actions spécifiques en faveur des jeunes (MES)			
1) Actions de formation alternées			
– Jeunes à la charges de l'État	43,57	43,57	39,00
– Actions décentralisées en faveur des jeunes	2 669,81	2 691,73	2 783,90
– Décentralisation 1993 & enveloppe de rééquilibrage	1 902,71	1 918,33	1 984,02
Sous-total formation alternée	**4 616,09**	**4 603,63**	**4 806,92**
2) Apprentissage			
– Primes	4 664,61	4 113,83	4 440,30
– Exonération de charges sociales	4 587,80	4 721,17	5 260,00
– Rénovation	107,04	107,92	111,62
– Contrats de plan État-Région	107,56	105,33	63,17
Sous-total apprentissage	**9 467,01**	**9 048,25**	**9 875,09**
3) Contrats de qualification			
– Primes	343,00	233,00	157,00
– Exonération de charges sociales	2 607,92	2 660,00	2 784,00
Sous-total qualification	**2 950,92**	**2 893,00**	**2 941,00**
4) Contrats de qualification « adultes »			
– Primes	100,00	120,00	111,00
– Exonération de charges sociales	248,68	396,60	381,00
Sous-total qualification « adultes »	**348,68**	**326,00**	**492,00**
5) Réseau d'accueil et d'orientation	**416,78**	**392,18**	**492,00**
6) TRACE et actions expérim. de formation professionnelle	**110,55**	**90,00**	**97,01**
SOUS-TOTAL A	17 910,00	17 593,66	18 704,02

Actions & types de publics	Loi de finances 1999	Loi de finances 2000	Projet de loi de finances 2001
B – Actions destinées à l'ensemble des publics (MES)			
1) Fonds de la formation professionnelle			
– PNF et politique contractuelle	1 602,31	1 608,06	1 604,61
– Contrats de plan État-Région	297,85	291,67	357,99
– Équipements	108,24	105,63	27,78
– Hors champ de décentralisation 1993	200,00	110,00	107,00
Sous-total FFPPS	**2 208,40**	**2 115,36**	**2 097,38**
2) Dotation de décentralisation	**3 219,84**	**3 246,28**	**3 358,38**
3) AFPA et autres organismes de formation professionnelle adultes			
– Subvention de fonctionnement	4 194,85	4 378,33	4 572,55
– Rémunérations des stagiaires	900,00	1 000,00	1 000,00
– Équipement	337,19	363,10	364,83
Sous-total AFPA & autres	**5 432,04**	**5 741,43**	**5 937,38**
4) Stagiaires FNE			
– Programme en faveur des CLD	3 114,54	2 861,20	2 542,00
– FNE cadres	102,02	81,04	16,00
Sous-total Stagiaires FNE	**3 216,56**	**2 942,24**	**2 658,00**
5) Versement à l'Unedic au titre de l'AFR	2 715,57	2 541,47	1 500,00
6) Frais de gestion CNASEA	217,52	212,57	192,30
SOUS-TOTAL B	17 009,93	16 799,35	15 643,44
TOTAL ministère de l'Emploi et de la Solidarité (MES)	34 919,96	34 393,01	34 347,46

Figure 5.5 – Les financements de l'État

Actions & types de publics	Loi de finances 1999	Loi de finances 2000	Projet de loi de finances 2001
C – Autres ministères			
– Éducation nationale	21,42	24,62	24,12
– Commerce & artisanat	26,30	30,00	30,00
– Équipement tourisme	0,60	0,60	1,40
SOUS-TOTAL C	48,32	55,22	55,52
TOTAL FORMATION PROFESSIONNELLE	34 968,28	34 448,23	34 402,98

Figure 5.5 (suite) – Les financements de l'État

– Service des Statistiques, des Études et des Systèmes d'Information (SESI)
Ministère des Affaires Sociales et de l'Emploi
8 avenue de Ségur
75007 PARIS
Tél : 01 40 56 60 00 poste 64 643

Le numéro du *Recueil d'Études Sociales* regroupe les études statistiques réalisées par sept grands organismes dont le champ d'observation couvre l'essentiel du domaine social. Parmi ces organismes on retrouve entre autres la DARES, l'INSEE et le CEREQ. Cet ouvrage synthétique et passionnant est en vente à la librairie de l'INSEE à un prix voisin de 20 €.

• *Les associations professionnelles*

– Association Nationale des Cadres de Personnel (ANDCP)
91 rue de Miromesnil
75008 PARIS
Tél : 01 56 88 18 21
www.andcp.fr
Créée en 1947, elle regroupe près de 4 000 adhérents.

– Ceflu DRH (Centre d'études-formation pour le logement et l'urbanisme)
www.ceflu.coh/popub_debut.htm
Tél : 01 45 22 50 10
Cette association créée en 1992, compte 300 adhérents.

– Club « Mieux être » BTP
Tél : 01 44 93 11 00
Créée en 1992, cette association compte 40 « invités permanents » issus des entreprises du Bâtiment et des Travaux Publics. On y entre par cooptation.

– CLIP Relations Humaines (Club Industrie Pharmaceutique RH)
Tél : 01 45 03 88 35
Cette association créée en 1993 compte 40 membres. Pour en faire partie vous devez exercer vos fonctions dans les RH au sein de laboratoires pharmaceutiques.

– NGP (Nouvelle Gestion du Personnel)
96 rue Montgolfier
33000 BORDEAUX

Créée en 1988 cette association compte 45 membres recrutés sans condition d'appartenance sectorielle.

– Personnel Association

Tél : 01 49 48 42 00

Créée en 1948 cette association qui compte 70 membres est très sélective puisque, pour en faire partie, vous devez appartenir à un groupe international et être numéro un en France dans votre secteur d'activité.

– Groupement des Animateurs et Responsables de Formation (GARF)

12 rue Sainte-Anne

75001 PARIS

www.garf.asso.fr

Tél : 01 42 61 34 44

• *Les ouvrages de statistiques sociales*

Il faut citer les deux tomes de « La fonction ressources humaines coûts et organisation », qui présentent les résultats d'une enquête unique en son genre, conçue et réalisée en 2000 par la Cegos sur un grand échantillonnage d'entreprises, et qui fait aujourd'hui référence.

Une méthode originale de diagnostic des coûts, des effectifs et de la productivité de la fonction ressources humaines.

Chaque cadre de personnel peut ainsi apprécier le service dont il est responsable par rapport aux même services d'un échantillonage représentatif d'entreprises.

On peut citer deux exemples d'indicateurs analysés :

– « Les principales notions de dépenses des ressources humaines » analysées en pourcentage du chiffre d'affaires des entreprises.
– « La répartition de l'effectif de la fonction ressources humaines entre les huit sous-fonctions » (voir chapitre 6 « analyser les constats sociaux »).

• *La branche d'activité*

C'est le niveau le plus adapté au contexte de production de l'entreprise. C'est la raison pour laquelle c'est la source la plus précieuse d'informations sociales comparées.

Comment sont structurés les grands secteurs d'activité ?

Ils sont coordonnés par le mouvement des entreprises de France (MEDEF). Celui-ci a été créé en 1945 par les professions qui décident alors de se regrouper sous l'égide d'une organisation qualifiée pour les représenter. Le MEDEF est un organe d'action, de représentation, de coordination et surtout, pour ce qui concerne cet ouvrage, un *organe d'information.*

Les entreprises adhèrent à des Unions, des Fédérations, des Confédérations professionnelles au sein de leur branche d'activité, ou à des Unions patronales dont la vocation est géographique.

Parmi les groupements professionnels les plus importants, il faut citer l'*Union Interprofessionnelle de la Métallurgie et des Métaux* (UIMM).

L'UIMM est une organisation professionnelle patronale. Elle regroupe les secteurs de la sidérurgie, de la fonderie et du travail des métaux, de la construction mécanique, de la construction électronique, de l'industrie des biens d'équipement ménagers, du matériel de transport terrestre (automobile, ferroviaire), de la construction navale, aéronautique et spatiale.

Une de ses missions essentielles réside dans un rôle d'étude approfondie, de documentation systématique et d'information destinée aux chambres syndicales et aux établissements membres de ces dernières. Elle renseigne les uns et les autres sur l'ensemble des questions de sa compétence en vue de définir des positions à prendre, notamment en cas de conflit du travail, ou de procédure contentieuse.

20 000 entreprises adhèrent à l'UIMM représentant au total 2 millions de salariés. L'industrie de la métallurgie représente plus de 50 % de l'industrie française.

Les missions traditionnelles de l'UIMM sont la représentation et la défense des intérêts professionnels pour :

– veiller à l'unité d'expression des représentants patronaux,

– être leur porte-parole auprès des pouvoirs publics,

– négocier avec les organisations syndicales de salariés.

Un exemple d'informations sociales diffusées par l'UIMM à ses entreprises adhérentes est présenté ci-après (figure 5.6).

Les coordonnées de l'ensemble de ces organismes professionnels sont répertoriées dans l'Annuaire Officiel du MEDEF.

Éditions et Services Techniques et Professionnels (ETP)
31 avenue Pierre-1er-de Serbie
75784 PARIS Cedex 16
Tél : 01 40 69 44 44

Valider les références externes

À juste titre, de nombreux professionnels de la fonction ressources humaines préconisent la prudence pour intégrer des références externes dans les tableaux de bord sociaux.

Les référentiels tels que nous les avons décrits nécessitent il est vrai une validation, un contrôle préalable de cohérence.

Deux précautions : précision et identité de gestion

Si vous voulez obtenir des comparaisons significatives, votre référentiel externe doit présenter un degré de précision suffisant. En effet, les ratios externes trop généraux risquent de fausser la prise de décision, nuisant ainsi à la qualité de l'action menée.

Prenons par exemple le pourcentage de la masse salariale consacré à la formation professionnelle continue. L'analyse de ce pourcentage pris uniquement en moyenne nationale, fait apparaître une stagnation du taux pour ces trois dernières années (1997, 1998, 1999). Ce constat global masque en fait le ralentissement des dépenses des grandes entreprises alors que les petites et moyennes entreprises investissent plus dans la formation. De plus, les indicateurs sociaux provenant des sources externes, bien que portant la même dénomination, n'obéissent pas toujours aux même règles de calcul.

Alors que dire des résultats statistiques venant de l'extérieur ? Qu'en les intégrant de façon brutale comme référence dans vos tableaux de bord, vous vous exposez et vous exposez les décideurs de l'entreprise au risque grave d'une action inadaptée.

■ Répartition des absents selon le motif d'absence

L'absentéisme pour maladie a diminué ces dernières années. Cette cause d'absence demeure néanmoins la plus importante avec plus des 2/3 des absences.

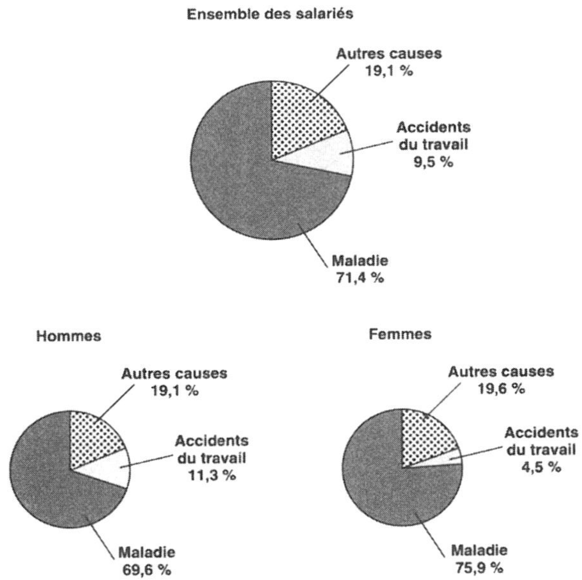

■ Les chiffres clés de l'absentéisme

Comme dans les autres secteurs d'activité, le taux d'absence est plus élevé pour les femmes que pour les hommes, pour les ouvriers que pour les non-ouvriers.

Les absences liées aux accidents du travail sont plus élevées chez les ouvriers que chez les non-ouvriers (respectivement 0,8 % et 0,1 %). Les ouvriers et les hommes plus particulièrement sont en général plus exposés aux risques professionnels.

L'absentéisme pour maladie est également plus élevé chez les ouvriers, notamment chez les femmes. Il est traditionnel de constater que cet absentéisme est inversement proportionnel à la qualification du personnel. Les conditions de travail (rythme de travail, position, attention visuelle, température...) exercent aussi une influence certaine sur ces absences.

Taux d'absence des salariés selon la catégorie, la cause et le sexe dans les industries métallurgiques

	Ouvriers			Non-ouvriers			Ensemble		
	*H**	*F**	*E**	*H*	*F*	*E*	*H*	*F*	*E*
Accidents du travail	0,9	0,5	0,8	0,1	0,1	0,1	0,5	0,3	0,5
Maladie	4,5	6,9	4,9	1,7	3,3	2,1	3,3	5,1	3,7
Autres causes	1,0	1,6	1,1	0,7	1,0	0,8	0,9	1,3	1,0
Ensemble	6,4	8,9	6,9	2,5	4,4	3,0	4,8	6,8	5,2

* *H* = hommes, *F* = femmes, *E* = ensemble

Figure 5.6 – Taux d'absence (hors congé de maternité) dans les industries métallurgiques

➤ Authentification du référentiel par la DRH

Votre référentiel externe se construit progressivement. Ce travail passe par une succession d'étapes qui vont du choix des informations à l'authentification des indicateurs et ratios qui vont y figurer.

Comme on l'a vu précédemment, les sources de recherche de l'information sont nombreuses, mais l'information qui en émane n'est pas toujours pertinente.

La gestion de chaque entreprise, et par voie de conséquence la gestion de son personnel, ne relève pas d'un même principe, il est donc impératif de procéder à la double validation des informations provenant de l'extérieur avant de les intégrer au référentiel.

• *Première validation*

Vérifier l'adéquation des modes de calculs des ratios collectés avec les calculs pratiqués dans l'entreprise.

• *Deuxième validation*

Comparer la structuration des effectifs productifs de votre entreprise avec celle des entreprises d'où émanent les indicateurs et les ratios.

En effet, aujourd'hui plus qu'avant, les solutions en matière de personnel qui sont choisies par les DRH sont mixtes. Le nombre des salariés sous contrats de travail diminue et l'entreprise sous-traite une part du travail à des sociétés extérieures. Il est aussi fréquent, pour plus de flexibilité, de faire appel au personnel des sociétés de travail temporaire.

C'est l'ensemble de ces spécificités qui rend difficiles les comparaisons directes sur les effectifs. Pour les mêmes raisons il faut comparer avec prudence votre masse salariale à des masses salariales calculées en moyennes.

Cette démarche, difficile, authentifie un à un chaque indicateur externe, qui construit progressivement votre référentiel externe.

L'autre contrainte, bien compréhensible, est que ce référentiel ne peut survivre ensuite qu'au prix d'une constante mise à jour. (On admet que, compte tenu du rythme d'évolution des informations stockées, une mise à jour annuelle est suffisante.)

➤ Diagnostic social

Comme nous l'avons vu au chapitre 1, p. 12, des cabinets d'études proposent aujourd'hui des études sociales comparatives.

Il s'agit tout d'abord pour l'entreprise cliente d'intégrer de nombreux indicateurs sociaux choisis et listés par le cabinet dont le mode de calcul est imposé d'avance.

Une fois ces indicateurs renseignés et saisis, une étude comparative est restituée à l'entreprise cliente, rapportant ses indicateurs à ceux d'un panel d'entreprises de même typologie.

Il est alors possible de situer la performance sociale de l'entreprise par rapport à celle des entreprises de même structure.

➤ Rapprochements individuels

Ils se font de manière informelle au cours de réunions thématiques regroupant des professionnels de la gestion des ressources humaines au sein des associations professionnelles. On constate de façon régulière, qu'au cours de ces réunions, l'ensemble des participants, véritables professionnels exerçant en entreprise, communiquent sans réticences des informations issues de leur gestion.

On peut à juste titre s'interroger sur la raison d'une si large diffusion d'informations propres à l'entreprise à caractère parfois stratégique. La raison en est peut-être que la gestion des ressources humaines n'est pas encore complètement reconnue comme une fonction stratégique de l'entreprise.

➤ La direction des ressources humaines : un service chargé de la « veille »

La direction des ressources humaines trouve sa légitimité dans la connaissance qu'elle a des principes fondateurs de l'entreprise, de son organisation et des grands événements qui l'ont fait évoluer.

Mais il vous faut aussi bien connaître le contexte technique de production qui justifie l'activité de l'entreprise. Et vous devez tout aussi bien connaître l'univers environnant l'entreprise comme ses facteurs clés d'évolution.

Vous devez aussi souvent que possible participer activement aux réunions des diverses associations professionnelles, au cours desquelles, l'avenir de la branche professionnelle est envisagé et des politiques salariales communes sont arrêtées.

Il est fréquent aussi qu'à ces occasions des informations de gestion, d'une grande précision, soient échangées. Les débats et échanges d'idées permettent une authentification profonde de l'indicateur.

C'est une source supplémentaire d'enrichissement du référentiel externe de la DRH.

Enrichir l'information grâce à la référence semi-externe

Le référentiel semi-externe introduit des informations comparatives issues de l'intérieur de l'entreprise, mais provenant d'autres établissements ou d'autres unités de production ; ils sont de ce fait d'une fiabilité éprouvée.

> Prenons comme exemple l'unité U_1, l'une des trois unités de production composant une entreprise E qui fabrique des pièces détachées pour l'automobile. Chacune des trois unités de production est spécialisée dans la fabrication d'un type de pièces détachées.
>
> Les indicateurs sociaux choisis pour figurer les résultats de l'unité U_1 sont intégrés dans un repère cinématique temporel de quatre ans.
>
> Le référentiel externe situe les résultats de l'unité U_1 par rapport à son environnement externe.
>
> On dit dans ce cas qu'il existe deux niveaux d'externalité pour la comparaison des résultats : celui des autres unités U_2, et U_3 de l'entreprise E, et celui des autres entreprises du même secteur d'activité. La référence nécessaire aux comparaisons est aussi bien externe à l'unité qu'interne à l'entreprise E : c'est la raison pour laquelle on dénomme ce type de référentiel semi-externe.

La présence d'un référentiel semi-externe ne peut en aucun cas justifier l'absence de référentiel extérieur.

Ce type de référentiel présente de nombreux avantages pour les entreprises structurées en unités, districts ou ateliers dont les organisations de production sont voisines.

Ainsi la grande majorité des ratios liés au personnel sont parfaitement comparables.

Que les unités comparées produisent des portières ou des embrayages de frein, l'expression des ratios de l'absentéisme global ne diffèrent pas d'une unité à l'autre. De plus les résultats comparés contribuent à créer une émulation chez les responsables opérationnels de ces unités.

Conclusion

Il est préférable de ne pas attendre une parfaite similitude entre les unités à comparer, pour justifier leur présence dans le tableau de bord. Car malgré des différences liées à l'identité des unités et la spécificité de leur production, on dégage des comparaisons pertinentes au niveau du management des hommes.

CHAPITRE 6

Enrichir l'information chiffrée

UNE FOIS étalonnés, les indicateurs sociaux peuvent encore être enrichis pour mieux communiquer et mieux agir. Pour ce faire, il existe plusieurs manières de transformer l'information chiffrée : la première consiste à la rapporter à d'autres informations chiffrées, et la seconde à lui appliquer des calculs statistiques.

Nous commencerons par définir les ratios de la fonction « ressources humaines » puis nous détaillerons les principaux calculs statistiques appliqués à la gestion sociale.

Pour rendre l'information comparable, les informations chiffrées des tableaux de bord sociaux se présenteront sous trois formes principales :

– un *pourcentage*, qui est la mesure d'une variation entre deux instants choisis arbitrairement,
– un *indice*, c'est-à-dire la mesure d'une variation à partir d'un instant de référence,
– un *ratio* qui est le rapport significatif de la mesure d'un indicateur sur un autre indicateur.

Définir les pourcentages, les indices et les ratios

Les résultats chiffrés qui figurent dans les tableaux de bord sociaux doivent être nécessairement pondérés. Le chiffre brut, expression du résultat d'un indicateur, n'est intéressant qu'au moment de sa parution et ne présente de ce fait qu'un intérêt relatif pour des comparaisons.

Pour rendre l'information comparable, on va la transformer en un pourcentage, un indice ou un ratio.

➤ Les pourcentages

On distingue deux types de pourcentages : d'abord le pourcentage d'un élément par rapport au tout qui le contient, ensuite le pourcentage de variation de cet élément entre deux périodes.

La formule de calcul du pourcentage d'un élément par rapport au tout qui le contient est :

$$\frac{V_E}{V_A} \times 100$$

V_E étant la valeur de l'élément et V_T la valeur du tout dans laquelle la valeur de l'élément est comprise.

La formule de calcul du pourcentage de variation entre deux périodes est la suivante :

$$\frac{V_N - V_A}{V_A} \times 100$$

V_N est la valeur nouvelle ; V_A la valeur ancienne.

Prenons en exemple l'unité *U* d'une entreprise *E*, et intéressons-nous à sa masse salariale exprimée en millions d'euros (ME). Si l'on veut comparer cette masse salariale à celle d'une autre année, il est nécessaire, avant d'en faire la comparaison, d'y appliquer un coefficient de revalorisation tenant compte de l'augmentation des salaires intervenue dans cet intervalle et de l'érosion monétaire. Ceci après s'être assuré au préalable de la nécessaire constance de l'effectif entre les deux périodes. On comprend aisément que si l'effectif a varié entre les deux instants de la mesure, les deux masses salariales n'ont plus rien de comparable.

Donc, la variation du montant de la masse salariale de cette unité ne sera significative qu'après plusieurs calculs correctifs appliqués à ces montants. Alors que l'expression de la variation en pourcentage de la masse salariale de *U*, dans le temps ou par rapport à celle de *E*, est immédiatement explicite.

Les pourcentages prennent cependant tout leur sens dans le cadre de leur contexte spécifique. Par exemple, une augmentation de 2 % des effectifs n'a pas le même sens pour une entreprise qui est en effectif « serré » que pour une autre qui est en sureffectif.

➤ Les indices

Ils expriment eux aussi la variation d'un élément entre deux moments, mais le moment initial est ici fixe et c'est vous qui le choisissez librement. La valeur que porte la variable à cet instant, qui sert de point de référence, est égalisée à 100 et portera désormais toujours cette valeur.

Les autres valeurs de la variable s'expriment par rapport à cette référence et portent donc la mesure de la variation par rapport à 100, en plus (102, 107 etc.) ou en moins (88, 93 etc.).

L'utilisation des indices vous permet ainsi de souligner les évolutions ou les régressions d'une variable par rapport à une date de référence.

Le choix de la base 100 correspond généralement à un moment important de la vie sociale de l'entreprise.

On choisit par exemple comme base 100 le moment de la mise en place d'un nouveau système de rémunération. La mesure de la productivité à compter de ce moment sera alors signifiante de la nouvelle motivation des salariés.

Dans cet autre exemple on prend comme base 100 la date de la signature d'un accord d'entreprise prévoyant le complément du salaire en cas de maladie. Comme on a tendance à penser que l'absentéisme maladie va augmenter, il est opportun de créer un tableau de bord qui mesure en indice l'évolution de l'absentéisme maladie à partir de cette date.

Fixer le moment de mise en application de l'accord comme base 100 facilite la mesure de l'évolution qu'il a engendrée.

➤ Les ratios

C'est le rapport qui existe entre deux grandeurs économique, financière ou sociale.

Il est préférable d'utiliser des ratios qui vont rapporter la valeur d'un indicateur à celle d'un autre indicateur que la seule valeur de l'indicateur. Car le ratio permet lui aussi de rester en dehors des fluctuations qui affectent l'entreprise et, même s'il n'est pas éternel, il stabilise la mesure des indicateurs étudiés.

Un ratio est le rapport d'un indicateur sur un autre et le résultat de cette opération devient à son tour un nouvel indicateur qui sera analysé comme tel.

Exemple : $$\frac{\text{Masse salariale annuelle}}{\text{Chiffre d'affaires annuel}}$$

On peut dire qu'il y a autant de ratios que de combinaisons possibles entre deux indicateurs, mais attention, toutes les combinaisons n'aboutissent pas à des ratios pertinents.

C'est pourquoi la recherche des ratios signifiants doit faire partie de vos préoccupations pour personnaliser et réussir l'enrichissement de l'information.

Comment combiner les indicateurs pour créer les meilleurs ratios ? Nous entrons là dans un domaine de réflexion individualisée, dans lequel l'objectif à atteindre est le meilleur guide. Toutefois, il existe déjà un certain nombre de ratios éprouvés, communs à tous les services de contrôle de gestion sociale. Ces ratios présentent l'intérêt d'être calculés de la même manière par de nombreuses DRH, il est donc possible de les retrouver à l'identique dans des bases de données externes.

Principaux ratios de gestion du personnel

- *Ratio moyen de dépenses de personnel*

Le coût par salarié

$$\frac{\text{Frais de personnel}}{\text{Nombre de salariés}}$$

Frais de personnel = Salaires bruts + Charges + Taxes fiscales et parafiscales + Participations et contributions sociales + Avantages sociaux + Subventions comité d'entreprise.

Nombre de salariés = total des salariés payés au cours de la période considérée.

- *Ratio de rémunération*

Ratio de rémunération moyenne

$$\frac{\text{Masse salariale annuelle}}{\text{Effectif moyen mensuel}}$$

Masse salariale annuelle = total des salaires et charges versés au cours de l'année.

Effectif moyen mensuel = somme des effectifs mensuels payés arrêtés au dernier jour de chaque mois, divisée par 12.

Ratio de valeur moyenne du point de coefficient

Ce ratio s'analyse par catégorie de personnel.

$$\frac{\text{Salaire moyen}}{\text{Coefficient moyen}}$$

Salaire moyen = somme des salaires mensuels versés à une catégorie de salariés divisée par le nombre de salariés de la catégorie.

Coefficient moyen : somme des coefficients des salariés d'une catégorie, divisée par le nombre de salariés de la catégorie.

- *Ratio d'accroissement des rémunérations*

Ce ratio s'analyse par catégorie, par unité de travail ou pour l'entreprise toute entière.

$$\frac{\text{Pourcentage annuel d'accroissement des salaires de l'entreprise}}{\text{Pourcentage annuel d'accroissement des salaires au niveau sectoriel}}$$

Pourcentage annuel d'accroissement des salaires = variation des salaires entre deux périodes déterminées (deux années en général).

- *Ratio de progression du pouvoir d'achat*

Ce ratio s'analyse par catégorie de personnel, par unité de travail ou pour l'entreprise toute entière.

$$\frac{\text{Indice des salaires de l'entreprise}}{\text{Indice des prix}}$$

Indice des salaires de l'entreprise = variation des salaires exprimée en indice entre 2 périodes dont la première a été définie préalablement comme la base 100.
Indice des prix = variation des prix sur la même période avec la même référence historique pour la base 100, telle qu'elle est calculée par l'INSEE.

• *Ratio de hiérarchie des salaires*

$$\frac{\text{Salaire moyen des catégories les mieux rémunérées}}{\text{Salaire moyen des catégories les moins bien rémunérées}}$$

Salaire moyen par catégorie = total des salaires bruts d'une catégorie sur une période déterminée, divisé par l'effectif payé de cette catégorie sur la même période.

• *Ratio de promotion*

Ce ratio se calcule pour le total société, par catégorie professionnelle et par sexe.

$$\frac{\text{Nombre de promotions annuelles}}{\text{Effectif moyen}}$$

Nombre de promotions annuelles = nombre de salariés promus à une catégorie supérieure au cours de l'année.

(Lorsque ce ratio se calcule par catégorie, il convient de compter les salariés promus dans la catégorie d'origine et non dans celle d'arrivée.)

• *Ratios de formation*

Ratio d'effort de formation

Ce ratio se calcule pour le total société, par établissement et par catégorie professionnelle.

$$\frac{\text{Dépenses de formation}}{\text{Masse salariale}}$$

Dépenses de formation = total au cours de l'exercice annuel, des frais de convention avec des organismes extérieurs, des frais pédagogiques, des frais de rémunération des formateurs, de frais de location de salle et de matériel, du salaire chargé des stagiaires, de leur frais de transport, de repas et d'hébergement, ainsi que du salaire du personnel à plein temps

chargé du suivi de la formation. On prendra ainsi l'ensemble des frais de formation imputables.
Masse salariale = au sens de la déclaration annuelle des salaires, total des rémunérations brutes versées au cours de l'année civile.

Ratio de salariés formés

Ce ratio se calcule pour le total société, par établissement et par catégorie professionnelle.

$$\frac{\text{Nombre de salariés formés}}{\text{Nombre de salariés à l'effectif}}$$

Nombre de salariés formés = on comptera une seule fois un salarié formé à plusieurs reprises au cours d'un exercice.

Nombre de salariés à l'effectif = total des salariés présents quelle que soit la nature de leur contrat.

- *Deux ratios de flexibilité*

Ce premier ratio se calcule généralement au mois.

1) $$\frac{\text{Nombre d'heures de (CDD + Intérim + Temps partiel)}}{\text{Effectif inscrit} \times \text{Horaire mensuel}}$$

Nombre d'heures = total des heures mensuelles de travail des CDD + du personnel des sociétés de travail temporaire + des salariés à temps partiel (travaillant moins de 35 heures par semaine).
Effectif inscrit x *horaire mensuel* = total de toutes les heures de travail effectuées au cours du mois par les salariés de l'entreprise (ayant un contrat de travail).

2) $$\frac{\text{Effectif permanent}}{\text{Effectif au 31 décembre de l'année}}$$

Effectif permanent = (même sens que dans le bilan social) il représente le total des seuls salariés à la fois sous contrat à durée indéterminée (CDI) à plein temps et présents tout au long de l'année.
Effectif au 31 décembre de l'année = (même sens que dans le bilan social) ensemble des salariés présents au 31 décembre de l'année, quelle que soit la nature de leur contrat de travail (CDI, CDD, contrat de qualification, Initiative Emploi...).

• *Ratios de situation*

Ratio d'âge : l'âge moyen

Ce ratio se calcule une fois par an.

$$\frac{\text{Somme des âges des salariés}}{\text{Effectif}}$$

Somme des âges des salariés présents à un moment donné.

Effectif = total des salariés présents au même moment.

Ratio de vieillissement

Ce ratio se calcule une fois par an à un moment donné toujours le même.

$$\frac{\text{Nombre de salariés à X ans de la retraite}}{\text{Effectif}}$$

Nombre de salariés à X ans de la retraite = total des salariés dont le départ prévu à la retraite (65 ans) est inférieur ou égal à X.

Ratio de stabilité

Se calcule une fois par an à un moment donné toujours le même.

$$\frac{\text{Nombre de salariés depuis } N \text{ ans dans l'entreprise}}{\text{Effectif moyen}}$$

Nombre de salariés depuis N *ans dans l'entreprise* = total des salariés présents depuis *N* années dans l'entreprise.

Deux ratios de structure

1) $$\frac{\text{Nombre de salariés d'encadrement}}{\text{Effectif moyen (toutes catégories confondues)}}$$

Nombre de salariés d'encadrement = cadres supérieurs, cadres moyens, agents de maîtrise, agents de maîtrise assimilés cadres, agents d'encadrement, gradés (banques).

2) $$\frac{\text{Effectif d'une catégorie professionnelle}}{\text{Effectif moyen (toutes catégories confondues)}}$$

Catégorie professionnelle = reprendre la définition figurant dans la convention collective applicable ou l'accord d'entreprise.

• *Ratios de mouvement de main d'œuvre*

Ratio de turn-over

$$\frac{\text{Nombre de départs}}{\text{Effectif moyen}}$$

Nombre de départs = total des ruptures de contrat quel qu'en soit le motif (hors licenciement économique aboutissant à une suppression de poste) de l'année, divisé par 12.

Ratio de déperdition

$$\frac{\text{Nombre d'embauches}}{\text{Nombre de départs volontaires}}$$

Nombre d'embauches = total des embauches (en contrat à durée indéterminée) de l'année, divisé par 12.

Nombre de départs volontaires = total de départs de contrat à durée indéterminée (fin de période d'essai à l'initiative du salarié et démission, ne pas compter les départs volontaires à la retraite) de l'année, divisé par 12.

Ratio de mobilité fonctionnelle

$$\frac{\text{Nombre de salariés ayant changé de fonction}}{\text{Effectif moyen}}$$

Nombre de salariés ayant changé de fonction = total des salariés d'une même entité juridique qui passent d'une famille professionnelle à une autre famille professionnelle de l'entreprise (exemple : une secrétaire de direction qui devient assistante du personnel), de l'année, divisé par 12.

• *Ratio d'absentéisme*

Ce ratio se calcule généralement sur le mois.

$$\frac{\text{Nombre d'heures d'absence}}{\text{Effectif inscrit} \times \text{Nombre d'heures théoriques}}$$

Nombre d'heures d'absence = total sur une période déterminée, du nombre d'heures d'absence (rémunérées ou non).

Effectif inscrit en théorie × nombre d'heures théoriques mensuelles = total des heures théoriques qui auraient dû être travaillées dans le mois par tout le personnel inscrit à l'effectif.

• *Ratio de sécurité*

Ce ratio se calcule sur l'année.

Taux de fréquence des accidents du travail

$$\frac{\text{Nombre d'accidents avec arrêts}}{\text{Nombre d'heures théoriques de travail}} \times 1\,000\,000$$

Nombre d'accidents avec arrêt = on s'intéresse uniquement au total annuel des accidents du travail. Seuls les accidents ayant entraîné un arrêt de travail sont comptabilisés. Le jour de l'accident est toujours à la charge de l'employeur donc si le salarié revient travailler le lendemain, on considère qu'il n'y a pas eu d'arrêt de travail.

Nombre d'heures théoriques de travail = nombre total d'heures qui auraient dû être effectuées par tout le personnel inscrit à l'effectif au cours de l'année.

Taux de gravité des accidents du travail

$$\frac{\text{Nombre de journées perdues}}{\text{Nombre d'heures travaillés}} \times 1\,000$$

Nombre de journées perdues = somme des journées d'arrêt de travail perdues dans l'année, suite à un accident du travail.
Nombre d'heures travaillées = somme des heures réellement travaillées par tout le personnel durant l'année.

• *Ratios financiers*

Ratio de productivité

La contribution économique par salarié.

$$\frac{\text{Chiffre d'affaires}}{\text{Effectif moyen}}$$

Chiffre d'affaires = nombre de produits vendus x prix de vente.

Ce que rapporte un salarié.

$$\frac{\text{Valeur ajoutée}}{\text{Effectif moyen}}$$

Valeur ajoutée = définition comptable comprenant pour un exercice, la production vendue + la production stockée + la production immobilisée – la consommation de l'exercice provenant d'un tiers.

Deux ratios du poids des frais de personnel

1) $$\frac{\text{Frais de personnel}}{\text{Valeur ajoutée}}$$

2) $$\frac{\text{Frais de personnel}}{\text{Ensemble des charges de l'entreprise}}$$

Ensemble des charges de personnel = somme des charges sociales, fiscales et parafiscales, ainsi que les diverses participations, contributions aux œuvres sociales et avantages sociaux.

Deux ratios des dépenses en ressources humaines

1) $$\frac{\text{Frais de personnel}}{\text{Effectif moyen}}$$

2) $$\frac{\text{Masse salariale}}{\text{Frais de personnel}}$$

Les statistiques

On définit généralement la statistique comme une méthode destinée à l'étude des propriétés numériques des populations. La population qui vous intéresse dans cet ouvrage est celle constituée des salariés de votre entreprise. Pour l'étudier, nous aurons recours à quelques notions relativement simples de statistiques destinées aux tableaux de bord sociaux.

L'objectif de ce chapitre est plus tourné vers l'application de statistiques utiles en gestion sociale qu'à une revue détaillée de toutes les méthodes statistiques.

Vous y trouverez des calculs statistiques basiques progressifs, illustrés par des exemples appliqués aux ressources humaines.

• *Définitions*

Une **population** est un groupement d'êtres, humains ou pas, d'objets ou encore d'événements appelés individus.

Chaque **individu** porte un certain nombre de caractéristiques appelées **variables**. Si on considère, par exemple, la population des salariés d'une entreprise, c'est le salarié qui en est l'individu. Parmi les nombreuses variables qui le caractérisent, on peut s'intéresser à son âge, au nombre de ses enfants, au niveau de sa formation initiale, à sa catégorie professionnelle, son salaire, son ancienneté, etc.

La variable peut être continue ou discrète. Elle est qualifiée de **continue** lorsqu'elle peut prendre toutes les valeurs dans un intervalle et **discrète** lorsqu'elle ne peut prendre que des valeurs entières isolées.

Dans une population de salariés, la variable « salaire de base » est dite continue car elle peut prendre n'importe quelle valeur entre le salaire minimum conventionnel, et l'infini. Par contre, si on s'intéresse à la variable « nombre d'années d'études après le bac » de ces salariés, la variable est discrète parcequ'elle peut prendre uniquement des valeurs entières : 0 année, 1 année, 2 années… mais en aucun cas 1,4 ou 2,8 années d'études après le bac.

- *Les quantiles*

Ce sont les valeurs de la variable qui partagent la série statistique en n parties égales.

On précise les quantiles en définissant la valeur de n.

Quand une série statistique se trouve partagée en quatre parties égales, on obtient des **quartiles**. Les quartiles correspondent à des limites qui partagent la population. Ils sont au nombre de 3 et délimitent la série statistique en quatre parties.

– *Le 1er quartile* : il est déterminé de telle façon que 25 % des observations lui soient inférieures.
– *Le 2e quartile* : il est déterminé de telle façon que 50 % des observations lui soient inférieures, donc 50 % supérieures : c'est en fait la médiane.
– *Le 3e quartile* : il est déterminé de telle façon que 25 % des observations lui soient supérieures.

- *La médiane*

C'est la valeur de la variable telle que, dans une distribution considérée, le nombre des observations inférieures à cette valeur soit égal au nombre des observations supérieures à cette même valeur.

Exemple : déterminer le salaire médian.

Salaires	*Effectif salarié*
1 200 à 1 300	36
1 300 à 1 400	67

1 400 à 1 800	41
1 800 à 2 000	22
2 000 à 2 500	14

L'effectif total des salariés de l'entreprise est de :

$$36 + 67 + 41 + 22 + 14 = 180$$

Le salaire médian occupe donc le 90e *rang (90 = 180/2).*

Il figure de ce fait dans la seconde tranche de salaire (36 + 67 = 103).

$$90 - 36 = 54$$

La tranche de salaire étant de 100 euros on a :

$$\frac{100 \times 54}{67} = 80,59$$

Le salaire médian est de :

$$1\ 300 + 80,59 = 1\ 380,59 \text{ euros}$$

- *La moyenne arithmétique* $\overline{x}$

C'est la somme des observations divisée par le nombre des observations.

On n'oubliera pas, si c'est nécessaire, de pondérer les observations par la taille de la population étudiée.

Exemple : calculer la moyenne arithmétique du nombre d'enfants par salariés.

– 48 salariés n'ont pas d'enfant
– 65 ont 1 enfant
– 44 ont 2 enfants
– 27 ont 3 enfants
– 19 ont 4 enfants
– 15 ont 5 enfants
– 8 ont 6 enfants
– 1 a 7 enfants
– 1 a 8 enfants

Total des salariés = 229

Total des enfants = 36

Attention la moyenne arithmétique n'est pas 229 : 36 = 6,36 enfants mais bien :

$48 \times 0 = 0$

$65 \times 1 = 65$

$44 \times 2 = 88$

$27 \times 3 = 81$
$19 \times 4 = 76$
$15 \times 5 = 75$
$8 \times 6 = 48$
$2 \times 7 = 14$
$1 \times 8 = 8$

229 455

$$\bar{x} = 455 : 229 = 1{,}98 \text{ enfant}$$

- *L'écart-type*

C'est un calcul qui permet de connaître la forme générale d'une série statistique, c'est-à-dire que l'écart-type va nous renseigner sur la dispersion de la population étudiée autour de la moyenne arithmétique .

L'écart-type représente en fait la moyenne des écarts à la moyenne arithmétique. Ce calcul permet de savoir comment se répartit votre population autour de la moyenne arithmétique. L'écart-type s'exprime dans la même unité que la variable.

Dans cet exemple, les valeurs observées de l'ancienneté d'une population salariée composée volontairement de trois individus seulement sont les suivantes :

1er cas : 3 7 8

La moyenne arithmétique de l'ancienneté est égale à

$$\bar{x} = \frac{3 + 7 + 8}{3} = 6 \text{ ans}$$

Si dans un autre cas, les *n* valeurs observées sont :

2e cas : 6 6 6

ou encore 3e cas : 1 1 16

la moyenne arithmétique est là encore de 6 ans, pourtant les trois populations sont très différentes.

Seul le calcul de l'écart-type nous permet d'affiner la moyenne en nous informant de sa validité par rapport à la réalité. Si le résultat du calcul de l'écart-type est élevé, nous sommes dans le premier ou le dernier cas et s'il est nul nous sommes dans le second cas.

L'écart-type se calcule comme la racine carrée de la variance et la variance elle-même se calcule comme la moyenne des carrés des écarts à la moyenne arithmétique.

• *La variance V*

$$V = \frac{\text{Somme jusqu'à } n \text{ des } (x^2 - \overline{x^2})}{n}$$

n = nombre d'observations

• *Le cumul*

Il s'obtient en ajoutant sans cesse, à partir d'une origine déterminée, des éléments nouveaux aux éléments anciens. Dans la fonction RH, les cumuls se font généralement sur l'année civile avec comme origine le 1er janvier.

• *Le total mobile*

Dans un cadre annuel, le total mobile cumulé à la fin d'un mois est la somme des chiffres de ce mois et des onze mois qui le précèdent.

• *La moyenne mobile*

Elle est égale au total mobile divisé par le nombre d'éléments le composant. Dans un cadre annuel la division se fera par 12. La moyenne mobile permet de pondérer les effets de la saisonnalité que prendrait en compte de façon trop forte le seul cumul.

Nous allons mettre ces dernières notions en pratique dans l'étude des corrélations.

Les corrélations

Une corrélation est la relation qui existe entre deux faits ou deux événements. Après formulation d'une hypothèse de liaison entre les deux événements, c'est l'observation qui met en évidence le fait qu'ils varient ensemble, c'est-à-dire qu'ils sont dépendants l'un de l'autre.

En gestion du personnel, il est fréquent de présumer d'une corrélation entre deux ou plusieurs paramètres sociaux.

Le but des tableaux de bord est de les mettre en évidence pour comprendre le phénomène et permettre ensuite d'induire des solutions proactives. La figure 6.1 montre la corrélation forte entre une variable et les mois de l'année.

On retrouve sur trois années (représentées par trois tirets différents) une même tendance à la baisse de la variable qui s'amorce dès le mois d'avril jusqu'en août et une forte remontée durant les mois d'hiver. Cette variable représente, vous l'avez compris, le nombre de jours d'absence maladie.

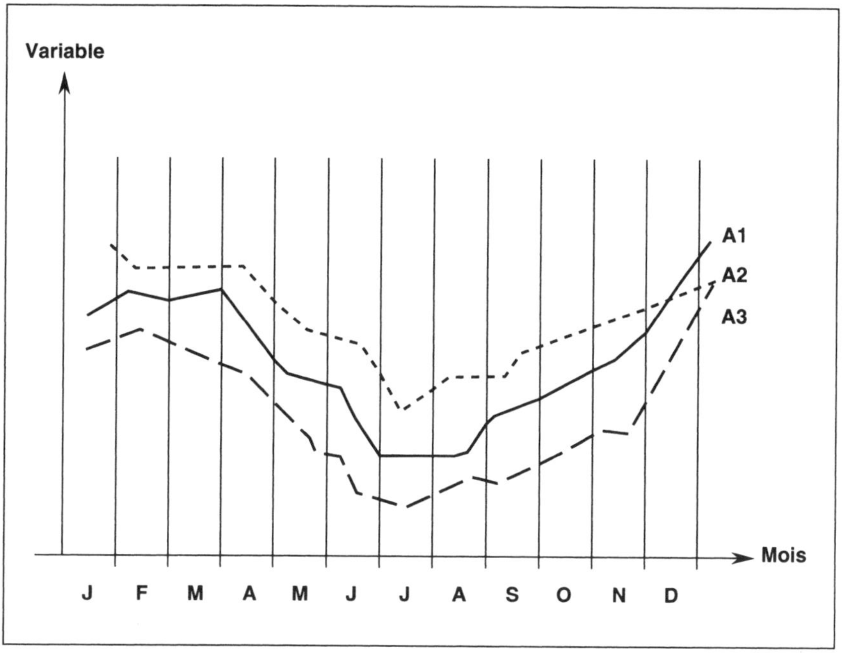

Figure 6.1 – Les corrélations

➤ La formulation des hypothèses

On définit une hypothèse comme une question posée sur la relation qui existe entre deux faits.

Il existe des hypothèses ouvertes correspondant à des questions que l'on se pose, sans avoir une idée de la réponse. D'autres hypothèses sont dites fermées parce qu'elles correspondent à des questions orientées, pour lesquelles la réponse est pressentie.

Ce second cas est le plus fréquent pour les hypothèses de corrélation que nous faisons entre deux indicateurs sociaux.

Exemple : la corrélation entre l'ancienneté dans l'entreprise et le niveau de salaire.

L'hypothèse qui lie le niveau de salaire à l'ancienneté des salariés est une hypothèse fermée.

En effet, nous savons par expérience que plus les salariés sont anciens dans l'entreprise et plus leur coefficient de rémunération est élevé dans la grille des salaires.

Les années qu'ils passent dans l'entreprise donnent aux salariés des possibilités accrues de développer expérience et savoir-faire. Les probabilités qu'ils ont de bénéficier d'augmentations au mérite associées à un pourcentage croissant de la prime d'ancienneté sont fortes.

Tous ces éléments combinés ont des effets algébriquement positifs sur le salaire des individus.

En d'autres mots, plus les salariés sont anciens dans l'entreprise et plus leur salaire brut est important. La corrélation est facilement repérable visuellement par le graphique présenté dans la figure 6.2.

On y constate d'abord un décrochement après trois ans d'ancienneté, puis la droite progresse de manière linéaire jusqu'à 25 ans d'ancienneté. La courbe reflète avec exactitude le calcul de la prime d'ancienneté prévue par la convention collective : pas de prime avant trois ans d'ancienneté, une fois ce délai passé, le pourcentage passe directement à 3 % et augmente linéairement de 1 % par année d'ancienneté. L'ancienneté est toutefois plafonnée à 25 ans. Au-delà, le pourcentage acquis, soit 25 %, demeure sans bonification supplémentaire.

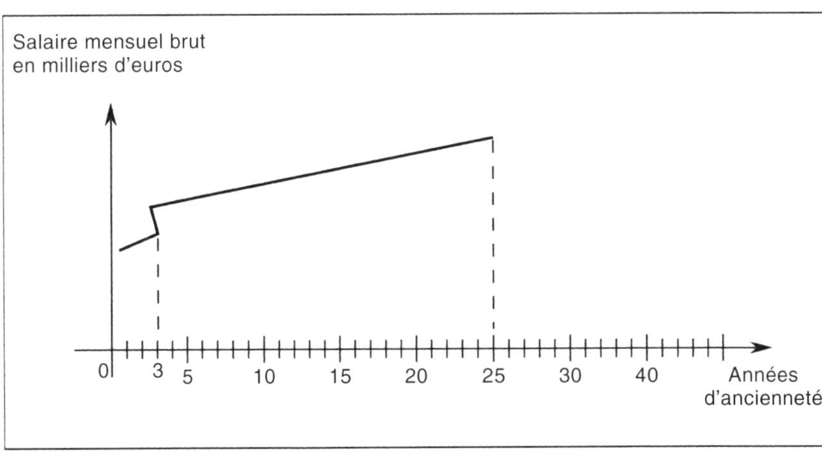

Figure 6.2 – Exemple de corrélation : l'ancienneté et le salaire

➤ De la corrélation à la prédiction

Les corrélations une fois démontrées (les deux paramètres étant alors mathématiquement corrélés) permettent de faire des prédictions de précision.

> On peut prévoir, par exemple, qu'une personne qui a plus de dix ans d'ancienneté percevra un salaire supérieur à 2 000 euros. La limite de cette méthode est qu'il n'y a pas toujours d'explication à la corrélation car il est parfois possible que d'autres facteurs que les indicateurs corrélés interviennent. Il est probable, par exemple, que le niveau de formations initiale et continue intervienne aussi dans la progression du salaire.

Lors de la réalisation des tableaux de bord sociaux, il est courant de définir des hypothèses de corrélation, existant entre deux indicateurs, qu'il convient de vérifier.

Pour cela, il suffit de faire varier un des indicateurs et de vérifier les conséquences de cette variation sur l'autre indicateur.

L'expérience tend à prouver les hypothèses et permet dans le futur de partir de ce résultat comme d'un postulat.

➤ Indicateurs servant de variables pour l'expérimentation

- *La variable indépendante*

Il s'agit de la variable que l'on fait varier intentionnellement pour voir son effet sur un ou plusieurs autres indicateurs.

Prenons, comme exemple d'une hypothèse fermée, le fait que « de bonnes conditions de travail favorisent la productivité ».

Des observations se font alors dans les ateliers de production où le niveau sonore est élevé et le matériel vétuste, pour mesurer les résultats quantitatifs du travail du personnel.

Envisageons une autre hypothèse, « plus l'âge, le niveau socioculturel et la formation sont élevés, plus la rémunération est forte ».

Ces trois variables citées ici sont des variables constatées sur la population salariée, que l'on peut difficilement faire varier volontairement. La source de leur variation est, dans ce cas, naturelle.

- *La variable dépendante*

Elle représente la mesure d'un ou de plusieurs autres indicateurs en réaction à la variation de la variable indépendante.

Dans le premier exemple cité, il s'agit des résultats quantitatifs des salariés, mesurés en nombre d'unités produites.

➤ Corrélation et abaque

On peut représenter une corrélation clairement démontrée entre deux variables par un abaque.

L'abaque est un graphique permettant de lier l'évolution conjointe de deux variables dépendantes l'une de l'autre.

Grâce à une courbe d'abaque vous pouvez vous dispenser de nombreux calculs par simple lecture de la valeur d'une variable lorsque l'autre variable corrélée est à une position donnée. Mais il est indispensable de mathématiser préalablement la relation qui existe entre les deux variables.

Un exemple de courbe d'abaque est donné dans le chapitre 9.

Les séries chronologiques dans le processus de la prévision

Les techniques de prévision à court, moyen et long terme sont essentielles dans les différents domaines de la gestion anticipatrice du personnel.

Pour mener à bien les études qui s'y rapportent, il ne suffit pas d'analyser les valeurs prises dans le passé par la variable, et d'en faire une extrapolation. Une telle méthode risque de conduire à des erreurs grossières si on ignore le rôle joué par les facteurs économiques, juridiques et psychosociologiques.

Il est donc indispensable de passer au préalable par l'élaboration d'un modèle faisant apparaître l'influence de ces facteurs.

La résolution de ce type de problèmes repose sur un processus de prévision, aussi solide que possible, prenant en compte les tendances profondes d'évolution de l'environnement socio-économique.

Le domaine de la prévision

Le processus de prévisions à court ou à long terme s'appuie sur l'étude des séries chronologiques.

➤ Les séries chronologiques

Une série chronologique est une suite d'observations qui s'échelonnent dans le temps dont le but est de mesurer l'évolution d'une variable.

L'intervalle de temps séparant les observations dépend de la nature de la variable et des objectifs de prévision qui sont poursuivis.

La nature de la variable va grandement conditionner la résolution du problème.

Nous prendrons pour illustrer ce processus, un exemple dans le cadre de la formation professionnelle continue. Si l'on considère la variable « nombre de jours moyen de formation par catégorie professionnelle », il n'est pas envisageable de mesurer toutes les semaines, le nombre moyen de jours de formation par catégorie socio-professionnelle. Cette variable n'a de sens que sur l'exercice social et fiscal dans lequel se situe l'obligation légale de la formation. De plus il se peut que plusieurs variables nécessitent des traitements différents : l'une est mesurée sur le mois et l'autre sur l'année.

➤ Les précautions à prendre dans le processus de prévision

Pour faire des prévisions à long terme (prévision d'évolution d'une variable dans les huit ou dix prochaines années), il est nécessaire de disposer et d'étudier des séries chronologiques espacées dans le temps, de l'ordre du semestre ou de l'année, sur une longue durée allant de cinq années (minimum) à vingt années. On dégage ainsi les grandes tendances du passé et on relativise les effets ponctuels dus à un aléa accidentel.

☞ **Si l'on veut prévoir l'évolution du budget formation dans les années à venir, il est nécessaire de disposer des valeurs des budgets réalisés durant les cinq dernières années, au moins.**

Pour les cas de prévisions à court terme (l'année à venir en général), on a recours à des observations relativement rapprochées dans le temps de l'ordre de la semaine ou du mois.

Nous nous intéresserons dans cet ouvrage à l'étude des séries chronologiques (observations rapprochées dans le temps) nécessaires aux prévisions à court terme.

Le processus de prévision à court terme

➤ Le coefficient de saisonnalité

De nombreuses séries chronologiques sont affectées par les alternances qu'imposent les différents cycles de vie de l'entreprise : les contraintes de sa production et de son marché.

Dans le cadre de la gestion du personnel, il vous faut de plus conjuguer ces contraintes avec celles des obligations légales en matière sociale (déclarations, élections, etc.). C'est la conséquence de ces rythmes imposés, que nous appellerons **variations saisonnières**. Par définition, elles se reproduisent chaque « saison » à peu près de la même façon.

Mais les variations saisonnières que vous connaissez dans vos entreprises ne doivent pas masquer des mouvements indépendants de la saisonnalité qui ont une explication structurelle et qui sont dus à des modifications profondes du contexte.

Vous devez alors dissocier clairement les effets cycliques dus à la saisonnalité, des mouvements de modification profonde. Pour ce faire, il existe une méthode dite de désaisonnalisation des séries chronologiques qui repose sur la méthode des moyennes mobiles.

➤ La désaisonnalisation par la méthode des moyennes mobiles

Cette méthode consiste à pondérer les mesures d'une variable à un moment T particulier, en l'agglomérant à d'autres mesures réalisées à des temps $T + 1$, $T + 2$, ..., $T + n$ et en prenant la moyenne (en divisant respectivement par 2, 3 ou $n + 1$).

Vous obtenez ainsi la moyenne mobile relative à un moment donné T.

Exemple : nombre moyen de jours de congés payés pris pour chacun des 12 mois de l'année

Janvier	1,4 jour
Février	3,5 jours
Mars	2,1 jours
Avril	**1,9 jour**
Mai	2,2 jours
Juin	1,4 jour
Juillet	11,7 jours
Août	15,8 jours
Septembre	2,6 jours
Octobre	1,1 jour
Novembre	1,7 jour
Décembre	2,9 jours

La moyenne mobile sur trois mois, relative à avril, sera :

$$(2{,}1 + 1{,}9 + 2{,}2) : 3 = 2{,}07 \text{ jours}$$

Lorsque vous calculez une moyenne mobile sur un nombre pair de mois, prenez un mois de plus dans le calcul et divisez les deux mois extrêmes par 2, comme suit.

La moyenne mobile sur quatre mois, relative au mois d'avril, devient alors :

$$\left(\frac{3,5}{2} + 2,1 + 1,9 + 2,2 + \frac{1,4}{2}\right) : 4 = 2{,}16 \text{ jours}$$

Dans la pratique, vous calculez les moyennes mobiles sur douze mois lorsque les variations saisonnières sont très importantes d'un mois sur l'autre. C'est le cas avec de nombreuses variables sociales comme la maladie et la prise des congés, les heures supplémentaires liées à la production saisonnière de vos entreprises.

➤ Corriger les fluctuations mensuelles

Dans la *fonction ressources humaines*, les cycles mensuels servent fréquemment de référence, mais les mois ne comportent pas tous le même nombre de jours. Il convient donc, préalablement à la désaisonnalisation, de corriger les fluctuations mensuelles dues à la différence du nombre de jours ouvrés selon le mois.

Prenons le nombre de jours ouvrés moyen mensuel ainsi calculé :

$$\frac{5 \text{ jours ouvrés par semaine} \times 52 \text{ semaines}}{12 \text{ mois}}$$

$$= 21{,}67 \text{ jours ouvrés moyens par mois}$$

La valeur corrigée de la variable devient alors :

$$\text{Valeur corrigée du mois } M = \frac{\text{Valeur brute du mois} \times 21{,}67}{\text{Nombre de jours ouvrés du mois}}$$

➤ Le coefficient saisonnier

C'est pour un mois donné, la valeur du rapport :

$$\frac{\text{Valeur de la variable du mois } M}{\text{Moyenne mobile relative au mois } M}$$

Dans la pratique, les coefficients saisonniers sont stables d'une année sur l'autre.

Exemple de processus de prévision à court terme

L'exemple est tiré d'une entreprise de service qui exploite une part du réseau d'autoroutes.

Ses besoins en personnel varient avec l'intensité du trafic, lui-même dû aux migrations saisonnières d'une part et aux conditions météorologiques d'autre part.

Les périodes de grands départs en vacances entraînent pour cette entreprise un surcroît de travail auquel elle doit faire face immédiatement. Il lui faut multiplier les péages aux barrières de sortie d'autoroutes et les patrouilleurs qui font des rondes, de jour comme de nuit, pour assurer la sécurité des automobilistes.

Les ressources en personnel dont cette entreprise dispose panachent le recrutement de salariés sous contrat à durée déterminée avec le recours aux heures complémentaires et supplémentaires des salariés sous contrat à durée indéterminée. Dans le cadre de sa gestion prévisionnelle, cette société souhaite planifier les coûts directs dus à la charge de travail.

La variable choisie est le nombre mensuel des heures supplémentaires auxquelles l'entreprise a eu recours durant les cinq dernières années.

Soit une série chronologique mensuelle couvrant la période allant de l'année $A - 4$ à l'année A.

L'objectif est de réaliser une estimation des heures supplémentaires qui seront nécessaires pour les premiers mois de l'année $A + 1$.

La méthode en quatre points

1. Détecter si la série chronologique présente des variations saisonnières

Il s'agit de vérifier que la série chronologique présente des variations qui se répètent à des mois déterminés, avec des amplitudes qui sont essentiellement fonction du mois considéré. Pour vérifier le mouvement saisonnier, une représentation graphique du type « chronogramme » va faciliter les conclusions.

2. Désaisonnaliser la série grâce aux moyennes mobiles

La désaisonnalisation se fait par le calcul des moyennes mobiles relatives aux mois sur lesquels portent la prévision, ainsi que par le calcul des coefficients saisonniers. On suit ainsi les évolutions dans le temps des moyennes mobiles et des coefficients saisonniers.

3. Extrapoler le mouvement extra-saisonnier

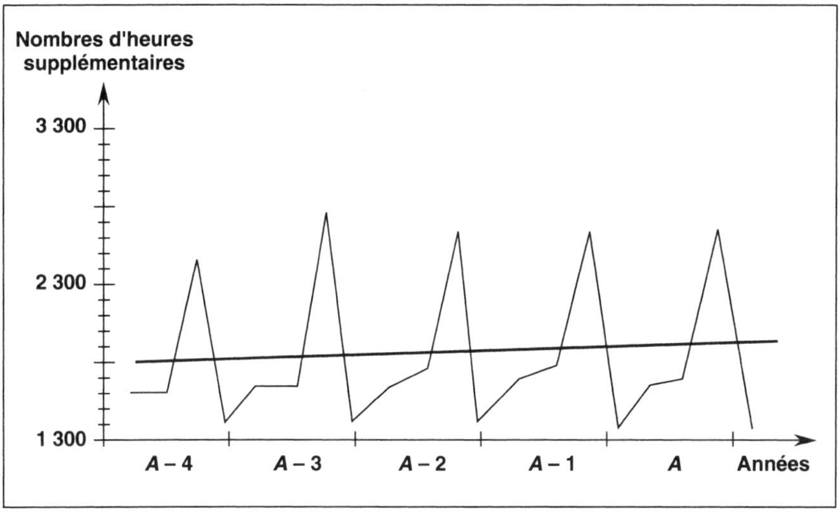

Figure 6.3 – Données brutes avant pondération des jours ouvrés moyens du mois

L'équation de la droite de régression des moyennes mobiles y par rapport au temps x est de la forme : $y = ax + b$

$$a = \frac{\overline{xy} - \bar{x}\bar{y}}{\overline{x^2} - (\bar{x})^2}$$

$\bar{x}$ étant la moyenne des x, $\bar{y}$ la moyenne des y et $\overline{xy}$ la moyenne du produit des deux variables.

a est aussi appelé coefficient directeur de la droite.

On trouve ainsi une valeur de a égale à 4,04.

Sachant de plus que l'équation de la droite de régression peut aussi s'écrire :

$$y = \mathrm{a}x - \mathrm{a}\bar{x} + \bar{y}$$

On trouve une équation de la droite de régression :

$$y = 0{,}746\ x + 1\ 911{,}43$$

Ce qui nous permet de donner comme estimation des moyennes mobiles d'heures supplémentaires nécessaires pour le premier trimestre de $A + 1$:

janvier $A + 1 = 1\ 951{,}71$ ($x = 54$)
février $A + 1 = 1\ 952{,}46$ ($x = 55$)
mars $A + 1 = 1\ 953{,}20$ ($x = 56$)

		J	*F*	*M*	*A*	*M*	*J*
	1	1 400	1 900	1 800	1 850	1 700	1 550
	2	21	20	23	22	20	21
A – 4	3	1 444,67	2 058,65	1 695,91	1 822,25	1 568,99	1 599,45
	4						
	5						
	1	1 450	1 850 ,00	1 810	1 900	1 700	1 600
	2	20	19 ,00	22	22	21	22
A – 3	3	1 571,07	2 109,97	1 782,85	1 871,50	1 754,23	1 576
	4	1 907,08	1 915,83	1 927,50	1 934,16	1 934,16	1 935,83
	5	82,38	110,133	92,495	96,760	96,760	81,412
	1	1 500	1 800 ,00	1 780	1 900	1 750	1 610
	2	21	20 ,00	23	21	19	22
A – 2	3	1 547,85	1 950,30	1 677,06	1 960,61	1 995,92	1 585,85
	4	1 945,41	1 937,91	1 922,08	1 920,83	1 922,50	1 917,91
	5	79,56	100,63	87,25	102,07	103,81	82,68
	1	1 480	1 920 ,00	1 790	2 010	1 820	1 580
	2	22	19 ,00	22	21	20	23
A – 1	3	1 457,80	2 189,81	1 763,15	2 074,12	1 971,97	1 488,63
	4	1 933,33	1 927,08	1 929,16	1 927,08	1 924,58	1 930,83
	5	75,40	113,63	91,39	107,63	102,46	77,09
	1	1 510	1 910 ,00	1 805	1 980	1 780	1 605
	2	21	20 ,00	22	22	19	22
A	3	1 558,17	2 069,48	1 777,92	1 950,30	2 030,13	1 580,92
	4	1 937,50	1 947,08	1 953,75	1 957,50	1 961,25	1 962,08
	5	80,42	106,28	91	99,63	103,51	80,57

1 : Nombre d'heures supplémentaires effectuées au cours du mois

2 : Nombre de jours ouvrés du mois

3 : Nombre d'heures effectuées, corrigé du nombre de jours ouvrés

Exemple : jour 01 ($A - 4$) $= 1\,400 \times \frac{21{,}67}{21} = 1\,444{,}67$

Figure 6.4 – Tableau récapitulatif des données chiffrées

		J	*A*	*S*	*O*	*N*	*D*
	1	2 900	3 200	2 100	1 320	1 450	1 600
	2	20	21	20	23	19	21
A – 4	3	3 142,15	3 302,09	2 275,35	1 243,67	1 653,76	1 651,04
	4	1 899,58	1 899,58	1 897,91	1 900,41	1 902,50	1 904,58
	5	165,41	173,83	119,88	65,442	86,925	86,687
	1	2 910	3 400 ,0	2 180	1 400	1 380	1 700
	2	22	21,00	23	23	19	20
A – 3	3	2 866,35	3 508,47	2 053,93	1 319,04	1 573,92	1 841,95
	4	1 942,08	1 942,08	1 938,75	1 937,50	1 939,58	1 942,08
	5	147,59	180,65	105,94	68,07	81,14	94,84
	1	2 980	3 150,00	2 050	1 500	1 320	1 650
	2	21	21 ,0	22	22	21	21
A – 2	3	3 075,07	3 250,49	2 019,25	1 477,50	1 362,11	1 702,64
	4	1 915	1 919,16	1 924,58	1 929,58	1 937,08	1 938,75
	5	160,57	169,37	104,91	76,57	70,31	87,82
	1	2 880	3 100 00	2 150	1 350	1 410	1 710
	2	22	22 ,00	22	23	20	23
A – 1	3	2 836,80	3 053,50	2 117,75	1 271,93	1 527,73	1 611,11
	4	1 934,58	1 934,58	1 935,62	1 935	1 932,08	1 931,45
	5	146,63	157,83	109,40	65,73	79,07	83,41
	1	3 000	3 210,00	2 200	1 390	1 460	1 680
	2	22	22,00	21	21	22	21
A	3	2 955	3 161,85	2 270,19	1 434,34	1 438,10	1 733,59
	4						
	5						

4. Moyennes mobiles sur 12 mois des valeurs corrigées du nombre de jours ouvrés

Exemple : juillet de l'année $A - 4 = \frac{1\,400}{2} + 1\,900 + 1\,800 + 1\,850 + 1\,700 + 1\,550$

$$+ 2\,900 + 3\,200 + 2\,100 + 1\,320 + 1\,450 + 1\,600 + \frac{1\,450}{2}/12 = \frac{22\,795}{12} = 1\,899{,}58$$

5. Coefficient saisonnier

Exemple : juillet $A - 4 = \frac{3\,142{,}15}{1\,899{,}58} \times 100 = 165{,}41$

du processus de prévision à court terme

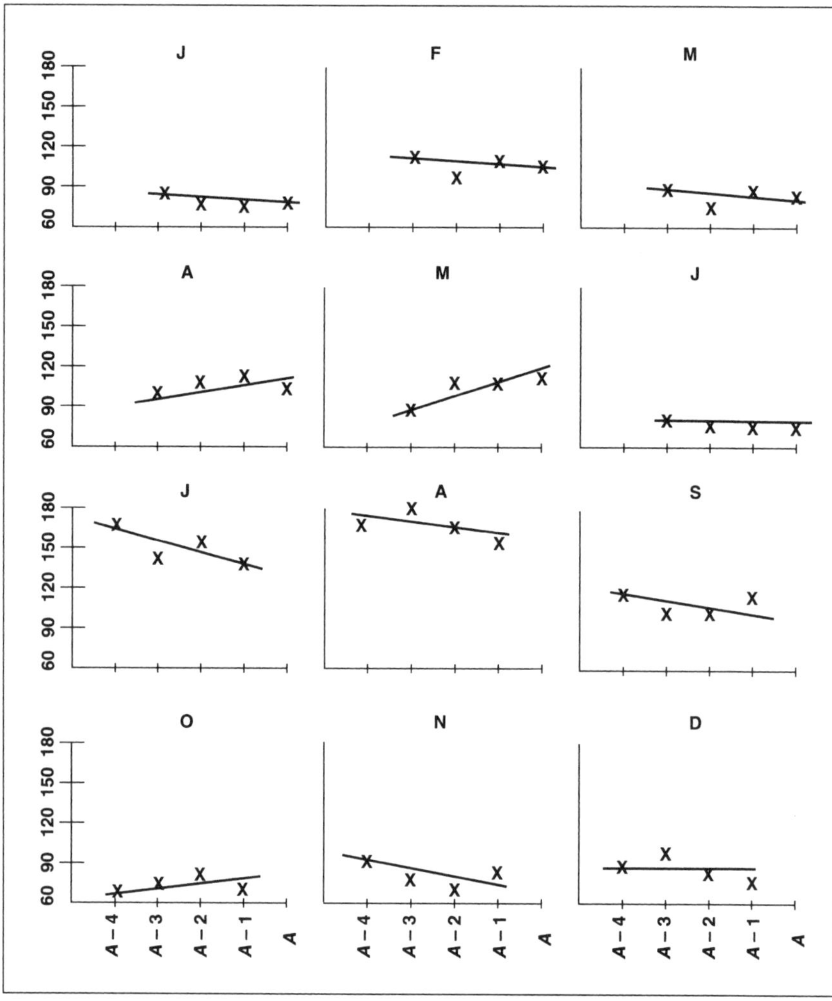

Figure 6.5 – Les coefficients saisonniers

4. Appliquer des coefficients saisonniers aux valeurs extrapolées

Les moyennes des coefficients saisonniers sont respectivement égales à 79,44 – 107,66 – 90,53 pour chacun de ces mois. Il suffit maintenant d'appliquer cette moyenne des coefficients saisonniers aux moyennes mobiles estimées, pour obtenir le nombre d'heures supplémentaires prévues pour le premier trimestre de $A + 1$:

$$\text{janvier } A + 1 = 1\,951{,}71 \times 0{,}7944 = 1\,550{,}43$$

février $A + 1 = 1\,952{,}46 \times 1{,}076 = 2\,100{,}84$
mars $A + 1 = 1\,953{,}20 \times 0{,}905 = 1\,767{,}65$

Conclusion

Lorsqu'on donne un chiffre prévisionnel, il est précieux d'y adjoindre une estimation de la fourchette d'incertitude qu'il comporte. On obtient une valeur approchée de cette fourchette en analysant les écarts entre les valeurs réellement prises par la variable que l'on veut prévoir et les estimations obtenues en appliquant la méthode de prévision.

Chapitre 7

Analyser les constats sociaux

L'ÉLABORATION d'indicateurs sociaux, calculés et référencés, représente un point majeur de la méthodologie de construction des tableaux de bord sociaux. Il convient maintenant d'analyser les constats ainsi présentés pour proagir le cas échéant. Pour cela il est nécessaire d'avoir préalablement défini des normes ou des objectifs intermédiaires pour chaque étape de notre chemin vers l'objectif.

Définir les grandes normes de la gestion sociale, tel est l'objectif de ce chapitre qui traitera de nombreuses données chiffrées et des sources de leur mise à jour.

Définition du seuil critique

Fixer le moment où le clignotant doit s'allumer

Le tableau de bord des voitures est probablement celui avec lequel nous sommes le plus familiarisé. Même dans les modèles de voitures les plus simples, on y retrouve toujours au moins deux indicateurs essentiels que sont la vitesse et l'essence.

> L'indicateur du niveau d'essence, comme tout bon indicateur, est étalonné en fonction de la contenance totale du réservoir.
>
> Grâce à une échelle graduée sur laquelle court une aiguille indicatrice, il est aisé de prendre l'information pour ne jamais tomber en panne d'essence.

Ce n'est pas si évident qu'il paraît, car pour ne jamais manquer d'essence, encore faut-il remettre de l'essence à temps, c'est-à-dire dès que l'aiguille entre dans la zone d'alerte, identifiée de manière voyante.

La délimitation de la zone d'alerte de l'indicateur d'essence ou « clignotant », n'est pas le fruit du hasard, elle relève d'un ingénieux calcul.

En effet, au moment précis où l'aiguille pénètre dans la zone d'alerte (lorsque le voyant se met à clignoter), il reste dans le réservoir suffisamment de carburant pour parcourir la distance moyenne qui sépare, sur autoroute, deux distributeurs d'essence en France.

On le voit, cet indicateur de niveau d'essence cache derrière sa simplicité apparente, une technique de conception élaborée sur le principe de la méthodologie de réalisation de nos tableaux de bord.

En résumé :

- objectif clair et précis : « ne jamais tomber en panne d'essence » ;
- constat visuel permanent du niveau d'essence dans le réservoir ;
- mesure d'écart permanente : un clignotant prêt à alerter ;
- proaction clairement indiquée, à respecter scrupuleusement.

Résultat : *L'essence ne fait jamais défaut.*

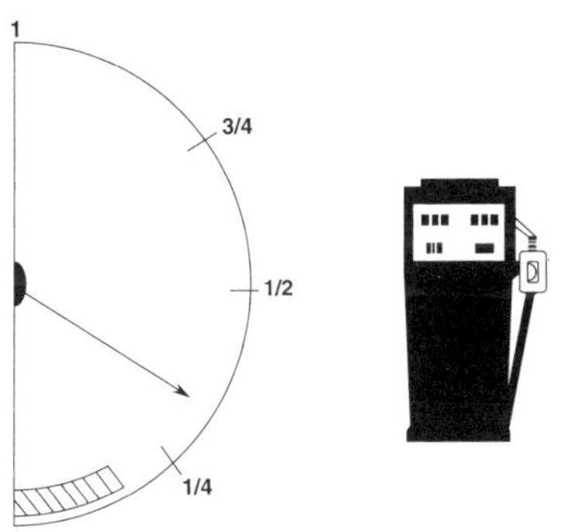

Figure 7.1 – Indicateur d'essence

Cet exemple de la vie courante illustre la meilleure réalisation et utilisation des tableaux de bord.

Dans le domaine social, le point délicat reste lié à l'action à mener. Elle n'est pas toujours unique et loin d'être aussi simple que celle préconisée par l'indicateur d'essence. Il faut donc déterminer avec précision le moment de l'allumage du clignotant. À quel moment allumer le clignotant pour que la proaction soit efficace ?

Il convient tout d'abord d'étalonner vos indicateurs à l'aide de valeurs reconnues comme normales, c'est le cas des moyennes sectorielles et nationales, ou de fixer ces limites de façon volontariste en fonction des objectifs que vous souhaitez atteindre.

Ces valeurs-étalons sont déterminées pour chacune des étapes de votre progression vers l'objectif, c'est-à-dire avec la même fréquence que votre tableau de bord.

Par exemple, si vous vous êtes fixé un objectif annuel et que vous avez défini un cycle mensuel à votre tableau de bord, vous disposez pour un même indicateur de onze valeurs-étalons. La 12e *valeur est celle de l'objectif.*

Chaque mois vous comparez la valeur prise par votre indicateur à celle que vous avez étalonnée comme normale.

Tout va bien tant que la mesure de l'indicateur est égale à la valeur-étalon : aucune action n'est encore à mener.

En revanche, dès que l'indicateur dépasse la valeur-étalon considérée, la proaction s'impose sans délai.

Identification des principaux clignotants en gestion du personnel

Les indicateurs de politique

➤ Taux des départs

$$\frac{\text{Total des départs}}{\text{Effectif moyen mensuel}}$$

Le ratio du taux des départs évolue avec la conjoncture économique. Quand la situation de l'emploi est mauvaise et le marché fermé, la part des départs volontaires est faible dans le total des départs au numérateur.

Notre gestion quotidienne est obscurcie par l'ombre des compressions de personnel et chaque fois que c'est le cas, leur nombre augmente sensiblement le total des départs.

C'est la raison pour laquelle il est préférable d'analyser ce ratio, hors suppression de postes.

Cette précaution prise, on constate que le taux moyen des départs est de 2,2 % sur le plan national. Ce qui revient à dire que 2,2 salariés sur 100 quittent l'entreprise suite à une démission, une fin de période d'essai ou un départ en retraite. Ce taux devrait remonter dans les années à venir pour retrouver une valeur moyenne de 4,1 %.

➤ Taux des démissions

$$\frac{\text{Total des démissions}}{\text{Total des départs}}$$

Le ratio des démissions par rapport aux autres motifs de départ (toujours hors licenciement économique) est faible puisque voisin de 28 %. Le reste des départs est essentiellement constitué des départs en retraite, préretraite et préretraite progressive, ces deux derniers motifs étant eux-mêmes parfois inclus dans les plans sociaux.

➤ Taux des fins de période d'essai

$$\frac{\text{Total des fins de période d'essai}}{\text{Total des départs}}$$

Il est souvent négligeable par rapport au total des départs, voisin de 1 %. Néanmoins, il est intéressant de le suivre afin de détecter les dysfonctionnements liés au processus de recrutement ou à la capacité de l'organisation à intégrer des nouveaux collaborateurs.

Le risque professionnel[1]

Les chiffres publiés par la Cnam que nous vous présentons dans cet ouvrage sont ceux de l'année 2001 actuellement en notre possession. Une partie des chiffres officiels de 2002, qui paraîtront dans le courant de l'année 2004, n'est aujourd'hui qu'estimative. C'est la raison pour laquelle nous présenterons tour à tour des résultats chiffrés issus de 2001 et 2002, lorsque ceux-ci sont certains, qui sont les deux années les plus récentes.

L'année 2001 reflète une certaine stabilité du taux de fréquence des accidents avec arrêts de travail et ce en moyenne de toutes les activités professionnelles puisqu'il reste inchangé par rapport à 2000, égal à 24,6.

Toutefois cette moyenne masque une hausse pour la branche des Textiles et celle des Cuirs et Peaux (+ 1 %). Les baisses les plus importantes concernent les secteurs d'activité des Transports (– 2,30 %) et, dans une moindre mesure, celui du Bâtiment et Travaux Publics (– 0,3 %).

➤ Taux d'accident du travail par nature de contrat

C'est proportionnellement chez les contrats à durée déterminée et chez les saisonniers que l'on constate le plus grand nombre d'accidents du travail.

➤ Taux d'accidents du travail suivant la qualification professionnelle[2]

Les différences entre les pourcentages des effectifs et des accidents avec arrêt peuvent traduire, soit une différence de risque, soit une attitude à l'égard de la sécurité.

C'est le premier facteur qui semble devoir être donné comme explication pour les cadres et techniciens et employés, et le deuxième en ce qui concerne les différences constatées entre manœuvres, ouvriers spécialisés et ouvriers qualifiés.

1. Statistiques technologiques d'accidents du travail de la Caisse nationale d'assurance-maladie, 1998.
2. *Statistiques technologiques des accidents du travail et des maladies professionnelles*, CNAM, année 2001.

Le personnel ouvrier comprenant les apprentis, les ouvriers qualifiés et les ouvriers non qualifiés, représente 36 % des salariés et 76,5 % des accidents.

Il en résulte la possibilité de déterminer, à partir du taux de fréquence de l'ensemble du personnel, un taux de fréquence « ouvriers » et un taux de fréquence « reste du personnel ».

On obtient pour l'année 2001 les taux suivants :

- taux de fréquence « ouvriers » : 51,7
- taux de fréquence « reste du personnel » : 8,6
- taux de fréquence de l'ensemble : 24,6

➤ Taux d'accidents du travail par tranche d'âge

En 2001, la fréquence des accidents avec arrêt est supérieure à la moyenne pour les tranches d'âges inférieures à trente ans et celle de soixante-cinq ans et plus, et baisse progressivement à partir de trente ans.

La gravité mesurée par la fréquence des accidents avec incapacité permanente augmente de façon sensible et régulière avec l'âge, de la tranche des vingt-cinq à vingt neuf ans jusqu'à celle des cinquante à cinquante neuf ans, ce qui s'explique par le fait que la faculté de récupération de l'organisme diminue lorsque l'homme vieillit.

1,5 % des salariés victimes d'accidents du travail sont âgés de moins de vingt ans ; 7,0 % ont entre vingt et vingt-quatre ans ; 15 % ont entre trente et trente-quatre ans ; 15,2 % ont entre trente-cinq et trente-neuf ans ; 27,5 % ont entre quarante et quarante-neuf ans ; 16,9 % ont entre cinquante et cinquante-neuf ans ; 1,2 % a plus de soixante ans.

Il faut noter que c'est dans la tranche d'âge qui va de quarante à quarante neuf ans que les accidents avec arrêts sont les plus nombreux (20,5 %), qu'ils entraînent le pourcentage de journées perdues le plus important (26,1) et le pourcentage d'incapacité permanente le plus fort (29,6).

Ces chiffres, stables au demeurant, ne subissent que de faibles variations d'une année sur l'autre.

➤ Taux de fréquence et de gravité des accidents du travail

• *Taux de fréquence des accidents avec incapacité permanente (IP)*

Le taux de fréquence des accidents du travail avec arrêt de travail est défini comme suit :

$$\text{Taux de fréquence} = \frac{\text{Nombre d'accidents avec IP}}{\text{Nombre d'heure travaillées}} \times 1\,000\,000$$

En 2001, le taux de fréquence national, toutes branches d'activité confondues, est en forte baisse (– 10,4 %).

Après trois années de hausse consécutive de 1993 à 1995, on constate une baisse du taux de fréquence très importante depuis 1995, puisque celui-ci passe de 2,28 en 1995 à 1,59 en 2000 et 1,43 en 2001.

• *Taux de gravité des incapacités temporaires*[1]

Le taux de gravité des incapacités temporaires est défini comme suit :

$$\text{Taux de gravité} = \frac{\text{Nombre de journées perdues}}{\text{Nombre d'heures travaillées}} \times 1\,000$$

En 2001 par rapport à 2000, le taux de gravité des incapacités temporaires pour l'ensemble des activités est en hausse ; il passe de 1,01 à 1,06.

Ce constat confirme la hausse régulière de ce taux de gravité dans le temps puisqu'il était de 0,97 en 1997 et de 0,98 en 1998.

Si on dépasse la vision moyenne de l'évolution de ce taux et qu'on explore les plus fortes évolutions des branches d'activité, on constate les résultats qui suivent :

- les hausses les plus importantes sont dans les secteurs du Bois, Textiles, Vêtements, Cuirs et Peaux et des Pierres et Terre à feu (+ 0,12 %), la Chimie, Caoutchouc (+ 0,07 %) et le Bâtiment Travaux Publics (+ 0,09 %) ;
- la seule baisse enregistrée (– 0,05 %) concerne le secteur des Transports.

1. *Statistiques technologiques des accidents du travail et des maladies professionnelles*, CNAM, année 2001.

- *Variation de l'indice de gravité des incapacités permanentes*

$$\text{Indice de gravité} = \frac{\text{Total des taux d'incapacité permanente}}{\text{Nombre d'heures travaillées}} \times 1\,000\,000$$

L'indice de gravité des incapacités permanentes établit une relation entre la somme des taux d'incapacité permanente et la durée d'exposition au risque qui est exprimée par le nombre d'heures travaillées. Il traduit ainsi l'aspect particulier des séquelles physiques qui demeurent après la consolidation de la blessure.

L'indice de gravité est, pour l'ensemble des activités, en baisse puisque l'indice global passe de 16,1 en 2000 à 14,5 en 2001.

Les principaux secteurs d'activité tels que le Bâtiment et Travaux Publics ainsi que le Transport enregistrent des baisses significatives voisines de 4 %. Seule la Chimie enregistre une légère hausse de + 0,6 %.

Enfin, on observe que le taux moyen d'une incapacité permanente progresse ces dernières années. Après avoir longtemps été stable, jusqu'en 1990, autour d'une valeur de 9,7, il augmente régulièrement depuis ; il passe par 9,9 % en 1999 pour atteindre 10,1 en 2001.

Le risque maladie

➤ Taux d'absentéisme maladie

Il existe peu de statistiques nationales pour le risque maladie. Les données chiffrées émises par la CNAM n'ont que peu de rapport avec la précision de celles que nous avons étudiées pour le risque professionnel.

En effet, les statistiques réalisées sont exprimées en montant de prestations et ne comportent aucune distinction de nombre de jours, de catégorie socio-professionnelle, d'âge et de secteur d'activité. La raison est qu'aucune refacturation directe n'est prévue auprès des employeurs.

C'est donc plutôt au niveau de la branche d'activité que vous pourrez trouver les détails significatifs de l'absentéisme maladie, à partir des arrêts exprimés en nombre de jours (voir chapitre 5, données chiffrées issues de l'UIMM).

Toutefois, il est reconnu par exemple que l'absentéisme des femmes jeunes ayant des enfants en bas âge, est fort. La distance qui sépare le lieu du travail du domicile va augmenter la durée de l'absence pour maternité et va générer plus d'arrêts pour maladie[1].

L'âge est aussi un facteur d'absentéisme important chez les salariés des deux sexes. Au-delà de 40 ans l'absentéisme augmente fortement avec la déqualification du travail.

Enfin la taille de l'organisation, entreprise, établissement ou unité, favorise un fort absentéisme.

Ajoutons à cela, que le manque de capacités managériales de l'encadrement accentue ce phénomène.

➤ Taux d'absentéisme maladie de courte durée

$$\frac{\text{Nombre d'arrêts maladie de moins de 4 jours}}{\text{Nombre d'arrêts maladie}}$$

L'étude de ce taux est riche de signification pour vous qui souhaitez qualifier l'absentéisme maladie et ce d'autant plus que votre convention collective prévoit l'indemnisation complémentaire de la maladie dès le premier jour d'arrêt. La Sécurité sociale impose en effet un délai de carence de trois jours avant d'indemniser tout arrêt de travail.

➤ Taux d'absentéisme rémunéré

$$\frac{\text{Nombre de jours d'absence rémunérés}}{\text{Nombre de jours théoriques de travail} \times \text{Effectif moyen mensuel}}$$

Ce ratio représente le coût social de l'absentéisme. Que celui-ci résulte de la loi sur les congés payés ou de la convention collective, il n'en reste pas moins vrai que ce coût en masse salariale n'a pas de contrepartie travaillée.

➤ Taux d'absentéisme non rémunéré

$$\frac{\text{Nombre de jours d'absence non rémunérée}}{\text{Nombre de jours théoriques de travail} \times \text{Effectif moyen mensuel}}$$

1. Extrait de *L'absentéisme : mythes et réalités*, Pierre Jardillier et Henri Bauduin, ESF, 1984.

C'est un ratio qui depuis quelques années a tendance à augmenter. À cela plusieurs raisons : la première repose sur le développement de l'être au détriment de l'avoir et de la nouvelle quête du temps disponible. La loi a instauré diverses possibilités allant du congé parental d'éducation au congé sabbatique en passant par le congé individuel de formation.

La seconde raison, plus conjoncturelle, est liée au sous-emploi avec des nouvelles mesures qui favorisent le partage du temps de travail et le développement du temps partiel annualisé.

L'emploi

➤ Taux de l'emploi[1]

Depuis l'année 2002, le ralentissement de l'activité économique se poursuit et s'accompagne d'un recul logique de l'emploi.

C'est le secteur industriel qui est le plus touché, puisque depuis le premier trimestre 2002 il a supprimé des postes à un rythme, fort et régulier, voisin de 0,6 % par trimestre.

Les industries de biens intermédiaires suppriment 15 000 postes dont 6 000 dans la métallurgie et transformation des métaux. Les industries agricoles, elles, créent encore un peu d'emplois malgré la baisse de leur activité.

Toutefois, dans un contexte économique très morose, certaines branches d'activité gardent un solde d'emplois positif.

La construction, secteur du Bâtiment et des Travaux Publics (BTP), continue à créer des emplois (+ 11 000 postes depuis le début de l'année 2003) tout comme le secteur tertiaire qui est tiré, lui, par le Commerce de détail (+ 23 000 postes).

Depuis le début de l'année 2003, et malgré une prévision de baisse d'activité, l'emploi reste tonique dans le secteur des Hôtels, Cafés et Restaurants (HCR) qui crée encore des emplois.

Le taux du chômage à la fin du mois de septembre 2003 est de 9,7 % et il est prévu de franchir le cap des 10 % de demandeurs d'emploi au début de l'année 2004.

1. « Évolution de l'emploi au deuxième trimestre 2003 », *Premières Synthèses et Premières Informations*, n° 38.3, septembre 2003.

Ainsi, les tensions sur le marché de l'emploi, dues à la différence entre les offres d'emplois et les demandes, diminuent régulièrement. Même les domaines de l'informatique, de la gestion et de la communication, qui ont vécu les plus grosses tensions au début des années 2000, voient leur ratio offres sur demandes diminuer sensiblement.

➤ Taux de flexibilité de l'emploi

En 2002, il y a 1 400 000 salariés en contrat temporaire, que ce soit sous la forme de contrat à durée déterminée (900 000) ou bien sous la forme de l'intérim (500 000).

Ces formes d'emploi concernent 9 % des salariés du secteur privé hors contrats aidés.

Les contrats temporaires s'adressent surtout aux jeunes qui ont plus de mal que leurs aînés à obtenir directement des emplois stables.

- *Le travail temporaire*[1]

Alors que l'emploi intérimaire augmentait en moyenne de 20 % entre 1996 et 2000, puis marquait un coup d'arrêt en 2001, il diminue désormais en 2002 avec une perte chiffrée à 32 000 postes en un an.

Cette baisse s'explique, pour une grande part, par la disparition de postes d'ouvriers non qualifiés dans les secteurs industriels, car depuis longtemps l'évolution de l'intérim et l'évolution de l'emploi industriel sont très liées.

De plus, au premier trimestre 2003, l'intérim recule encore de 2,6 %, soit 15 000 postes en équivalents-emplois à temps plein en moins. Le repli amorcé en 2002 dans le secteur industriel se poursuit et s'y ajoute en 2003 une baisse sensible de 6,5 % des postes dans le secteur tertiaire.

Le bilan de l'intérim pour l'année 2002 est, malgré la baisse enregistrée, toujours le bilan d'une activité soutenue.

En effet, plus de 14 millions de missions ont tout de même été enregistrées. Deux millions de personnes ont au moins effectué une mission d'intérim et le taux de recours est de 3,3 %, soit 0,2 point de moins qu'en 2001.

1. « La baisse de l'intérim s'accentue en 2002 », *Premières Synthèses et Premières Informations*, n° 36.1 et 36.2, septembre 2003.

C'est dans l'industrie et la construction que l'on a le plus souvent recours à l'intérim pour employer surtout des hommes peu diplômés.

Ces bilans du travail temporaire, en 2002 et au début de 2003, sont d'autant plus intéressants que l'expérience montre une forte corrélation entre le niveau d'activité de l'intérim et celui de l'économie française. L'évolution du niveau d'emploi en intérim annonce avec un peu d'avance les replis comme les reprises de l'activité économique.

- *Les recrutements à durée déterminée CDD*[1]

En 2002, 900 000 salariés étaient en contrat à durée déterminée ce qui représente environ deux fois le nombre de ces mêmes salariés comptés en 1991. On note donc une progression forte des recours au CDD, malgré un léger repli en 2000, qui indique l'intérêt constant des entreprises pour la flexibilité offerte par cette forme d'emploi.

Contrairement au secteur industriel, qui recrute principalement en intérim, le secteur tertiaire comme le secteur agricole recrutent plus en CDD.

L'agriculture est de loin le secteur le plus utilisateur de contrats courts. Le caractère saisonnier de l'activité agricole explique la forte présence de ce type de contrat : 40 % des CDD agricoles sont en fait des contrats saisonniers.

Le secteur tertiaire a lui aussi fortement recours au CDD puisque 28 % des salariés sont employés sous ce type de contrat.

Dans tous les secteurs d'activité, les CDD concernent essentiellement des femmes qui représentent 58 % des titulaires de contrats de ce type.

De plus, il faut noter des conditions de travail généralement plus difficiles pour les salariés en contrat court que pour leurs homologues en CDI : ce sont le plus souvent des temps partiels aux horaires atypiques avec des travaux souvent réalisés le week-end.

Quant aux jeunes, comme ils ne peuvent pas mettre en avant une expérience qui leur permettrait un engagement durable, ils obtiennent difficilement directement des emplois en CDI. Pour étayer ce constat

1. « Les contrats courts : source d'instabilités mais aussi tremplin vers l'emploi permanent », *Premières Synthèses et Premières Informations,* n° 14.1, avril 2003.

par des chiffres, on a enregistré qu'au troisième trimestre 2001, un quart seulement des embauches de salariés de moins de trente ans se sont faites sous CDI.

Pour conclure sur la flexibilité de l'emploi, on peut dire que le contrat temporaire doit aussi s'analyser comme une aide efficace pour lutter contre le chômage. En effet, en mars 2001, on constate qu'un tiers des salariés en CDD et un quart des salariés en intérim ont obtenu un CDI un an plus tard alors que parmi les chômeurs 13 % seulement ont trouvé un emploi stable.

➤ Taux d'ancienneté dans l'entreprise

$$\frac{\text{Nombre de salariés ayant moins de X ans d'ancienneté}}{\text{Effectif moyen}}$$

• Lorsque $X = 5$ ans, un ratio normal doit être compris entre 0,1 et 0,2. En dessous de 0,1, il convient de commencer à s'inquiéter du manque de renouvellement du personnel. Au-delà de 0,2, c'est l'expérience collective qui va manquer et les valeurs de l'entreprise qui risquent de se perdre.

• Lorsque $X = 10$ ans, un ratio normal est compris entre 0,4 et 0,6. Un résultat inférieur à 0,3 est préoccupant.

➤ Taux d'encadrement par unité

Il représente la part des agents de maîtrise et des cadres rapportée à l'ensemble de la population salariée de l'unité. La constante évolution de ce taux est principalement due à deux grandes causes :

1. La première résulte du transfert d'activités vers le secteur tertiaire et l'élévation des niveaux d'études requis par les nouveaux postes. Que ce soit dans le domaine de la gestion, le domaine commercial, ou celui de l'informatique, les compétences requises sont de plus en plus pointues. La conséquence est l'élévation du niveau des recrutements qui tourne en moyenne autour du bac plus deux ans ou bac plus trois ans, ce qui correspond à une position hiérarchique d'encadrement.
2. Ce transfert avec élévation de niveau s'accompagne d'une réduction générale des effectifs ce qui augmente d'autant plus le taux d'encadrement.

La formation professionnelle[1]

➤ Taux de participation à la formation

$$\frac{\text{Montant des dépenses consacrées à la formation professionnelle au cours de l'année civile}}{\text{Masse salariale}}$$

Pour situer les résultats qui vont suivre, il faut rappeler que le taux minimum obligatoire pour les entreprises de plus de 10 salariés, fixé depuis 1992 à 1,5, est passé à 1,6 au 1er janvier 2004.

Le nouvel accord national interprofessionnel sur la formation professionnelle continue, qui a été signé par les partenaires sociaux le 20 septembre 2003, devrait être relayé par une loi cadre dans le courant de l'année 2004. Les nouvelles données de la formation, intégrant notamment un Droit Individuel à la Formation (DIF), risquent fort d'avoir des conséquences notoires sur les résultats de la formation dans les dix prochaines années[2].

En ce qui concerne 2001, le taux de participation financière à la formation professionnelle des entreprises de dix salariés et plus reste quasiment constant à une valeur de 3,16 % contre 3,18 % en 2000.

L'effort des entreprises de plus de deux mille salariés diminue depuis six ans. Il en va de même pour les entreprises de petite taille, moins de vingt salariés, qui étaient jusque-là en constante progression, et dont la participation diminue en 2001 comme en 2000.

Parmi les dix spécialités de formation les plus dispensées en 2000, on trouve en tête, l'Informatique et le traitement de l'information avec 8,9 % des stagiaires concernés pour une durée moyenne de formation de 38 heures. Vient ensuite le Secrétariat-bureautique avec 7,8 % des stagiaires et une durée moyenne de formation relativement longue de 103 heures. La dernière de ces dix spécialités les plus dispensées est les Langues vivantes qui concernent 3,5 % de stagiaires avec une durée moyenne de formation de 76 heures.

1. Centre Inffo, *Inffo flash*, avril 2001.
2. Projet de loi de finances pour 2003. Les données de l'année 2000 sont définitives et celles de l'année 2001 encore provisoires.

➤ Taux de formation par secteur d'activité

Cette baisse se ressent dans l'ensemble des secteurs d'activité, même si certains secteurs d'activité comme les Transports aériens et spatiaux, la Distribution de gaz et la Fabrication des équipements électriques et électroniques restent supérieurs à la moyenne nationale.

Les secteurs les plus proches de l'obligation légale en matière de participation financière sont la Pêche et l'aquaculture, le Travail du bois et l'Industrie du cuir et de la chaussure.

➤ Taux d'accès à la formation selon la CSP et la taille d'entreprise

Dans les entreprises de plus de vingt salariés, ce sont les ingénieurs et cadres qui ont le plus fort taux d'accès à la formation, suivis par importance décroissante par les techniciens et agents de maîtrise, les employés et enfin les ouvriers qualifiés. Mais, quelle que soit la taille de l'entreprise, on retrouve toujours la catégorie des ouvriers non qualifiés comme ayant le taux d'accès à la formation le plus faible (figure 7.2).

➤ Taux de formation par sexe et taille d'entreprise

En 2001, dans les entreprises de moins de cinquante salariés, ceux sont les femmes qui sont plus formées que les hommes mais dès que ce seuil d'effectif est franchi, et plus l'effectif de l'entreprise s'accroît, plus ce sont les hommes qui sont majoritairement formés (figure 7.3).

Les salaires[1]

En 2001, le gain brut mensuel moyen d'un salarié à temps complet d'une entreprise de dix salariés et plus s'élevait à 2 230 euros dans les activités marchandes, soit 2,6 % de plus qu'en 2000. Avec un taux d'inflation positif de 1,3 % on note une constante progression du pouvoir d'achat depuis près de cinq années.

Cette augmentation est encore plus visible, au niveau du taux horaire, pour les salariés qui ont bénéficié de la réduction de leur temps de travail avec le maintien intégral de leur rémunération antérieure.

1. « La rémunération des salariés des entreprises de 10 salariés ou plus en 2001», *Premières Synthèses et Premières Informations,* n° 22.1, mai 2003.

	nombres de salariés					
	10 à 19	20 à 49	50 à 249	250 à 499	500 à 1999	2000 & +
ouvriers non qualifiés	3,10%	6,20%	11,40%	16,30%	23,00%	24,50%
ouvriers qualifiés	6,90%	11,80%	23,90%	31,50%	36,30%	40,60%
employés	9,00%	14,20%	24,80%	34,80%	42,60%	44,80%
techniciens et agents de maîtrise	20,50%	22,00%	41,80%	53,10%	60,90%	68,10%
ingénieurs	15,60%	25,60%	42,40%	55,90%	65,00%	67,10%

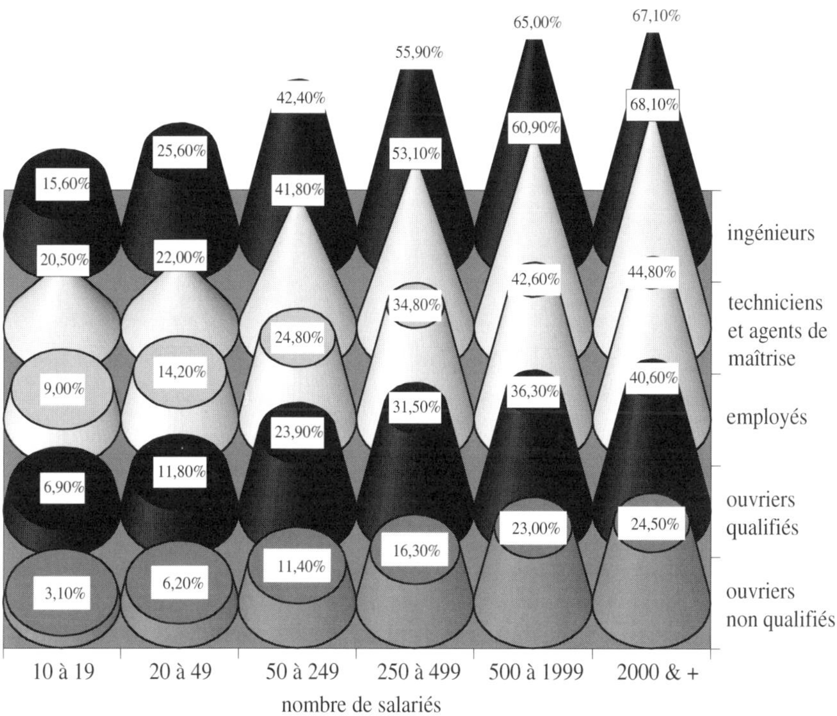

Figure 7.2 – Taux d'accès par catégorie socioprofessionnelle selon la taille de l'entreprise en 2001.

➤ Les salaires par secteur d'activité

Comme c'était le cas dans les années antérieures, on constate que les rémunérations mensuelles les plus élevées, c'est-à-dire supérieures à 3 000 euros en moyenne, ont été relevées dans les secteurs des services aux entre-

	Nombre de salariés					
	10 à 19	20 à 49	50 à 249	250 à 499	500 à 1999	2000 & +
Hommes	9,70%	15,40%	30,00%	40,60%	50,00%	54,20%
Femmes	11,50%	16,30%	27,40%	36,20%	44,10%	47,10%

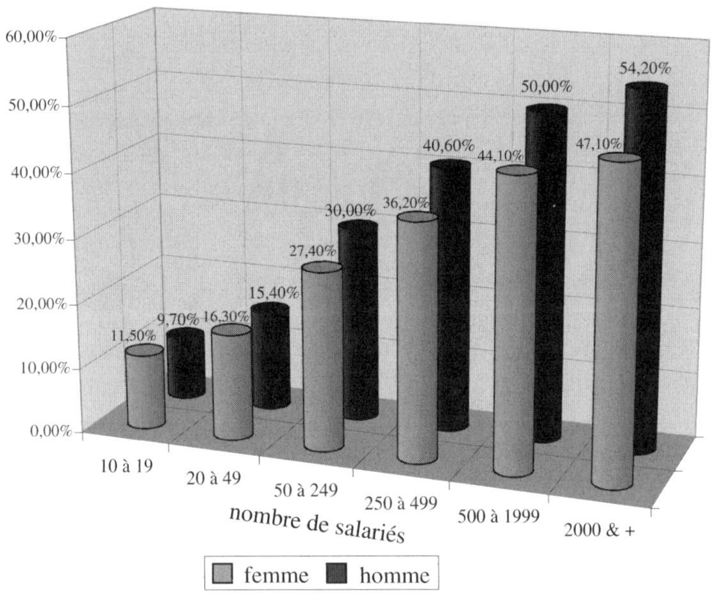

Figure 7.3 – Répartition et taux de stagiaires par sexe et taille d'entreprises en 2001 (Plan de formation ; C.I.F. et alternance ; hors bilans de compétences)

prises, avec en tête, la recherche-développement et le conseil-assistance aux entreprises notamment. À l'opposé, les secteurs proposant les rémunérations mensuelles moyennes les plus faibles, c'est-à-dire de l'ordre de 1 700 euros, présentent la caractéristique d'une main-d'œuvre assez peu qualifiée. Il s'agit des secteurs de l'industrie du cuir et de l'habillement du textile, du commerce de détail. C'est le secteur des services personnels et domestiques qui offre la rémunération mensuelle moyenne la plus faible puisqu'elle est la seule à être inférieure à 1 400 euros.

➤ La disparité des salaires entre hommes et femmes

L'écart constaté entre le salaire des hommes et celui des femmes se maintient. Tout comme en 2000, un homme salarié à temps complet perçoit en 2001 une rémunération mensuelle moyenne supérieure de 23 % à celle d'une femme de même catégorie socio-professionnelle.

Cet écart varie de 7,7 % chez les employés, catégorie fortement féminisée, à 27,5 % chez les cadres.

➤ La disparité des salaires entre les différentes catégories socio-professionnelles

En 2001, tous secteurs d'activité confondus, un ouvrier et un employé à temps complet perçoivent des rémunérations mensuelles comparables de l'ordre de 1 650 euros avec toutefois une progression de la rémunération plus forte chez les ouvriers que chez les employés.

L'écart de rémunération qui sépare le groupe des ouvriers et des employés et celui des cadres se maintient, c'est-à-dire qu'un ouvrier perçoit une rémunération moyenne équivalant à 40 % de la rémunération moyenne d'un cadre.

➤ La part des primes dans la rémunération

La part des primes dans la rémunération des salariés des entreprises de plus de dix salariés ou plus continue à diminuer puisqu'en 2001 le salaire de base représente 86,7 % de la rémunération mensuelle moyenne.

La part des primes qui rémunèrent la performance, qu'elle soit individuelle ou collective, augmente aux dépens des autres primes. L'augmentation des primes de performance et surtout celle des primes fixes mensuelles dites « de sujétion » est d'autant plus forte que l'entreprise n'a pas réduit son temps de travail à 35 heures ; une façon pour l'entreprise de fidéliser ses salariés par rapport à l'entreprise concurrente qui a, elle, réduit son temps de travail tout en maintenant le salaire à l'identique.

Dans leur globalité, les primes représentent 12,4 % de la rémunération totale brute comme le détaille le tableau ci-dessous.

Évolution de la répartition des primes selon leur type entre 2000 et 2001

Libellé de la prime	2001	2000
Primes fixes non mensuelles (liées au salaire de base)	36,3	37,8
Primes fixes liées à la performance individuelle ou collective	24,3	22,8
Primes fixes mensuelles (contraintes de poste, primes liées à la famille)	14,9	14,6
Primes d'ancienneté	14,2	15,2
Autres primes	10,3	9,6
TOTAL	100	100

Champ : Ensemble des salariés des entreprises de 10 salariés et plus.

➤ La part des heures supplémentaires[1]

En 2000, le volume annuel d'heures supplémentaires par salarié en ayant effectué est en augmentation par rapport à 1998. On note en 2000, 55 heures en moyenne par salarié contre 46 heures en 1998 et 45 en 1999.

Toutefois, les résultats constatés reflètent des pratiques très différentes selon que l'entreprise a réduit son temps de travail ou bien est restée à trente-neuf heures.

En effet, on observe une pratique régulière et collective des heures supplémentaires due à l'effet mécanique de la réduction de l'horaire légal hebdomadaire à trente-cinq heures dans les entreprises qui sont restées à trente-neuf heures : elles dégagent de ce fait quatre heures supplémentaires toutes les semaines pour chacun de leur salarié.

On constate de la même façon que les heures supplémentaires sont moins nombreuses dans les entreprises qui ont mis en place une modulation du temps de travail.

1. « Les heures supplémentaires dans les entreprises de plus de 20 salariés en 2000 », note de la DARES, non publiée.

Les relations sociales

➤ Taux de participation aux élections professionnelles[1]

Après une légère reprise entre 1991 et 1995, la participation aux élections professionnelles poursuit, entre 1999 et 2001, le nouveau repli amorcé en 1997.

La participation aux élections aux comités d'entreprise diminue de 0,9 point, passant de 65,3 % en 1999 à 64,4 % en 2001.

Ce sont les listes de non-syndiqués qui enregistrent à nouveau un net recul.

La CGT, la CGT-FO et les autres syndicats améliorent leur score d'environ un point alors que la CFDT, la CFTC et la CFE-CGC restent stables.

La synthèse de l'ensemble de ces constats est présentée dans le tableau des résultats obtenus au cours des dernières élections professionnelles.

Résultats obtenus aux élections professionnelles selon l'origine des candidatures pour les années impaires

	Pourcentage des suffrages exprimés			Évolution en points	Suffrages exprimés
	1997	1999	2001	1999-2001	2001
CFDT	20,8	22,9	22,8	– 0,1	382 132
CFE-CGC	6,4	6,3	6,1	– 0,2	101 399
CFTC	5,1	5,8	6,0	0,2	100 823
CGT	20,4	21,5	22,6	1,1	377 684
CGT-FO	12,1	12,2	13,1	0,9	218 744
Autres syndicats	5,9	5,6	6,5	0,9	108 507
Non syndiqués	29,3	25,8	23,0	– 2,8	384 331
Ensemble	100,0	100,0	100,0		1 673 620

1. « Élections aux comités d'entreprise en 2001 - Net recul des non syndiqués », *Premières Synthèses et Premières Informations,* n° 43.2, octobre 2003.

➤ Les résultats par collège

On note que chaque collège a son syndicat majoritaire. Pour exemple, on peut citer que le premier collège « ouvriers et employés » voit la CGT arriver en tête des suffrages exprimés, avec un renforcement de sa position de leader avec près de 28,2 % des suffrages.

Pour le deuxième collège, celui des « agents de maîtrise, techniciens et cadres », ce sont les listes de non-syndiqués, qui bien qu'en perte de vitesse avec 24,5 % des suffrages, devancent néanmoins la CFDT.

Enfin, dans le troisième collège, celui des cadres, c'est sans surprise que la CFE-CGC reste le syndicat le mieux représenté avec 25,4 % des suffrages.

➤ La négociation collective[1]

La nouvelle dynamique de négociation fondée sur l'aménagement et la réduction du temps de travail continue d'être un axe porteur des négociations collectives, bien qu'en 2001 la tendance commence à s'estomper pour laisser la place à des thèmes plus classiques de la négociation collective.

Entre l'année 2000 et l'année 2001, on note une grande stabilité du nombre d'accords de branche et d'accords d'entreprise signés.

La négociation interprofessionnelle est toujours à un niveau modeste si on la compare à la négociation de branche qui, plus dynamique, est en légère progression. La principale explication repose sur la reprise des négociations salariales.

Toutefois, le ralentissement économique enregistré depuis 2002 a entraîné une stabilisation des accords signés et un retour à un niveau voisin de celui de 2000. La tendance qui ressort de ces accords est, d'une part, un net ralentissement de l'augmentation des salaires hiérarchiques qui atteint + 2,6 % en 2002 contre + 3,6 % en 2001 et, d'autre part, une plus forte progression des salaires garantis au sein des branches d'activité avec une augmentation moyenne des augmentations pondérées par les effectifs de + 3,5 %.

1. *La négociation collective en 2001,* tomes I et II, coédités par le ministère des Affaires sociales, du Travail et de la Solidarité et les Éditions Législatives ; bilan au 31 décembre 2002 des négociations de branche sur les salaires, les clauses salariales et la RTT.

Au sein des accords d'entreprise, on trouve toujours en tête des thèmes des accords signés l'aménagement du temps de travail et les salaires avec pour ce dernier un net regain.

Il est clair que dans les années à venir le thème de la réduction du temps de travail va afficher une forte baisse dans la négociation collective.

➤ Les conflits[1]

Après deux années de hausse, le nombre de jours de grève dans les entreprises du secteur public et des grandes entreprises privées, est en forte baisse en 2001 par rapport à 2000 puisqu'on note une diminution de 14 % qui ramène ce nombre à celui enregistré au début des années 90.

En 2001, le nombre de jours de grève recensé dans la seule fonction publique est en baisse d'un tiers par rapport à 2000.

C'est surtout dans les grandes entreprises, celles de plus de cinq cents salariés notamment, que le recul du nombre de jours de grève est net.

C'est le salaire qui reste le premier motif de grève dans le secteur privé avec 37 % des motifs de conflits déclarés. Ce sont ces conflits qui aboutissent, plus souvent que les autres, à la satisfaction totale ou partielle de la revendication originelle.

L'emploi est le second motif en importance et il suit celui des salaires de très près puisque le thème de l'emploi concentre 21 % des revendications, en forte augmentation par rapport à 2000.

Quant aux revendications portant sur l'aménagement du temps de travail, elles ne représentent plus que 15 % des conflits en 2001 contre 25 % en 2000. Cette baisse s'explique par le fait que les passages aux trente-cinq heures ont eu lieu avant 2002 pour les entreprises de vingt salariés au plus.

La conjoncture économique, nettement moins favorable en 2001 que dans les trois années précédentes, explique, au moins partiellement, cette baisse de l'activité conflictuelle.

La part des salariés grévistes dans les effectifs des établissements en grève diminue aussi avec un taux de participation qui passe de 37 % à 35 % entre 2000 et 2001.

1. « Les conflits en 2001- une légère baisse », *Premières Synthèses et Premières Informations,* n° 34.1, août 2003.

Cependant, on constate qu'en 2001, une fois le conflit déclaré, celui-ci dure en moyenne plus longtemps que dans le passé. On compte une durée moyenne de grève égale à quatre jours en 2001 alors qu'elle n'atteignait pas trois jours en 1998.

Près de quatre conflits sur dix sont impulsés par la CGT seule.

L'Épargne salariale[1]

En 2001, les entreprises des secteurs marchands non agricoles ont distribué 8,7 milliards d'euros au titre de la participation et de l'intéressement. Une somme en hausse de 14,5 % par rapport à l'année précédente.

Plus d'un salarié sur trois a perçu des sommes issues de la participation ou de l'intéressement, ce qui représente 5,5 millions de salariés qui en ont bénéficié, soit 37,5 % des effectifs de ces secteurs d'activité. Ces deux chiffres restent assez stables depuis trois ans.

➤ L'intéressement

L'intéressement permet aux salariés de bénéficier financièrement des résultats quantitatifs comme qualitatifs de l'entreprise auxquels ils ont contribué. Les sommes versées à ce titre sont immédiatement disponibles et sont, de ce fait, imposables.

La prime moyenne distribuée au titre de l'intéressement a augmenté de 15,9 % par rapport à l'année 2000 et correspond à un montant moyen de 1 147 euros.

➤ La participation

La participation traduit le droit reconnu aux salariés de bénéficier d'une partie des résultats de l'entreprise lorsque l'entreprise compte un effectif d'au moins cinquante salariés.

Fin 2000, 2,5 % des entreprises appliquent un accord de participation avec 40 % des salariés couverts par ces accords. Ce faible pourcentage des entreprises concernées est dû au seuil de cinquante salariés qui est légalement requis pour que ce type d'accord soit obligatoire.

1. « L'épargne salariale en 2001 : participation, intéressement, PEE, actionnariat », *Premières Synthèses et Premières Informations,* n° 37.2, septembre 2003.

La prime moyenne distribuée au titre de la participation a augmenté de 10,6 % par rapport à l'année 2000 et correspond à un montant moyen de 1 079 euros.

➤ Les Plans d'Épargne d'Entreprise (PEE)

Rappelons que les PEE sont des formules d'épargne collective qui résultent soit de la signature d'un accord collectif soit de la seule volonté de l'employeur. Les PEE peuvent recevoir les sommes versées au titre de l'intéressement comme de celui de la participation par décision individuelle du salarié ainsi que l'abondement éventuel de l'employeur.

À la fin de l'année 2000, 3 % des entreprises disposent d'un PEE et 30 % des salariés ont ainsi la possibilité d'épargner sur ce plan. Dès que l'effectif de l'entreprise dépasse cinq cents salariés, on trouve plus de la moitié de ces entreprises qui ont mis en place un plan d'épargne et les deux tiers des salariés qui épargnent dessus.

➤ L'épargne retraite

On relève, dans le sondage réalisé pour Mutuelles Mieux-être et Entreprise et carrières en novembre 2003, que près d'un salarié sur deux capitalise pour sa retraite à titre individuel.

L'épargne retraite d'entreprise concerne 44 % des personnes.

Comme nous l'avons déjà souligné pour les plans d'épargne entreprise, c'est dans les grandes entreprises de plus de mille personnes que l'on observe le plus grand nombre de salariés qui se constituent une épargne retraite. Parmi eux, ce sont les cadres qui arrivent en tête des catégories socio-professionnelles et c'est sans surprise aussi que l'on enregistre le taux le plus fort chez les salariés de plus de quarante-cinq ans.

Le Gouvernement a récemment encouragé le processus de capitalisation retraite en associant des avantages fiscaux aux deux nouveaux plans d'épargne retraite créés.

Le nouveau Plan d'Épargne Individuel pour la Retraite ou PEIR, créé par la loi Fillon sur les retraites du 21 août 2003, a pour objectif de favoriser l'épargne des salariés et des non-salariés en vue de se constituer un complément de pension de retraite.

Le participant d'un PEIR peut déduire de son revenu imposable les cotisations ou primes versées dans le PEIR, dans une certaine limite annuelle et ce, à partir de l'imposition 2004.

Le montant de ces cotisations serait déductible du revenu imposable dans la limite la plus avantageuse entre 10 % des revenus professionnels ou 10 % du plafond annuel de la Sécurité sociale, si ce deuxième seuil lui est plus favorable.

Le Plan Partenarial d'Épargne Salariale Volontaire pour la Retraite ou PPESVR, lui aussi issu de la loi Fillon sur les retraites d'août 2003, est alimenté par les versements volontaires des salariés, dans la limite de 25 % de leur rémunération annuelle, par les primes d'intéressement et les sommes de la participation.

Ces versements peuvent être abondés par l'entreprise dans la limite de 4 600 euros et 300 % des versements salariés.

L'abondement est exonéré de charges sociales et d'impôt sur le revenu jusqu'à 2 300 euros, mais est soumis aux contributions CSG et CRDS.

➤ L'actionnariat des salariés

En 2000, seulement 1,3 % des salariés se sont portés acquéreur d'actions de leur société. Ce pourcentage, sans grand changement par rapport aux années passées, croît avec la taille de l'entreprise. Il atteint 12 % dans les entreprises de cinq cents salariés et plus.

La direction des ressources humaines[1]

➤ Direction des ressources humaines « rentable »

Le développement de la *fonction ressources humaines* représente pour l'entreprise un investissement important résultant d'une volonté affichée de la direction. Il est proportionnel aux moyens dont vous disposez : vos locaux, votre logistique, vos moyens informatiques et bien sûr vos équipes.

Le coût de la DRH justifie un retour sur investissement qui repose tout entier sur le thème central de la compétence des hommes.

Pour réaliser un diagnostic social, nous utiliserons les indicateurs choisis parmi quatre thèmes complémentaires : la diminution des

1. Enquête « Fonction Ressources humaines », Cegos, 2003.

coûts, l'accroissement de la productivité, l'amélioration de la qualité, et un bon climat social.

Comme le montre la figure 7.2, nous ciblons avec les tableaux de bord, les sources d'informations sociales qui contribuent aux résultats finaux de l'entreprise.

Dans les tableaux de bord qui vous sont destinés, afin de maintenir ou d'accroître la rentabilité de votre direction, faites figurer en regard

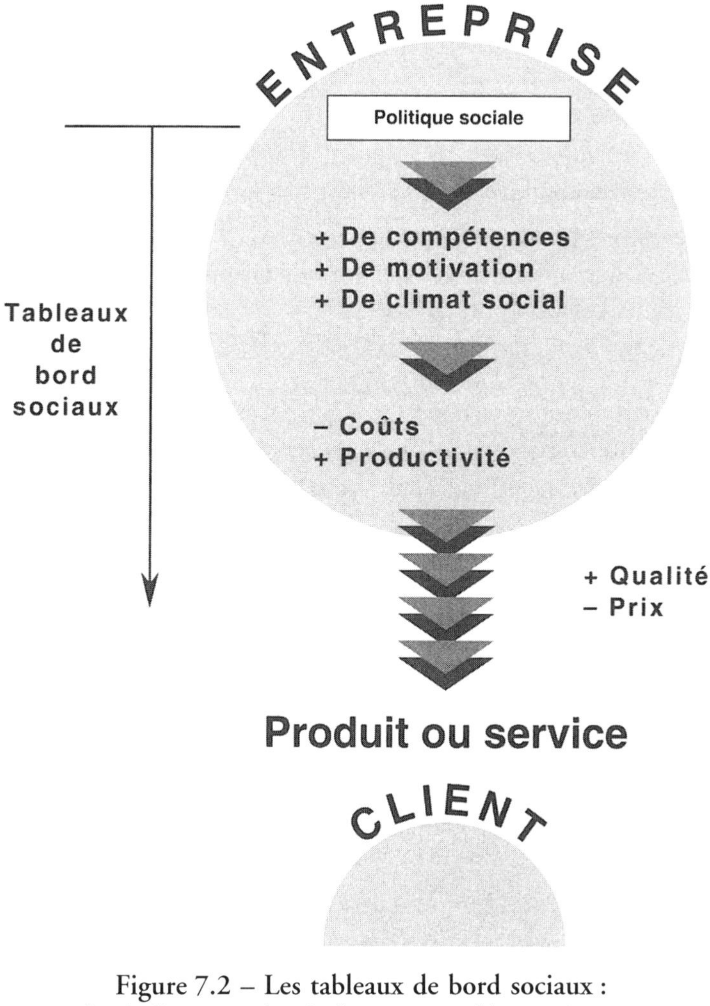

Figure 7.2 – Les tableaux de bord sociaux : des indicateurs de résultats mesurables en interne comme en externe

des coûts d'investissements la mesure de votre contribution économique à la vie de l'entreprise.

Le coût complet de la fonction est composé du salaire chargé de vos collaborateurs du service centralisé ou décentralisé, des dépenses sous-traitées (recrutement, médecine du travail, formation, subventions du CE…), des dépenses dues à l'intervention des autres services, comptable et informatique essentiellement.

Le coût complet de la fonction est en moyenne égale à 0,74 % du chiffre d'affaires des entreprises[1].

➤ Les coûts

Le coût de la fonction RH est de 1 521 euros par salarié et par an.

Ce qui représente 3,5 % de la masse salariée chargée.

À elles deux, les sous-fonctions paie-administration et formation représentent près de 50 % des dépenses de la fonction.

➤ La répartition de l'effectif

L'effectif de la fonction ressources humaines représente 1,81 % de l'effectif total de l'entreprise.

Ce pourcentage se répartit ainsi entre les huit sous-fonctions :

- Paie = 0,65
- Gestion des RH = 0,25
- Formation = 0,31
- Recrutement = 0,15
- Politique RH = 0,10
- Partenaires sociaux = 0,08
- Communication interne = 0,04
- Hygiène et sécurité = 0,15
- Contrôle budgétaire = 0,08
- Total = 1,81

1. Enquête « Fonction Ressources humaines », Cegos, 2003.

L'évolution des huit domaines de la fonction RH entre 2000 et 2003

Les domaines	Les pourcentages	Les tendances d'évolution
La politique des Ressources Humaines	23 %	Stable
La gestion des Ressources Humaines		En diminution
Les relations avec les partenaires sociaux	4 %	Stable *(mais dépend beaucoup du contexte)*
Le recrutement du personnel	8 %	Stable en moyenne *(mais dépend beaucoup du contexte)*
La communication interne	2 %	En diminution
La formation	17 %	En diminution
La paie et l'administration du personnel	36 %	En diminution
La sécurité, l'hygiène et les conditions de travail, la médecine du travail	8 %	En diminution *(mais dépend beaucoup du contexte)*

➤ La variation de l'effectif de la fonction ressources humaines selon la taille de l'entreprise

Effectif total de l'entreprise

– Moins de 500 personnes = 1,94 %
– De 500 à 1 000 personnes = 1,81 %
– De 1 000 à 2 000 personnes = 1,58 %
– De 2 000 à 5 000 personnes = 1,65 %
– Plus de 5 000 personnes = 2,13 %

La fonction ressources humaines est une des seules fonctions de l'entreprise qui ne profite pas de l'économie d'échelle. En effet, l'effectif de la fonction ressources humaines continue de croître lorsque l'effectif totale de l'entreprise augmente.

Réaliser un diagnostic social

Vous faites régulièrement une analyse de l'ensemble des indicateurs figurant dans le tableau de bord qui vise à mettre en évidence un constat dans le domaine social. Ce diagnostic peut être sectoriel, ce qui est le cas des tableaux de bord destinés aux responsables opérationnels, ou global quand il est destiné à la direction générale et à la DRH. Le diagnostic social résulte de l'analyse simultanée des indicateurs par rapport aux valeurs qui sont référencées comme normales.

Lorsque vous constatez par exemple une croissance de l'absentéisme maladie ou le vieillissement du personnel, vous réalisez un diagnostic social partiel. Partiel seulement parce que les chiffres que vous analysez reflètent la seule évolution interne et ne permettent pas, de ce fait, de délimiter une zone d'alerte précise.

Combien de constats de ce genre avons-nous faits sans qu'ils soient suivis des proactions nécessaires ?

Si nous avions défini préalablement les valeurs normales et les valeurs optimales des grands indicateurs de gestion sociale, nous aurions disposé de clignotants propres à alerter à leur niveau, les acteurs de la gestion sociale.

Chapitre 8

Agir grâce au tableau de bord

Nous venons de réaliser un diagnostic social en analysant les indicateurs qui figurent dans les tableaux de bord sociaux. On a corrélé l'analyse de plusieurs ratios et rapporté leur mesure à des valeurs référencées comme « normales ». Désormais, tout écart à cette norme va déclencher l'allumage du clignotant et nécessiter une action correctrice.

Nous identifierons dans ce chapitre les principales caractéristiques des indicateurs d'action qui vous permettront de réussir la proaction indispensable pour atteindre l'objectif fixé. Vous constatez grâce à la figure 8.1 que la zone de proaction diminue avec le temps. Plus vous approchez de l'objectif et plus la proaction est limitée.

Préparer l'action

Beaucoup de responsables opérationnels gèrent encore à vue les ressources humaines de leur unité. Leur clignotant, c'est la mise en demeure de l'inspection du travail ou la longueur de la file d'attente des salariés mécontents un jour de distribution de paie.

Il n'est pas acceptable de faire subir à l'entreprise les coûts d'une gestion quotidienne réactive, alors que les indicateurs du tableau de bord donnent par anticipation les signes précurseurs d'un dysfonctionnement futur.

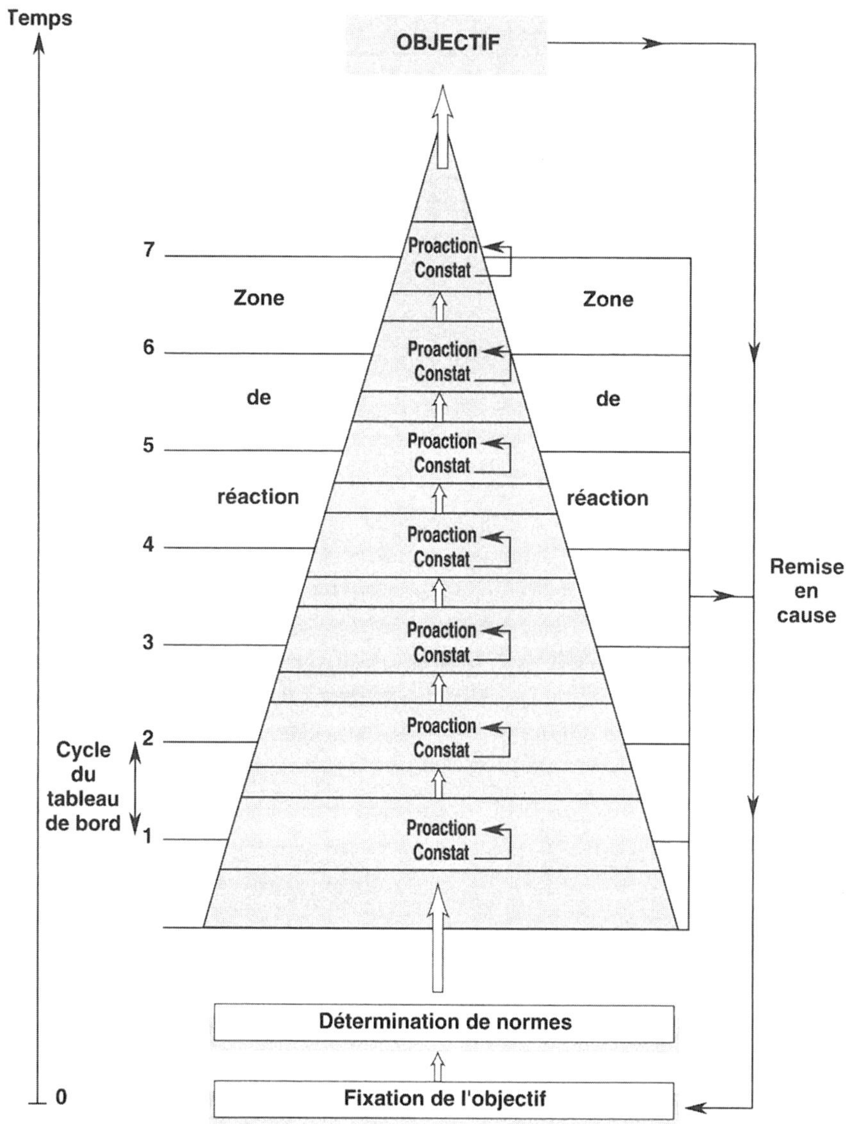

Figure 8.1 – Fonctionnement général d'un tableau de bord : la proaction

Voyons dans un exemple concret comment préparer l'action et comment choisir les bons indicateurs.

L'objectif de cette entreprise est de maintenir le pourcentage de l'absentéisme rémunéré en dessous de 12 % du total des jours théoriquement travaillés. On entend par absentéisme rémunéré, la somme des jours d'absence pour maladie, maternité, accident du travail, ainsi que les congés conventionnels et les congés pour « enfants malades ». En revanche, c'est volontairement qu'on n'a pas fait figurer les congés payés légaux dans cet indicateur, dans la mesure où ceux-ci doivent obligatoirement être pris.

De ce fait, le clignotant s'allume chaque fois que la mesure de cet indicateur dépasse un chiffre supérieur ou égal à 12. Si c'est le cas, une proaction s'impose. Il vous faut d'emblée prévoir les diverses actions correctrices possibles pour préparer l'action du destinataire. Cela consiste à faire figurer dans le tableau de bord un deuxième type d'indicateurs propices à l'action pour ramener ce taux d'absentéisme à un taux normal.

Vous le savez, dans le domaine social la réponse n'est jamais unique, elle est fortement liée au contexte de l'organisation et dépendante de sa sensibilité.

Une seule action ne suffit pas toujours. Il convient de ce fait de prévoir plusieurs indicateurs d'actions parmi lesquels le manager va choisir.

Face à l'allumage du même clignotant, l'action peut différer selon le contexte concurrentiel selon la proximité temporelle de l'objectif à atteindre ou encore selon le climat social de l'unité.

La connaissance de données statistiques sur l'absentéisme rémunéré et de ses causes nous amène à afficher les indicateurs explicatifs de l'absentéisme rémunéré :

- âge des salariés absents,
- statut du salarié,
- sexe des salariés absents,
- nombre d'enfants,
- âge des enfants,
- distance entre le domicile et le lieu de travail,
- horaires de travail,
- niveau de salaire.

Ces indicateurs chargés d'établir le lien entre le fait générateur et ses effets orientent fortement les choix d'actions.

Mais on sait aussi que l'absentéisme rémunéré n'est pas le seul résultat de la fatalité et des conditions climatiques. Il existe en effet un absentéisme rémunéré dit compressible qui mérite d'être éclairé pour permettre aux responsables opérationnels d'agir.

Une fois encore on fait appel à votre technicité en matière de gestion des ressources humaines. Car il faut être un vrai professionnel de la fonction pour mettre en évidence des corrélations entre plusieurs données d'absentéisme. Pour en citer quelques exemples on trouve :

– maladies de courte durée (moins de quatre jours),

– grèves,

– absences autorisées payées,

– accidents du travail.

Il est reconnu par exemple que le sexe, l'âge et le niveau de qualification du salarié ont une influence sur le taux d'absentéisme.

Dans le fonctionnement du tableau de bord, le choix de proaction de correction suit logiquement le constat de l'anomalie. Alors comment agir grâce aux tableaux de bord ?

Sensibilité des indicateurs sociaux

En étudiant de plus près les indicateurs d'action, on constate qu'ils possèdent des caractéristiques de sensibilité qui répondent à trois critères.

➤ La flexibilité

C'est la capacité d'un indicateur à répondre à la sollicitation d'une proaction, c'est-à-dire sa contribution à l'obtention du résultat attendu.

La mesure de la flexibilité va en quelque sorte hiérarchiser les indicateurs d'action à mouvementer en cas de nécessité. Dans certains cas, comme celui de la masse salariale, la flexibilité dans l'action s'exprime plus précisément en terme de compressibilité. On trouve alors des indicateurs d'action compressibles, c'est-à-dire qu'on peut les actionner en cas de dépassement budgétaire afin de le réduire et d'autres indicateurs incompressibles sur lesquels l'action est impossible.

Nous illustrerons ces paramètres de sensibilité par un exemple appliqué au suivi de la masse salariale avec l'objectif simple de rester dans le cadre du budget annuel. Pour ce faire, un tableau de bord à fréquence mensuelle est nécessaire pour permettre des proactions précoces le cas échéant. Est-il opportun de disposer du détail de tous les indicateurs salariaux si vous n'avez pas d'impact dessus ?

Il est inutile de détailler les indicateurs incompressibles de la masse salariale comme le salaire de base, la prime d'ancienneté ou les charges sociales, dans la mesure où tous ces indicateurs, même s'ils expliquent à eux seuls le dépassement, ne permettent aucune action correctrice. Sauf licenciements massifs, tous ces indicateurs sont incompressibles.

Il vous importe plus de connaître les indicateurs compressibles de la masse salariale comme les primes exceptionnelles et le montant des heures supplémentaires par exemple, sur lesquels vous pouvez agir à l'économie.

Lorsqu'un indicateur de ce tableau de bord clignote, c'est que vous dépassez la masse salariale que vous auriez dû consommer à cette même date. Quelles sont les actions possibles ?

Vous pouvez tout d'abord réduire votre budget consacré aux heures supplémentaires en octroyant à la place, des heures de récupération qui seront prises de manière éparses à des moments de moindre charge. Ainsi les heures supplémentaires sont à ranger dans les indicateurs proactifs.

Vous pouvez aussi réduire votre budget consacré aux contrats à durée déterminée en ne remplaçant pas tous les salariés momentanément absents que vous aviez prévu de remplacer. Vous répartirez alors leur travail sur plusieurs collègues. On le voit : le montant des contrats à durée déterminée est aussi un indicateur d'action.

Vous pouvez enfin diminuer l'enveloppe des primes que vous aviez budgétées pour l'année ou différer le paiement de certaines sur l'année suivante.

Nous avons là trois exemples d'indicateurs d'actions, prévus et analysés tous les mois dans votre tableau de bord de suivi de la masse salariale, grâce auxquelles vous pourrez agir.

Si dans le cas contraire aucun clignotant ne s'allume, c'est que vous êtes conforme à votre budget, il n'y a donc pas de proaction nécessaire.

Pourtant ces indicateurs d'action sont présents et renseignés en permanence même si, dans ce dernier cas, ils ne sont pas utilisés.

➤ Le coût

Le coût est un critère important de l'indicateur d'action.

Combien faut-il investir pour que l'action correctrice aboutisse au résultat souhaité ? Peut-on choisir entre deux solutions d'actions celle qui est la moins chère ?

Restons dans l'exemple de la masse salariale choisi précédemment, avec un dépassement budgétaire qui vous amène à proagir. Sur lequel des indicateurs d'action allez-vous jouer ? Vous hésitez encore entre la réduction des heures supplémentaires et la réduction des contrats à durée déterminée. C'est là qu'interviennent les coûts comparés pour déterminer le meilleur choix, celui qui coûtera le moins cher à résultat équivalent. En effet chaque type d'heure de travail a un coût qui diffère selon la solution choisie. La première possibilité est celle de l'heure supplémentaire payée qui présente un des coûts les plus élevés. Ce coût se compose du taux horaire majoré de 25 ou 50 % selon le cas, parfois plus en fonction des accords collectifs applicables, auquel s'ajoute le repos compensateur dont le calcul dépend de la situation du salarié par rapport au contingent annuel conventionnel.

On multiplie ainsi aisément par deux le taux horaire. La seconde possibilité est de recourir aux heures complémentaires des salariés à temps partiel. Ce coût est moindre dans la mesure où il se compose du seul taux horaire de base sans majoration. Le principal inconvénient est la limite à 10 % (ou 1/3) des possibilités de recours aux heures complémentaires.

La troisième possibilité est le recrutement de salariés sous contrat à durée déterminée dont le coût est composé du salaire d'embauche majoré de l'indemnité de précarité d'emploi.

L'action que vous choisirez de mener aura un coût différent dans les trois cas envisagés qui donnera des résultats variables sur la réduction de la masse salariale.

Maintenant que la flexibilité et le coût d'un indicateur d'action ont été mis en évidence, intéressons-nous à sa réactivité dans le temps.

➤ La réactivité

La réactivité d'un indicateur définit le temps qui lui est nécessaire pour donner des résultats mesurables.

Tous les indicateurs sociaux n'ont pas la même sensibilité, certains dégagent rapidement des résultats mesurables alors que d'autres sont plus longs à réagir.

Terminons avec cet exemple appliqué à la masse salariale. Si vous dépassez le budget mensuel, vous pouvez différer le recrutement d'un contrat à durée déterminée ou envisager le remplacement partiel d'un salarié absent. Ces deux exemples d'action vous donneront des résultats rapidement mesurables. Dès le mois suivant, vous constaterez alors les premiers résultats que vous escomptiez de cette proaction : le dépassement budgétaire cumulé a diminué ou disparu.

D'autres indicateurs sont moins réactifs que ceux que nous venons de voir.

> Pour illustrer ce cas, situons-nous dans le cadre d'un autre objectif : celui de diminuer le nombre et le coût des accidents du travail. Le déclenchement d'un indicateur d'action comme la réalisation de travaux de prévention ou la formation à la sécurité du personnel donnera certes les résultats attendus, mais dans un délai qui sera plus long, de l'ordre de plusieurs mois.

La réactivité des indicateurs d'action est déterminante dans l'action du manager dont la décision dépend beaucoup du temps qui lui reste pour atteindre son objectif.

Il existe, on le voit, des cas où plusieurs proactions, matérialisées par leurs indicateurs sociaux, donnent des résultats similaires en réactivité et en flexibilité mais entraînent des coûts différents.

Ce sont ces trois paramètres qui, ainsi mis en valeur, présentent toute la sensibilité des indicateurs de proaction. L'action la plus appropriée est bien entendu celle qui prend en compte à l'optimum ces trois critères.

En conclusion de ce cas pratique, le seul fait d'avoir réagi et mené l'action qui vous apparaissait du meilleur rapport flexibilité/réactivité/prix, ne se traduit pas toujours par des résultats à la hauteur de ce que vous escomptiez.

Il est donc important de procéder au plus vite, dès le mois suivant, à une nouvelle mesure des résultats, pour pouvoir envisager d'autres actions au cas où la dérive serait insuffisamment corrigée.

Il n'est pas utile pour cela de repenser un nouvel outil de mesure ; le tableau de bord, et c'est une de ses spécificités, est cyclique. Il va à nouveau montrer, lors de la prochaine échéance, les écarts constatés.

Ainsi on vérifie au début du mois suivant que les résultats sont conformes aux prévisions.

Deux possibilités sont à étudier.

1. L'action a été bonne et suffisante : les résultats cumulés sont conformes aux prévisions budgétaires.

2. L'action n'a pas donné de résultats suffisants, voire pas de résultats du tout, et il faut choisir d'autres indicateurs d'actions, plus flexibles, dont le coefficient de compressibilité est plus grand et plus rapide.

Pour illustrer ce cas, le différé de recrutement est un moyen rapide et puissant d'infléchir les tendances inflationnistes d'une masse salariale.

Encore faut-il avoir des postes dont la création est prévue pour pouvoir en différer le pourvoi, ou pouvoir supporter une vacance de poste.

La nature des indicateurs

La sensibilité des indicateurs d'action est plus ou moins grande en fonction de la nature même de l'indicateur. C'est ce qui nous amène à définir deux nouveaux principes : celui de l' « indicateur-maître » et celui des « indicateurs interdépendants ».

➤ Les indicateurs-maîtres

Parmi tous les indicateurs abordés, certains vont bénéficier d'une plus grande flexibilité que les autres de par leur configuration propre. C'est le cas des indicateurs-maîtres qui se positionnent en tête d'un réseau ramifié d'indicateurs qui leur sont subordonnés.

En agissant sur l'indicateur-maître, vous agissez en conséquence sur tous les indicateurs qui lui sont liés, ce qui va démultiplier les effets.

Vous disposerez donc en isolant ces indicateurs d'un puissant levier d'action.

Prenons un exemple dans le domaine de la formation professionnelle continue ; en matière d'analyse des coûts, un indicateur-maître est le nombre de stagiaires dont dépendent les « indicateurs subordonnés » suivants :

– le coût des conventions externes,

– le coût des conventions internes,

– les frais d'hébergement et de repas,

– les frais de déplacement.

Plus il y aura de stagiaires et plus le coût total des conventions de formation signées sera important, plus les frais de déplacement, d'hébergement et de restauration seront élevés. L'importance de l'indicateur-maître détermine en cascade l'importance proportionnelle de ceux qui lui sont liés.

Les effets de l'action sont d'autant plus rapides que les indicateurs « esclaves » sont nombreux.

Face à un tableau de bord comportant des indicateurs de cette nature, il convient d'en souligner l'importance au destinataire par une mise en valeur graphique. En les identifiant clairement vous agirez ou ferez agir prioritairement sur eux lorsque l'action sera rendue nécessaire.

➤ Les indicateurs interdépendants : « le système des vases communicants »

Ils se répartissent entre eux la totalité des composantes nécessaires à une action à mener. Ils fonctionnent selon le principe simple des vases communicants.

Quand l'un diminue, l'autre augmente automatiquement dans le même temps et dans des proportions similaires.

Un surcroît momentané d'activité est un événement courant de la vie d'une entreprise que nous prendrons comme exemple.

L'entreprise doit, pour y faire face, recourir à des forces de travail accrues, pour cela ses choix sont multiples.

On trouve parmi eux le recours aux heures supplémentaires qui est une solution active simple et rapidement opérationnelle, à laquelle les managers sont habitués.

Une autre solution consiste à recourir à des embauches de salariés sous contrat à durée déterminée, c'est d'ailleurs un des motifs prévus par la loi. Le nombre et la durée de ces contrats sont fonction de l'importance de la tâche supplémentaire à exécuter.

Une troisième, enfin, consiste à faire appel à du personnel de sociétés de travail temporaire.

En cas de constat de dépassement budgétaire un mois donné, il ne serait pas judicieux de diminuer un de ces postes sachant que l'un des deux autres ou encore les deux autres simultanément augmenteraient dans le même temps, sauf si les coûts des trois solutions sont différents et justifient de ce fait, le passage d'un poste à l'autre. Nous l'avons vu précédemment, la différence entre ces trois possibilités est qualitative et s'exprime en flexibilité, en réactivité et en coût.

Les actions à mener sont dans ce cas extrêmement sensibles, requièrent tout le « doigté » du pilote et permettent de doser l'impact sur la masse salariale de ce surcroît de travail, mais quoi qu'il en soit, il est impossible d'en faire disparaître tous les effets.

Il serait naïf de penser qu'en agissant à la baisse sur un indicateur d'action on obtient une baisse identique sur le total de la masse salariale.

Là encore vous pouvez prévenir visuellement le destinataire du tableau de bord de la présence d'indicateurs compressibles interdépendants.

☞ Les acteurs de la gestion sociale, par la maîtrise de la sensibilité des leviers, de la proaction, piloteront avec dextérité les ressources humaines. Ils feront ainsi des choix stratégiques dans la mesure où la solution active la moins chère n'est pas forcément la plus rapide, et donc pas la meilleure.

Les moyens d'action

➤ Tableau récapitulatif

Problème ou besoin	*Moyen d'action*	*Indicateur ou ratio*
1. Absentéisme maladie de courte durée élevé	• Système de rémunération (prime d'assiduité) • Indemnisation complémentaire avec carence	• Taux d'encadrement/service • $\frac{\text{Nombre de jours d'absence courte durée}}{\text{Nombre de jours théoriques travaillés}}$
2. Absences autorisées payées élevées	• Prime d'assiduité • Prime d'objectif individuelle	• $\frac{\text{Nombre de jours d'absence autorisée payée}}{\text{Nombre de jours théoriques travaillés}}$
3. Accidents du travail élevés	• Prévention • Formation à la sécurité • Prime de non-accident	• Nombre d'accidents par salarié • Taux de fréquence • Taux de gravité • Taux d'encadrement/service
4. *Turn over* important	• Rémunération au mérite • Primes de résultat (intéressement) • Plan de carrière individualisé (plan de formation individuelle)	• $\frac{\text{Nombre de sorties}}{\text{Effectif total}}$ ou $\frac{\text{Nombre d'entrées}}{\text{Effectif total}}$
5. Manque de polyvalence des équipes	• Plan de formation à la polycompétence • Communication organisée • Organisation en équipes semi-autonomes	• Nombre de postes par activité • Nombre de postes par sous-fonction • Regroupement des postes en un minimum d'emploi-type
6. Inadaptation du personnel aux nouveaux postes de travail	• Gestion prévisionnelle des emplois • Planification des effectifs • Organigramme de remplacement • Cartographie des emplois	• $\frac{\text{Effectif réalisé}}{\text{Effectif budgété}}$ • $\frac{\text{Nombre de recrutements internes}}{\text{Nombre total des recrutements}}$

Figure 8.2 – Les moyens de l'action sociale

Problème ou besoin	***Moyen d'action***	***Indicateur ou ratio***
7. Masse salariale élevée	• Rémunération au mérite • Régression de la prime d'ancienneté • Diminution des automatismes d'avancement • Recours aux contrats aidés (qualification, adaptation, CIE, temps partiel)	• $\frac{\text{Montant de l'ancienneté}}{\text{Masse salariale totale}}$ • $\frac{\text{Nombre de promotions (par service)}}{\text{Effectif}}$ • $\frac{\text{Nombre de contrats aidés}}{\text{Effectif total}}$ • $\frac{\text{Montant de charges économisées}}{\text{Montant total des charges sociales}}$
8. Calculs de paie erronés	• Formation aux techniques de calcul de la paie • Optimisation de l'outil informatique • Procédures fiables (bible) • Calendrier des opérations de paie • Communication organisée avec les responsables opérationnels, la comptabilité et l'informatique	• Nombre de réclamations • $\frac{\text{Nombre de paies fausses}}{\text{Nombre total de paies}}$ • Nombres de lignes d'éléments variables de régularisation, saisies • Nombre de fois où la paie est sortie avec retard • Nombre de retards dans le paiement des charges sociales.
9. Recrutement externe	• Choix du bon support de diffusion de l'annonce • Définition de poste et de profil • Grille d'analyse des critères de sélection • Cartographie	• Nombre de fin de période d'essai • Nombre d'entretiens par recrutement • Temps de pourvoi d'un poste • $\frac{\text{Nombre de recrutements externes}}{\text{Nombre total de recrutements}}$
10. Formation inadaptée	• Plan de formation pluriannuel • Stratégie de réalisation de ce plan • Choix des organismes de formation • Choix des futurs formés • Composition des groupes • Fixation des objectifs de formation • Évaluation des résultats de la formation	• $\frac{\text{Nombre de salariés formés}}{\text{Effectif}}$ • $\frac{\text{Nombre de salariés formés par catégorie}}{\text{Effectif de la catégorie}}$ • Pourcentage de la masse salariale consacré à la formation

Figure 8.2 *(suite)*

➤ Un moyen d'action : le *benchmarking*

C'est l'une des formes que peut prendre l'action, celle qui suit le constat issu du tableau de bord social.

Le *benchmarking* est une méthode originaire des États-Unis, basée sur l'analyse comparée des résultats d'entreprises concurrentes ou non.

Cette démarche comparative repose sur une impressionnante quantité d'informations. Elle vient de ce fait renforcer la validité d'un référentiel externe des tableaux de bord.

Une fois la comparaison effectuée, l'entreprise dont la performance est jugée la meilleure va servir d'étalon ; l'autre entreprise est alors qualifiée d'apprenante.

Elle va appliquer à son compte les facteurs clés du succès de l'entreprise modèle.

En ce sens, le *benchmarking* a parfaitement sa place dans la méthodologie des tableaux de bord sociaux, puisqu'il est une suite active d'un constat initial de dysfonctionnement. Il nécessite une connaissance profonde de l'entreprise-modèle dont on veut atteindre le niveau de performance. Il implique une coopération étroite entre les deux entreprises qui procèdent au *benchmarking.*

Pour espérer des résultats profonds de la méthode, l'entreprise « apprenante » doit tout d'abord se familiariser avec l'idée d'un changement de son processus global de fonctionnement, avec la remise en cause de son organisation et de ses ressources humaines.

Une application partielle du principe du *benchmarking* à la seule direction des ressources humaines va à l'encontre de son implication dans le processus de production de l'entreprise. Cela revient à faire abstraction de l'organisation générale de l'entreprise apprenante dans laquelle il suffirait de greffer une nouvelle DRH pour obtenir une gestion des ressources humaines meilleure. Comme si la gestion du personnel ne prenait pas en compte l'histoire de l'organisation et ses difficultés, comme si enfin l'encadrement opérationnel ne jouait aucun rôle dans la performance des hommes.

L'implantation d'une politique sociale sur une entreprise receveuse présente aussi quelques risques. L'expérience nous montre qu'en gestion du personnel, il n'existe pas de recettes prêtes à l'emploi, car l'entreprise et les hommes qui la composent ont en commun une histoire et un projet.

Ces deux temps qui bordent la réalité créent un champ de tensions qui écarte la validité d'une solution superposant deux modes de management à priori équivalents, mais qui n'ont finalement que le présent en commun.

La prudence s'impose donc face à ces techniques de gestion nouvelles, qui cachent derrière les mêmes ratios des réalités parfois bien différentes.

CHAPITRE 9

Communiquer à l'aide des tableaux de bord sociaux

IL EXISTE une infinité d'informations disponibles dans l'entreprise, pourtant personne ne considère la communication suffisante. Une mauvaise mise en forme de l'information peut en être à l'origine, car informer ce n'est pas communiquer. Il existe pourtant de nombreux moyens de mettre en valeur les informations qui vont figurer dans les tableaux de bord sociaux.

Les représentations graphiques

Les représentations graphiques sont, parmi tous les moyens de communication disponibles, ceux qui vont le mieux accentuer la lecture de l'information. Nous étudierons dans ce chapitre cinq grands types de graphiques et les adapterons aux destinataires.

➤ Le mécanisme de la lecture de l'image

Les mécanismes de la vision sont semblables pour la lecture des textes et pour celle des images. Dans les pays occidentaux la lecture se fait de la gauche vers la droite lorsque l'on lit un texte et le regard se porte donc automatiquement vers le haut gauche de la page pour commencer la prise d'informations. C'est donc un endroit idéal pour concentrer les résultats importants de nos tableaux de bord, ceux qui vont amener au constat et préparer l'action.

➤ Les formes

Il existe deux grands types de formes : les *formes organiques* et les *formes géométriques*. Les formes naturelles que revêtent toutes choses, sont dites organiques. Les reproduire fidèlement est le souci des peintres et des photographes mais cela demande beaucoup de travail et du talent. Dans l'entreprise, nous préférons les formes géométriques qui sont construites artificiellement et qui ont de ce fait un caractère abstrait. Pour les réaliser, nous faisons appel à des techniques basées sur des principes simples de géométrie qui ne requièrent, eux, aucun talent.

Ce sont d'abord les graphiques basés sur des formes géométriques que nous utiliserons pour communiquer à l'aide de nos tableaux de bord. Mais comme les représentations iconiques, qui figurent beaucoup mieux la réalité, sont désormais facilement accessibles grâce à l'informatique, nous les utiliserons dans un second temps.

C'est pourquoi nous enrichirons les formes géométriques par des signes symboliques reconnus par tous, afin qu'ils soient lus comme des formes organiques.

Le choix que nous faisons ici est de laisser le message sémantique prendre le pas sur le message esthétique.

Pourquoi privilégier la mise en forme ? Parce qu'un graphique complète les informations chiffrées qui sont présentées et en permet une meilleure assimilation. Enfin, un graphique met particulièrement en évidence les caractéristiques de données statistiques comme les fluctuations, les tendances et les corrélations.

La figure 9.1 illustre les différents degrés de mémorisation liés à la visualisation de l'information.

Les représentations graphiques vont répondre aux besoins d'une communication spécifique destinée à la direction générale, aux responsables hiérarchiques et enfin à la direction des ressources humaines.

- *Des besoins spécifiques en matière de forme*

Chaque client du tableau de bord est à son niveau, le pilote d'une unité fonctionnelle ou opérationnelle pour laquelle il doit prendre des décisions de gestion sociale.

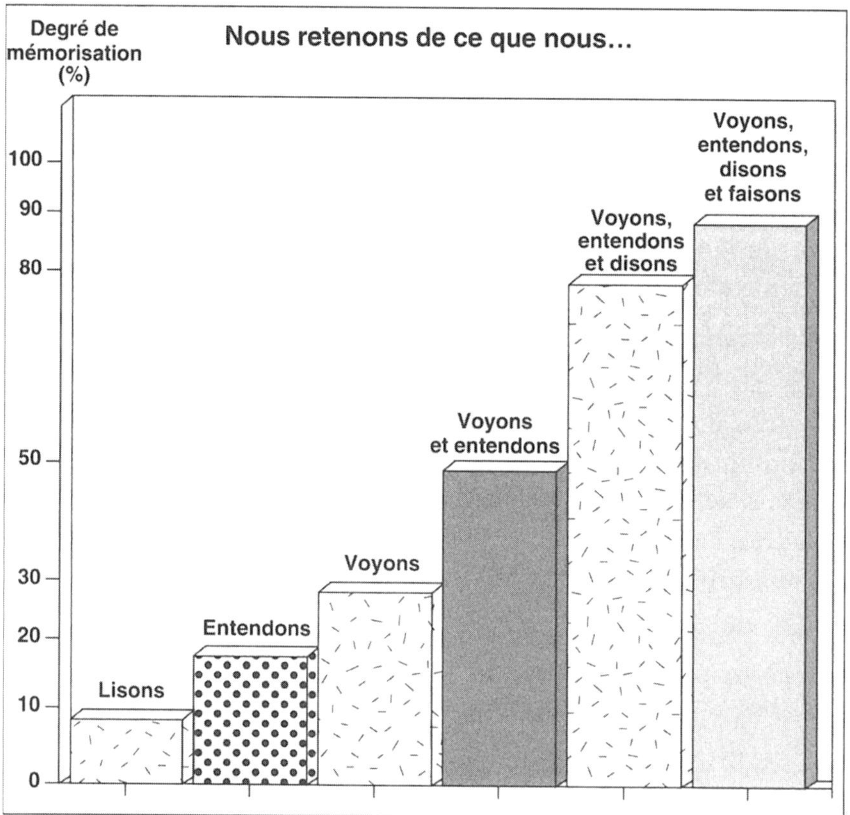

Source : Muchielli R. , *Les méthodes actives*, Éd. ESF, 1991.

Figure 9.1

Il est de ce fait en attente de constats précis, clairement mis en valeur, pour pouvoir agir le cas échéant.

Ces trois clients ont en commun le besoin d'aller vite en lisant vos tableaux de bord afin de prendre les informations clés et de proagir.

• *Les trois types de pilotes*

Si vous comparez les clients des tableaux de bord sociaux à des conducteurs automobiles, vous en déterminerez trois types.

Chaque type de conducteur a toutes ses attentes tournées vers une préoccupation essentielle qui dépend de sa personnalité. Pour celui-là c'est le confort qui prime, pour cet autre c'est la sécurité et pour ce dernier c'est la vitesse.

Le premier type de pilote est le responsable opérationnel dont les besoins sont principalement centrés sur l'unité qu'il gère. Les indicateurs qu'il souhaite trouver dans son tableau de bord sont en nombre limité, ils gravitent autour de son service, principale source de son intérêt.

Le second pilote est, lui, habité par l'envie de gagner la course. Pour cela, il recherche avant tout une approche claire et simple de l'état de son véhicule : son attention est toute tournée vers l'objectif qu'il veut atteindre le premier. Ce pilote c'est la direction générale aux objectifs globaux. Pour elle, seuls les indicateurs principaux vont figurer dans son tableau de bord, mais surtout pas trop car il lui faut prendre rapidement l'information essentielle.

Enfin, le dernier conducteur est un professionnel qui allie qualités de pilotage et qualités techniques. Ce pilote, c'est vous, le gestionnaire des ressources humaines dont le besoin porte sur des tableaux de bord complets aux nombreux indicateurs. Plus votre tableau de bord comporte d'indicateurs, mieux vous ajustez votre conduite à l'état de la route.

- *Les cinq types de graphiques*

Dans les représentations graphiques que nous abordons, nous retrouvons fréquemment un cadre constitué de deux axes perpendiculaires, servant de support. Un tel cadre constitue un repère cartésien. Les représentations graphiques supportées par un tel repère font partie de notre culture, elles s'intègrent donc parfaitement bien dans notre paysage cognitif.

L'axe horizontal est l'axe des abscisses et l'axe vertical celui des ordonnées. Comme le montre la figure 9.2, chacun des deux axes est gradué à l'échelle des valeurs que prend la variable qu'il porte. Un point particulier, l'origine, marque le recoupement des deux axes.

Le chronogramme

Chronogramme vient du grec *chronos* qui veut dire temps. Ce type de graphique a donc comme principale vocation la visualisation des indicateurs évoluant dans le temps. Dans un repère cartésien, l'un des deux axes (l'abscisse en général) porte la mesure du temps, l'autre axe la mesure de la variable étudiée.

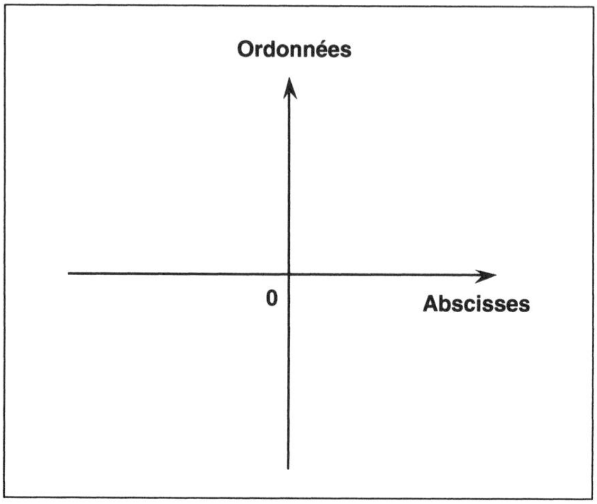

Figure 9.2 – Le repère orthonormé ou repère cartésien

☞ **Le chronogramme visualise l'évolution d'un phénomène dans le temps.**

Exemple de chronogramme : on étudie l'évolution de la variable « salaire moyen des ouvriers de l'entreprise » sur quatre années.

Années	Salaire moyen ouvriers (en milliers d'euros)
Année 1	1,95
Année 2	1,97
Année 3	1,98
Année 4	1,99

La simple vue de ce chronogramme (fig. 9-3) permet de tirer plusieurs informations : d'une part le salaire moyen des ouvriers est relativement élevé et d'autre part il a peu augmenté sur les quatre années considérées.

Les chronogrammes occupent une place prépondérante dans les représentations graphiques parce qu'ils sont simples à réaliser et simples à lire.

La représentation graphique de notre exemple est la suivante :

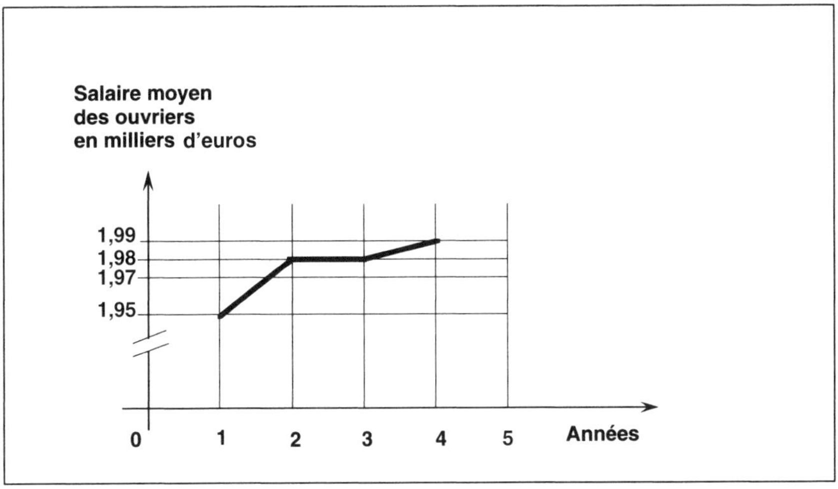

Figure 9.3 – Évolution du salaire moyen des ouvriers

Mais si ce type de graphique a de nombreux avantages, il présente aussi quelques inconvénients par les effets pervers qu'il engendre.

Reprenons l'exemple de la figure 9.3 et décidons arbitrairement de réduire de moitié l'unité de l'échelle du temps, tout en conservant identique celle qui mesure le salaire moyen des ouvriers. Nous sommes bien entendu parfaitement libres du choix des échelles de représentation.

La représentation graphique prend alors une toute autre allure (figure 9.4) :

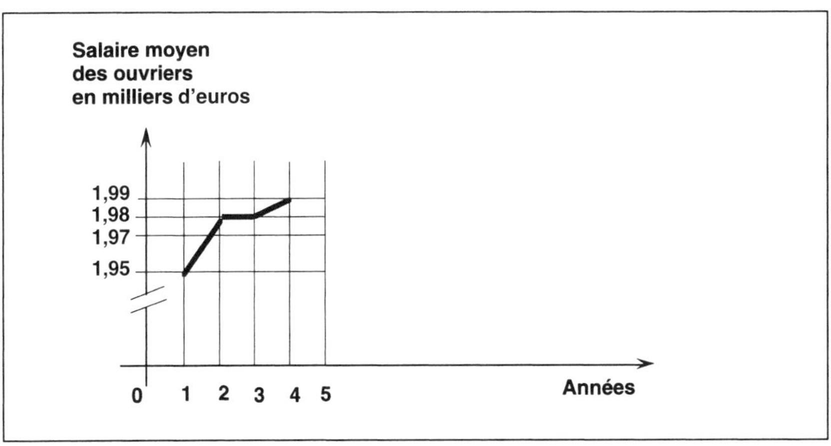

Figure 9.4 – Évolution du salaire moyen des ouvriers

L'analyse que l'on fait à première vue de ce graphique amène une conclusion toute autre que celle issue du chronogramme précédent.

Si le salaire moyen apparaît toujours élevé, on a cette fois-ci une impression d'augmentations fortes du salaire moyen, durant les quatre années considérées. C'est comme si nous avions mécaniquement contracté le graphique et, ce faisant, avions accentué les effets de variation présentés par la courbe.

Bien que les deux courbes soient différentes, les deux représentations graphiques sont justes et visualisent la même réalité. Pourtant la lecture directe amène deux interprétations contradictoires.

Dans un tableau de bord, il peut vous importer de provoquer chez votre destinataire une réaction adaptée proportionnellement au constat présenté. D'où l'importance de la forme et du mode de représentation graphique choisi.

Pour continuer dans cette logique mais en la prenant en sens opposé, un effet optique inverse est obtenu en agrandissant l'échelle du temps tout en maintenant constante l'échelle des valeurs de la variable.

L'effet mécanique qui résulte de ce choix est comparable à un étirement du graphique qui aboutit à une dilution apparente des effets de l'évolution de la variable.

L'analyse faite à la première lecture de ce chronogramme présenté à la figure 9.5 est celle d'une relative stagnation du salaire moyen des ouvriers sur les quatre années.

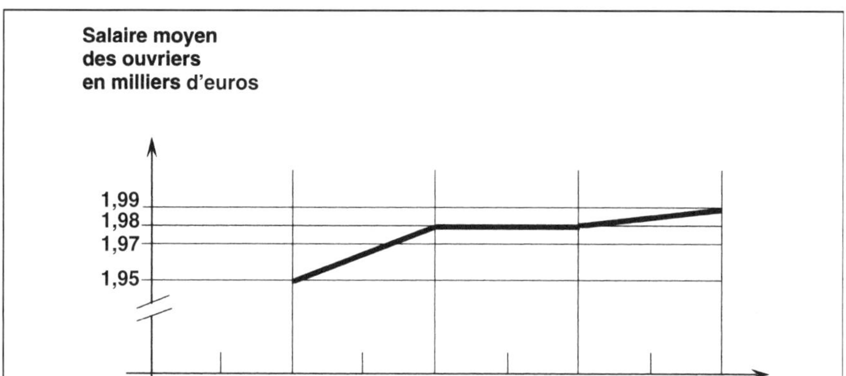

Figure 9.5 – Évolution du salaire moyen des ouvriers

Ce qui est vrai pour des modifications de l'échelle du temps portée par l'axe des abscisses, l'est aussi pour l'axe des ordonnées portant les mesures de la variable.

C'est lorsque les effets pervers appliqués aux deux axes se conjuguent qu'il faut être le plus circonspect.

En choisissant pour les deux axes du repère cartésien une grande unité d'échelle en ordonnée et une faible unité en abscisse, on accentue dangereusement la visualisation de l'évolution de la variable dans le temps.

Ainsi que le montre la figure 9.6, il apparaît que le salaire moyen des ouvriers évolue très fortement sur ces quatre années :

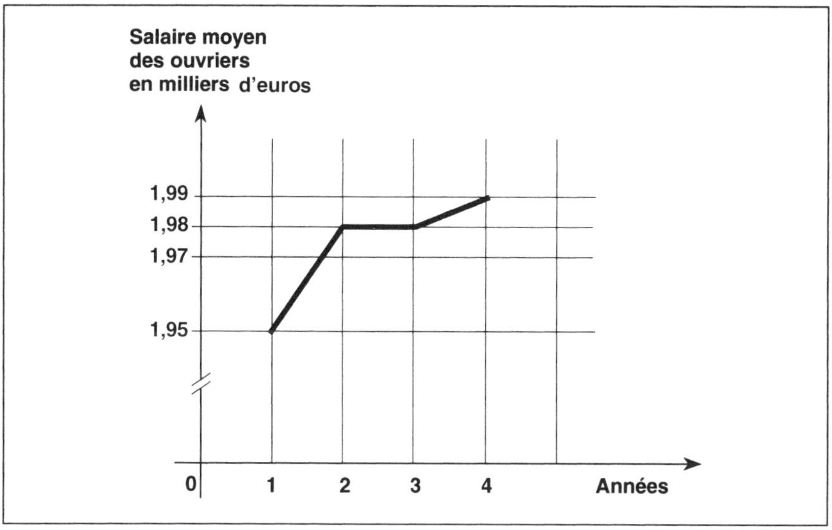

Figure 9.6 – Évolution du salaire moyen des ouvriers

De quelle réalité, les graphiques sont-ils le reflet ?

On ne peut pas dire qu'il y ait un bon ou un mauvais choix de l'échelle des valeurs car cela dépend en fait de l'effet de communication que vous recherchez.

L'appréciation de l' « importance » de l'augmentation du salaire moyen des ouvriers est relative et surtout fonction des interlocuteurs visés par la communication : forte pour le contrôleur de gestion garant de la réalisation du budget conformément aux prévisions ; faible pour les partenaires sociaux de l'entreprise qui la comparent à un quelconque indice extérieur.

Pour conclure, faites attention à l'utilisation excessive de ces effets de présentation des résultats qui peut aussi vous faire perdre une part de votre crédibilité.

Les graphiques qui semblaient une base rationnelle de communication sont, on le voit, des supports d'information qui présentent aussi une part de subjectivité.

Le diagramme

Dans le cadre d'un repère orthonormé, un diagramme représente, autour d'une variable, la totalité des individus qui composent une population. La variable peut être soit discrète soit continue, conditionnant ainsi sa représentation graphique.

➤ Variable discrète : diagramme en bâtons

Lorsque la variable est discrète, c'est-à-dire qu'elle ne peut prendre que des valeurs entières, le graphique choisi prend la forme d'un diagramme en bâtons.

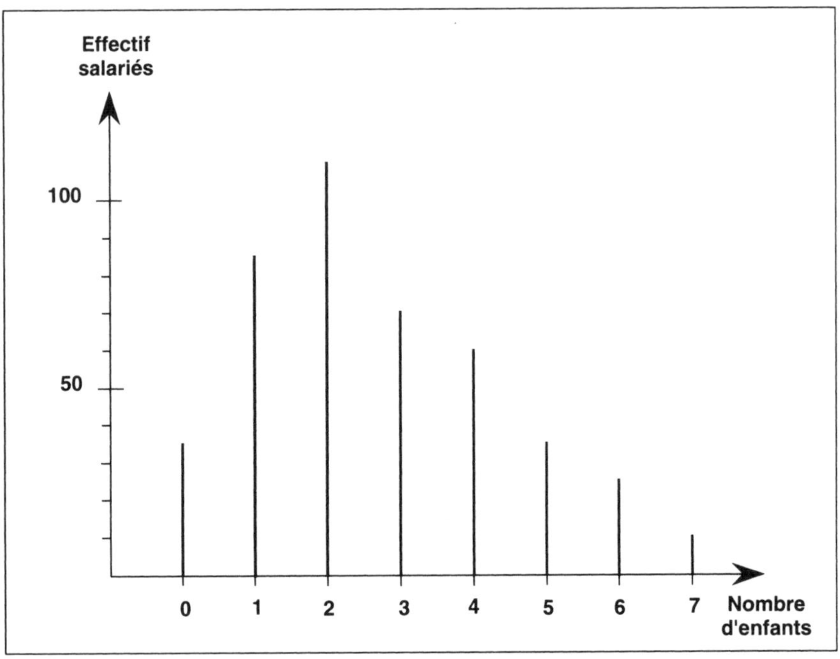

Figure 9.7 – Diagramme en bâtons

Dans la population représentée par les salariés d'une entreprise, prenons comme exemple la variable « nombre d'enfants ». Les valeurs que peut prendre la variable sont des valeurs entières qui vont de zéro jusqu'à l'infini (0, 1, 2, 3, ...). Mais il est impossible de trouver des valeurs intermédiaires, c'est-à-dire des salariés ayant 1,3 ou 2,7 enfants.

➤ Variable continue : diagramme à bandes

Dans le cas inverse, la variable est alors continue. Le graphique obtenu est un diagramme à bandes, chaque bande représentant un espace de valeurs que peut prendre la variable, et sa hauteur est proportionnelle à l'effectif concerné.

Intéressons-nous maintenant à la variable « salaire moyen mensuel » exprimée en euros, des salariés de la même entreprise, la variable est un continuum de valeurs partant du salaire minimum interprofessionnel de croissance (SMIC mensuel) ou du salaire minimum conventionnel et allant jusqu'à l'infini.

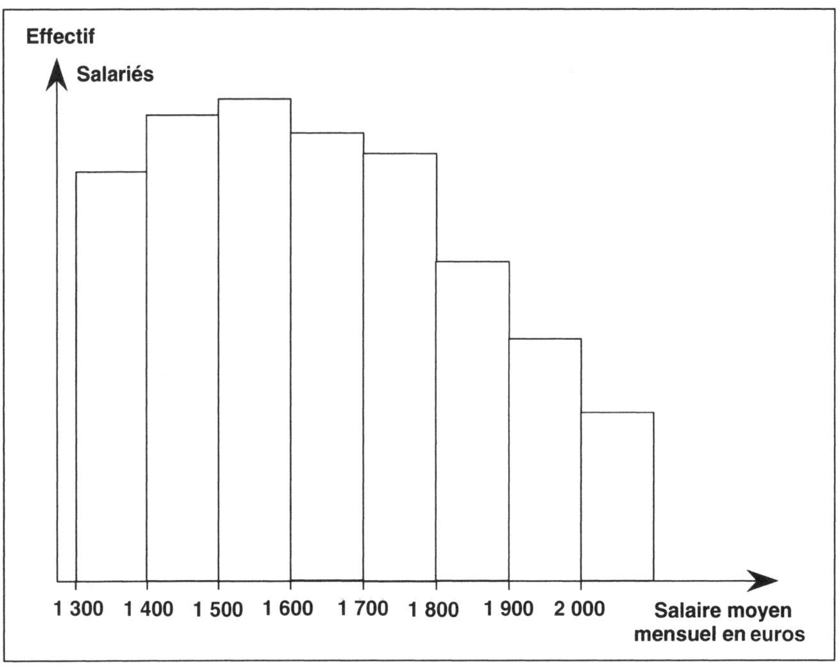

Figure 9.8 – Diagramme à bandes

Avec les diagrammes à bandes, vous pouvez utiliser la surface contenue dans la bande pour y intégrer, proportionnellement, la représentation d'une seconde variable. Celle-ci partage alors la bande en plusieurs parties représentant la seconde variable choisie.

Nous voyons dans la figure 9.9 la répartition des salariés par tranche de salaire. Chaque tranche de salaire est représentée par une bande de hauteur proportionnelle au nombre de salariés concernés. À l'intérieur de chaque bande l'espace est partagé en un espace hachuré qui représente la proportion de femmes et un espace blanc représentant celle des hommes.

Afin de visualiser clairement la séparation de l'espace, on a aussi recours aux différentes couleurs. Mais dans l'univers du noir et blanc qui est encore le nôtre, on est limité aux intensités de gris disponibles.

Il est de ce fait dangereux de vouloir utiliser à nouveau l'espace captif contenu dans les bandes, pour y insérer une troisième variable.

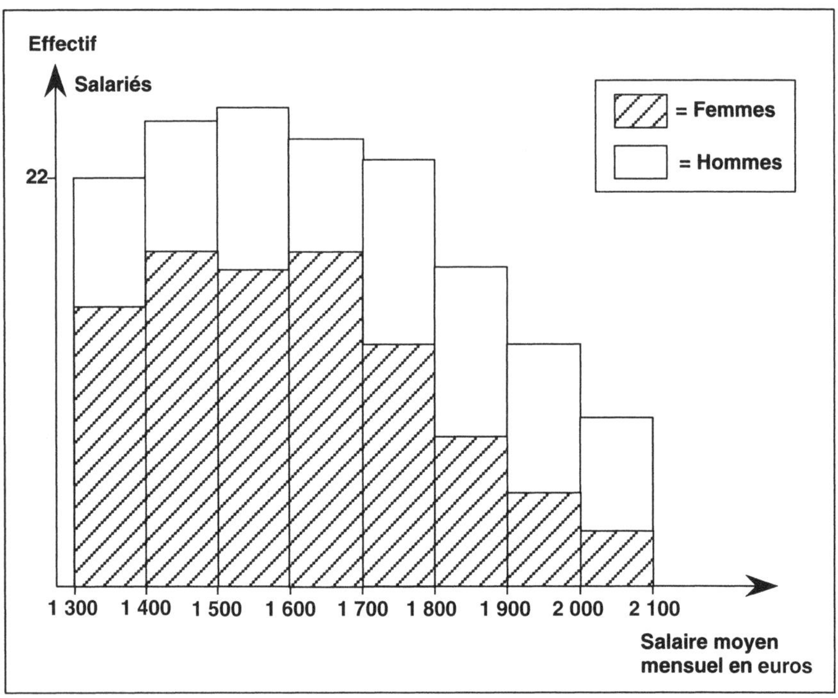

Figure 9.9 – Diagramme à bandes

On risque alors de parasiter la lecture immédiate du graphique, par un laborieux passage par les cases « légende », à la recherche de la bonne nuance de gris comme le montre la figure 9.10.

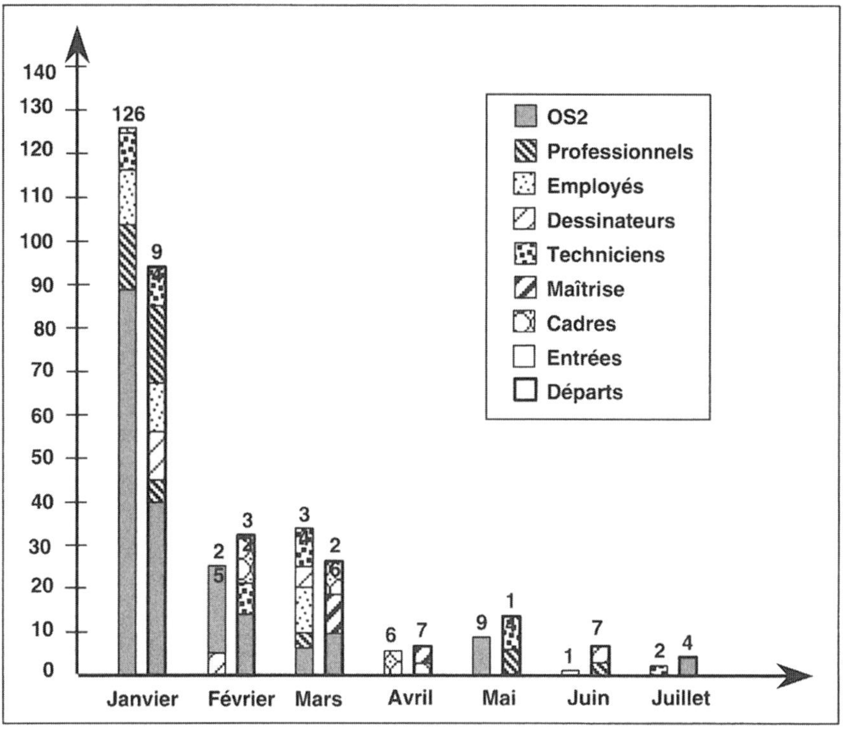

Figure 9.10 – Entrées-départs par nature d'emploi

L'histogramme

Les histogrammes sont des graphiques formés de rectangles de même base, dont la hauteur est proportionnelle à la quantité de la variable à visualiser.

Les effectifs associés sont représentés par des rectangles dont l'aire leur est proportionnelle.

Pour réaliser un histogramme, il suffit d'étalonner l'axe des abscisses à l'échelle de la variable à représenter. L'ordonnée n'a que peu d'importance puisque la représentation de la variable est figurée par des surfaces.

On réserve généralement les histogrammes pour visualiser des résultats statistiques portant sur une population et faisant intervenir la moyenne, le mode, la médiane ou l'écart-type.

Ils sont de ce fait fréquemment utilisés dans les tableaux de bord sociaux. Les figures 9.11 et 9.12 présentent la répartition des effectifs salariés d'une société par classe de salaires et l'histogramme qui la représente.

Salaires en euros (classes)	Effectifs	Fréquence	Effectifs cumulés croissants	Effectifs cumulés décroissants	Fréquence cumulée croissante	Fréquence cumulée décroissante	Applitudes en milliers	Hauteurs rectifiées
[1 000 à 1 100 [	36	0,072	36	500	0,072	1	1	36
[1 100 à 1 200 [	65	0,130	101	464	0,202	0,928	2	65 : 2 = 32,5
[1 200 à 1 500 [	101	0,202	202	399	0,404	0,798	1	101
[1 500 à 1 800 [	192	0,384	394	298	0,788	0,596	1	192
[1 800 à 2 000 [	73	0,146	467	106	0,934	0,212	2	73 : 2 = 36,5
[2 000 à 2 500 [	27	0,054	494	33	0,988	0,066	4	27 : 4 = 6,75
[2 500 à 4 000 [	6	0,012	500	6	1	0,012	6	6 : 6 = 1
Total	500	1						

Figure 9.11 – Répartition des effectifs salariés par classe de salaires

Les stéréogrammes

Les stéréogrammes sont des représentations graphiques visualisant une variable en perspective et en coupe : plusieurs dimensions sont perçues à la fois. Il s'agit là des représentations iconiques évoquées au début de ce chapitre.

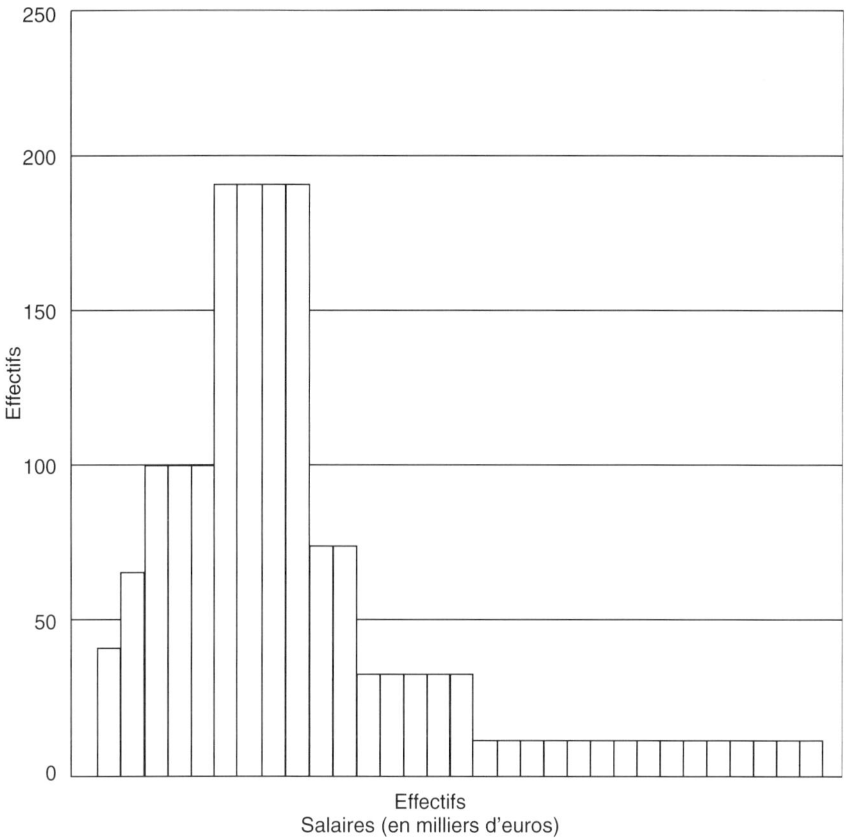

Figure 9.12 – Histogramme des effectifs salariés par classe de salaires

Les stéréogrammes proposent, au travers d'un graphique, une perception enrichie de la réalité.

C'est pourquoi ils présentent le grand intérêt d'éviter la rédaction de commentaires, toujours réducteurs dans la communication visuelle. Grâce aux stéréogrammes, prendre l'information n'est plus un effort, un simple regard suffit pour la faire jaillir de son support-papier, on dit alors que « l'information saute aux yeux ».

La figure 9.13 prouve qu'une légende n'est pas nécessaire pour comprendre ce stéréogramme.

Figure 9.13 – Un tableau de bord vaut mieux qu'un long discours

☞ **La logique des stéréogrammes permet de développer avec aisance une communication stratégique.**

➤ Les graphiques figuratifs

Si les graphiques figuratifs ne visent pas une grande précision des résultats qu'ils présentent, ils permettent en revanche de donner immédiatement un ordre de grandeur qui marque le lecteur.

Par exemple, lorsqu'il s'agit de représenter le gain brut des salariés d'une entreprise, on figure la variable par une bourse marquée « € » ou par une liasse de billets de banque (figure 9.14).

Si vous souhaitez donner plus de précision à votre communication, vous préférerez la série d'un même élément de même taille dont le nombre sera proportionnel à la grandeur à représenter.

Dans la figure 9.15, il n'est pas besoin de compter pour lire que 4 ouvriers du bâtiment sur 10, soit 40 % des ouvriers, ont moins de

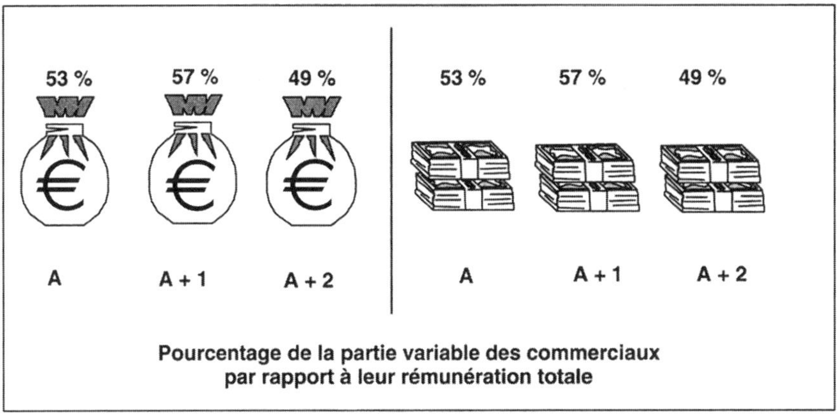

Figure 9.14 – Graphiques figuratifs

5 ans d'ancienneté, 5 ouvriers du bâtiment sur 10, soit 50 % des ouvriers, ont entre 5 et 10 ans d'ancienneté, qu'enfin 1 sur 10, soit 10 % des ouvriers, a plus de 10 ans d'ancienneté.

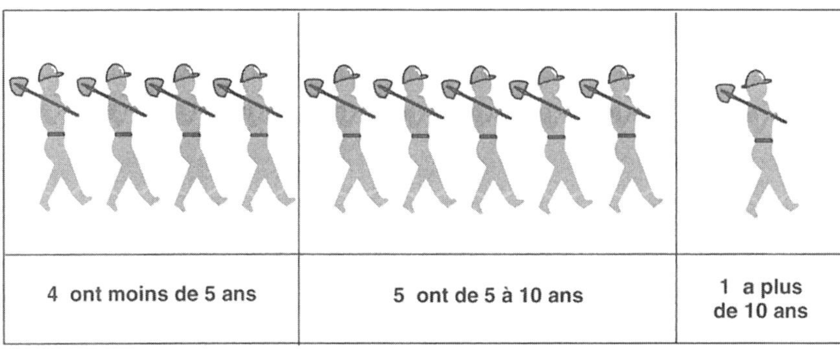

Figure 9.15 – L'ancienneté moyenne des ouvriers
du bâtiment en France

➤ Une règle pour utiliser les stéréogrammes

Il est devenu facile grâce à l'informatique de développer la communication visuelle. Les nombreux logiciels disponibles sur le marché vous proposent le choix parmi des centaines de dessins et de pictogrammes (figure 9.16).

Mais quelques règles de base sont toutefois à respecter.

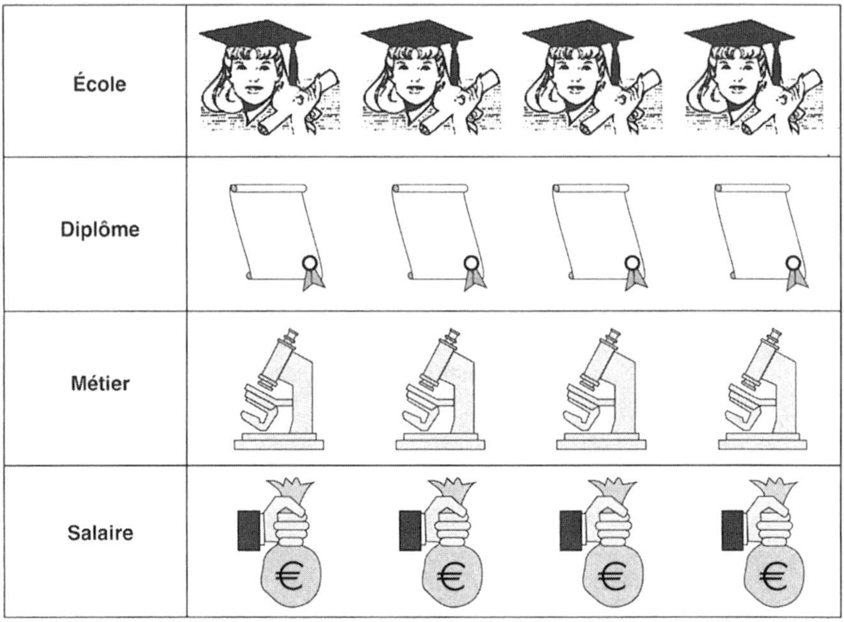

Figure 9.16 – Pictogrammes

En effet, l'analogie doit être explicite pour tous et perceptible par tous. L'association avec la variable représentée doit être immédiate. Dans le cas contraire, vous risquez de parasiter la communication que vous souhaitiez améliorer, et vous faire perdre le temps qu'il aurait fallu gagner.

➤ Le graphique en trois dimensions

La troisième dimension va donner à vos représentations graphiques un attrait supplémentaire. Il suffit d'utiliser un tableur et d'en extraire des données visuelles de qualité. Prenez par exemple le graphique en trois dimensions représenté dans la figure 9.17. On y voit, en proportion, la répartition par catégorie et par sexe de la moyenne des rémunérations de décembre (indicateur n° 212 du bilan social).

De même, la représentation spatiale de la pyramide des âges de l'effectif moyen selon le sexe est illustrée dans la figure 9.18.

Ainsi familiarisés avec les stéréogrammes, vous situez plus aisément maintenant l'organigramme comme l'un des premiers stéréogrammes de la fonction personnel.

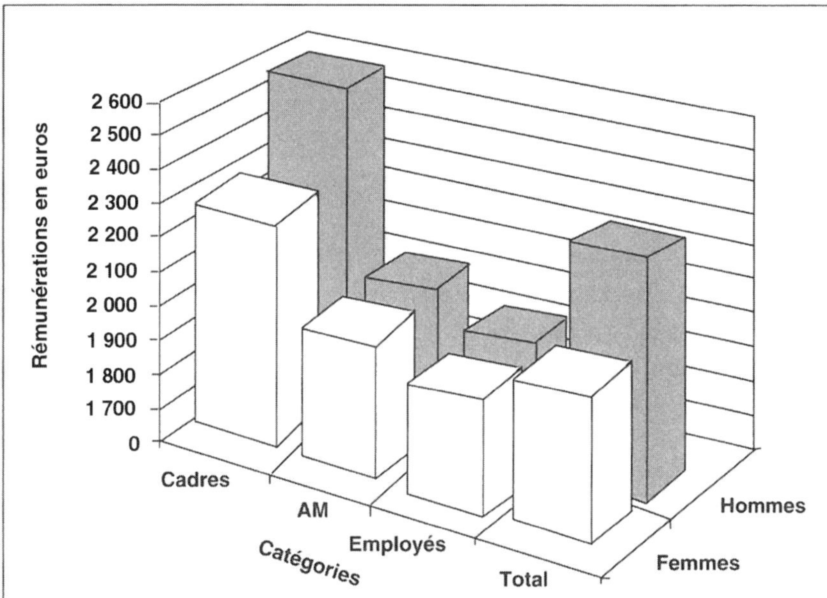

Source : Extrait du bilan social : "moyenne des rémunérations de décembre ", Rubrique 212

Figure 9.17 – Représentation graphique en trois dimensions

Les abaques

Les abaques sont des graphiques d'aide à la décision. On peut, sans aucun calcul, y lire les résultats conjoints de la variation de deux indicateurs dépendants.

L'utilisation de ces graphiques est aussi simple que leur conception est complexe. C'est pourquoi il revient généralement à des ingénieurs ou des actuaires, la charge de les réaliscr. Commc les histogrammes visualisent l'évolution de la mesure d'une variable, les abaques vont permettre de croiser deux variables.

Prenons l'exemple d'une entreprise qui commercialise des véhicules utilitaires.

Pour ce faire, elle dispose d'un réseau de vendeurs qui représente un tiers de son effectif total.

La structuration du réseau de vente amène la direction à élaborer chaque année un système de rémunération adapté, basé sur une part fixe et une part variable de la rémunération.

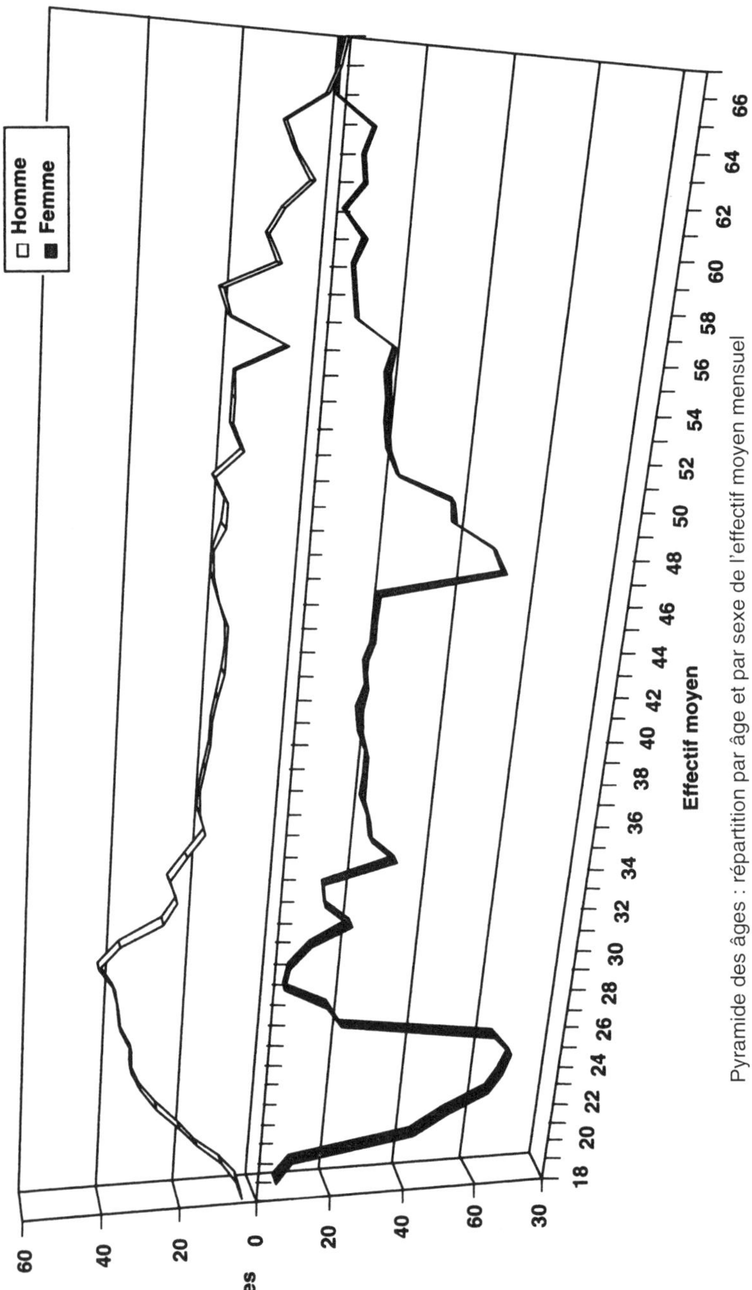

Pyramide des âges : répartition par âge et par sexe de l'effectif moyen mensuel

Figure 9.18 – Représentation spatiale

Cette part variable est une prime d'objectif annuelle dont le montant est négocié au début de chaque année, en même temps que les objectifs de chiffre d'affaires (CA) à réaliser par les vendeurs.

Elle est payée en totalité (à 100 %) pour une réalisation de 100 % de l'objectif CA. Son évolution est illustrée par la courbe de la figure 9.19.

Un point central se dégage immédiatement, correspondant à la lecture croisée de 100 % de la prime d'objectif et 100 % du chiffre d'affaires. Ce point a fait l'objet d'un calcul fin de la direction commerciale correspondant à l'équilibre financier entre les charges affectées à un véhicule vendu et les résultats de marge escomptés.

Tout d'abord, un CA minimum de 60 % est à réaliser, en dessous duquel aucune prime d'objectif n'est versée. Une fois passé ce seuil, le pourcentage de la prime d'objectif augmente pour rejoindre le point d'équilibre. Tant que les 100 % du CA à réaliser ne sont pas atteints, la totalité de la prime d'objectif n'est pas acquise, l'entreprise n'ayant pas amorti ses charges d'exploitation.

Une fois l'objectif CA atteint, l'entreprise, va en fonction de sa stratégie, inciter ou pas ses vendeurs à dépasser leurs objectifs.

Dans un marché en croissance, il est probable que l'entreprise cherche à prendre des parts de marché. Elle va inciter alors ses vendeurs à placer le maximum de véhicules en payant plus cher le dépassement d'objectif. La pente de la courbe d'abaque va alors augmenter au-delà du point d'équilibre.

Chaque point de dépassement donnera proportionnellement plus de points de pourcentage de prime d'objectif.

Si au contraire le marché en phase de maturité se contracte, c'est la carte de la qualité que l'entreprise va préférer jouer. L'intérêt de l'entreprise pourrait être de vendre moins, au profit d'un conseil personnalisé au client par exemple.

La pente de la courbe diminue alors dès le dépassement du point d'équilibre (figure 9.19).

On le voit, ce type de graphique est un outil de gestion puissant par sa simplicité d'utilisation.

Chaque salarié du réseau commercial peut savoir à tout moment de l'année, par simple lecture, la part de la prime d'objectif qu'il a déjà (ou pas) gagnée.

Une telle courbe d'abaque, représentée sur du papier millimétré peut remplacer l'avenant annuel au contrat de travail, des salariés rémunérés avec une partie variable.

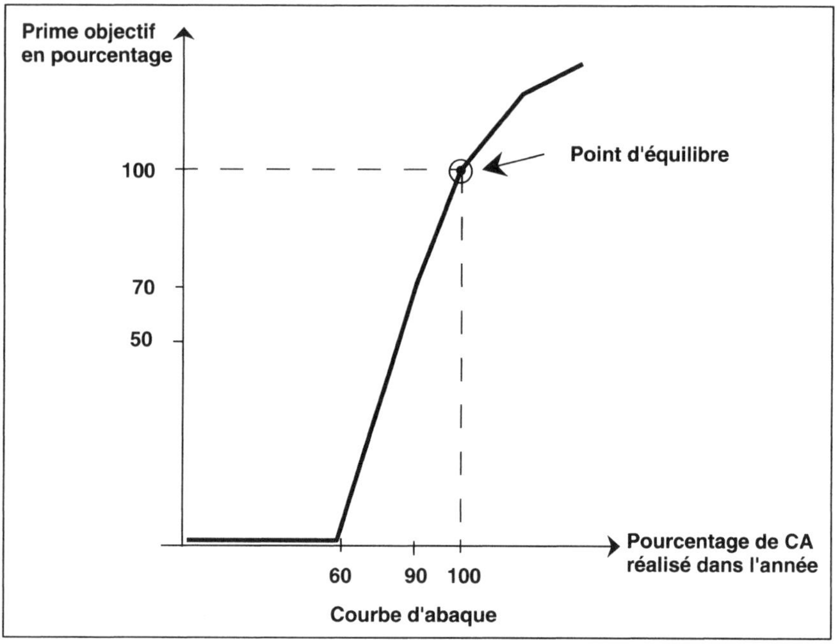

Figure 9.19 – La prime d'objectif par rapport au chiffre d'affaires

Signée des deux parties elle remplit alors toutes les conditions de validité d'un avenant au contrat de travail. De plus, elle a le mérite de la simplicité et remplace avantageusement une lourde étape rédactionnelle.

La perception signifiante des formes graphiques

Le besoin de chaque destinataire est parfaitement typé ; c'est à nous d'y adapter, sur le fond comme sur la forme, nos tableaux de bord. C'est ainsi que le manager qui visualise une forme graphique, une courbe ou un diagramme, interprétera immédiatement son objet s'il l'a préalablement mémorisé dans sa forme normale et anormale. Il fait intervenir son expérience antérieure acquise lors de la formation à la lecture des tableaux de bord ou de l'habitude qu'il a prise de les analyser.

Huit principes simples

Faisons nôtres ces huit principes :

1. **Un tableau de bord réussi nécessite peu de commentaires. Il doit tout exprimer par les indicateurs qu'il contient et la forme qu'ils revêtent.**
2. Tout graphique doit comporter un titre. Le titre est cinq fois plus lu que le corps du texte.
3. Dater le graphique.
4. Abscisse et ordonnée doivent comporter une légende et une unité.
5. Choisir à bon escient les divisions d'échelle.
6. Choisir les bons indicateurs sociaux qui vont y figurer.
7. Opter pour la meilleure forme de représentation graphique.
8. Éviter de charger les chronogrammes de trop de courbes et les histogrammes de trop de variables.

CHAPITRE 10

Fréquence des tableaux de bord sociaux

IL N'EXISTE pas à priori de fréquence-type pouvant servir de référence à tous les tableaux de bord sociaux. Comme nous l'avons dit précédemment, le tableau de bord est un outil personnalisé adapté à l'objectif poursuivi. De ce fait, la fréquence va dépendre de l'objectif à atteindre d'une part et du contexte de l'entreprise d'autre part.

➤ Déterminer la fréquence des tableaux de bord sociaux

Mais s'il n'existe pas de recette pour déterminer la bonne fréquence du tableau de bord, il existe toutefois dans la gestion sociale française, un socio-rythme qui est centré sur l'année civile (allant de janvier à décembre) composée d'unités de gestion que sont les mois.

Nombreux sont les objectifs sociaux à réaliser sur l'année, organisés par étapes mensuelles autour de la paie.

Dans ce cas la fréquence est simple à trouver puisque le rythme est mensuel. Vous donnez alors à votre tableau de bord, dont l'objectif est annuel, un cycle mensuel qui vous laisse le temps de la proaction en cas de dérive.

C'est le cas des principaux objectifs fixés dans les domaines de la formation, de la masse salariale et de l'absentéisme. Malgré cela, il faut veiller à ne pas choisir trop rapidement la fréquence entre ces deux seules possibilités, car le constat et l'action sont les deux seuls paramètres qui vont conditionner la fréquence de vos tableaux de bord.

Puisque les indicateurs sont conçus pour clignoter lorsque leur valeur s'écarte de la norme, il faut que le destinataire dispose du temps nécessaire pour proagir. C'est donc ce temps qui va conditionner le cycle du tableau de bord.

➤ Le tableau de bord : un besoin cyclique

Il arrive qu'au moment de la détermination de la fréquence de diffusion du tableau de bord, vous ne puissiez pas trouver d'autre possibilité qu'une utilisation ponctuelle. C'est-à-dire qu'une fois le constat réalisé et la décision prise, vous ne puissiez pas concevoir un recyclage de la matrice du tableau de bord pour un nouveau constat.

Vous pouvez conclure alors que l'objectif à atteindre ne nécessite pas un tableau de bord mais plutôt une étude ponctuelle.

Pourquoi, dans ce cas, investir dans la conception d'un outil complexe qu'il faut enrichir de repères cinématiques et de références externes et à mettre habilement en forme, si ce n'est pas pour engager une communication régulière dans l'entreprise ?

C'est le cas lorsqu'une entreprise doit faire le choix du meilleur organisme de gestion de son régime de prévoyance. Plusieurs prestataires proposent un éventail de cotisations pour un certain niveau de prestations. Une étude comparative s'impose alors ; elle comportera probablement des informations référencées en interne sur l'évolution des coûts de prévoyance et les salaires de référence du personnel. Mais en aucun cas il ne convient, face à cet objectif, d'investir dans la conception d'un tableau de bord. Car une fois la décision prise, il n'est plus question de la remettre en cause et le tableau est impossible à recycler.

Gardez en mémoire le caractère cyclique des tableaux de bord. Chaque fois qu'ils ont servi et qu'ils ont permis, suite au constat, de mener une proaction, ils servent à un nouveau constat et à une nouvelle proaction. Ce sont les outils d'un contrôle permanent pour éviter une nouvelle dérive.

Reprenons l'exemple de l'indicateur d'essence : après que le clignotement de l'indicateur ait permis de faire le plein, l'indicateur d'essence recommence un cycle pour un nouveau constat.

La bonne fréquence du tableau de bord n'est pas le **Trop**, qui risque de tromper les destinataires en diluant les écarts à la norme. Le **Trop** qui va aussi imposer aux collaborateurs de la DRH une surcharge de travail coûteuse et inutile.

La bonne fréquence ce n'est pas non plus le **Pas assez**, qui pour économiser de la charge de travail, va mettre en évidence les constats d'écarts alors qu'il ne reste plus assez de temps pour la proaction.

☞ **La bonne fréquence de diffusion est le délicat équilibre entre le trop et le trop peu.**

La figure 10.1 visualise le cycle du tableau de bord dans son fonctionnement général.

➤ Remettre en cause le tableau de bord

L'environnement socio-économique de l'entreprise évolue aujourd'hui plus encore qu'il y a dix ans. Le paysage géopolitique est bouleversé, la technologie est en pleine mutation et l'emploi en est la grande victime.

Pour sauvegarder le niveau de l'emploi, le droit du travail évolue aussi : la flexibilité du temps de travail est acquise, les lois récentes sur les 35 heures rendent désormais possible l'annualisation du temps de travail, on assiste enfin à l'avènement du temps partiel.

Les conventions collectives s'adaptent à leur tour. Les articles relatifs à la reconnaissance pécuniaire de l'ancienneté sont les uns après les autres remis en cause. L'entreprise change, et ses dirigeants avec elle, tous veulent diriger l'entreprise dans sa nouvelle partition.

Face à toutes ces mutations, les objectifs assignés à vos tableaux de bord de gestion évoluent aussi et ils continueront d'évoluer encore.

Vous allez donc devoir intégrer ces modifications d'objectifs au fur et à mesure de leur survenance.

- *Le changement des acteurs*

Les destinataires changent et avec eux les formes que prennent les tableaux de bord. Les responsables opérationnels issus de la technique prennent en compte la dimension « gestion et management » de leur poste. Vous accompagnerez donc la diffusion des tableaux de bord qui leur sont destinés, d'une formation appropriée à la lecture des constats des corrélations entre les indicateurs et des actions possibles.

S'il n'y a pas de proaction efficace, remettez en cause votre outil.

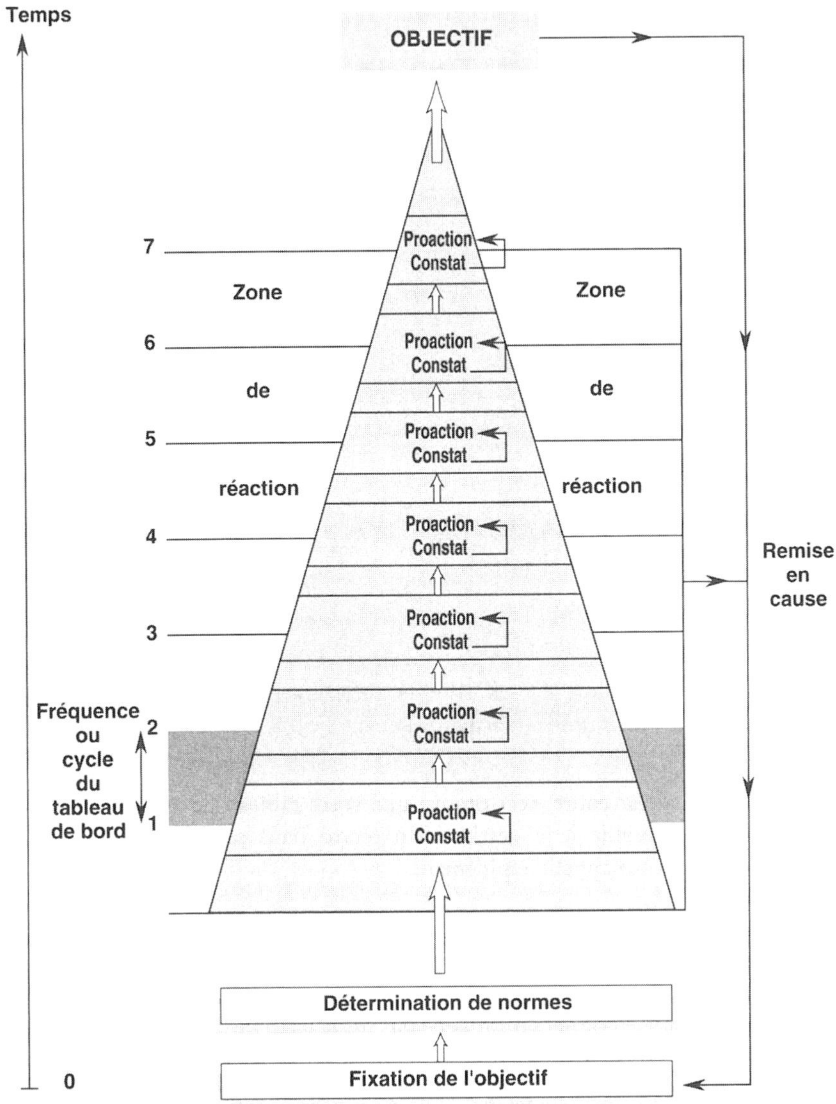

Figure 10.1 – Fonctionnement général d'un tableau de bord : la fréquence du tableau de bord

- *Les changements du référentiel*

L'environnement extérieur change, les indicateurs qui constituent le référentiel externe enregistrent eux-mêmes des variations. C'est donc un travail permanent de réactualisation que vous intégrerez dans les tâches cycliques de la DRH.

➤ Vérifier la pertinence de vos tableaux de bord

Il existe plusieurs moyens de vérifier que les tableaux de bord que vous renseignez et diffusez périodiquement sont efficaces.

• Le premier moyen est simple à réaliser : « oubliez » de temps en temps un destinataire dans la liste de diffusion. Le délai mesuré de sa réclamation est un indicateur pertinent de l'intérêt qu'il porte à votre tableau.

Si ce délai est court, ceci prouve que votre tableau de bord est un outil indispensable à sa gestion. Un retard dans sa diffusion et le destinataire vous appelle rapidement.

Si aucune réclamation ne vous parvient, vous avez la preuve que votre tableau de bord n'est pas lu. C'est le temps de la remise en cause.

Mais avant de juger de la qualité de votre tableau de bord et d'envisager sa remise en cause, interrogez-vous sur la latitude d'action qu'a votre destinataire. Peut-il décider seul d'une proaction ? De plus a-t-il les capacités personnelles à agir par anticipation.

C'est la réponse à ces questions qui guidera votre réflexion car en dernier ressort, c'est au destinataire de choisir l'action la plus appropriée et de la mener jusqu'à son terme.

Renouvelez cette opération chaque fois que vous avez un doute car la remise en cause est aussi une source de progrès.

• Une autre méthode pour tester la pertinence des tableaux de bord sociaux, qui comporte cependant quelques risques, consiste à y glisser une fausse information, tellement énorme qu'il suffit de la lire pour s'en rendre compte. Il ne vous reste plus alors qu'à attendre la réaction de votre destinataire.

Deux types de réactions sont à envisager :

– certains n'ont rien vu et c'est pour vous la source d'une information précieuse pour une remise en cause du tableau de bord,
– d'autres ont vu l'erreur et s'apprêtaient à vous la signaler ; en matière d'efficacité du tableau de bord, tout va bien.

Bien entendu cette méthode est à manier avec beaucoup de précautions. Il faut mieux bien connaître le destinataire et guetter sa réaction.

Il est utile, lorsque la remise en cause est engagée, d'organiser une réunion avec vos clients pour redéfinir leurs objectifs. Il est probable que ceux-ci aient évolué entre le moment où le tableau de bord a été conçu et la date de votre constat.

La conception, la réalisation et la diffusion des tableaux de bord représentent un investissement important pour la DRH. Vous êtes de ce fait en droit d'attendre un retour qualitatif mesuré en matière de gestion sociale.

➤ Tester le tableau de bord préalablement à sa mise en service

L'introduction d'un tel document d'information doit s'accompagner de quelques précautions :

• Faites lire, sans explication préalable, votre tableau de bord à des collègues, techniciens ou gestionnaires des ressources humaines. Quelle analyse en feraient-ils s'ils en étaient destinataires ?

Le recueil de leurs critiques et commentaires vous en dira long sur la lisibilité de votre tableau de bord.

• Organisez des entretiens avec le ou les destinataires pour connaître leurs réactions face au tableau de bord. Le choix des indicateurs qui y figurent correspond-il à leurs objectifs ?

• Laissez s'exprimer les commentaires pour vérifier l'expressivité des résultats.

• Limitez la diffusion initiale aux seuls destinataires réellement intéressés ou, mieux encore, à ceux qui en ont fait la demande expresse.

• Résistez à la tentation de le diffuser à tous ceux qui, occupant dans l'entreprise un emploi similaire à celui du demandeur, n'en ont peut-être pas besoin.

• Comparez régulièrement les résultats du tableau de bord avec le niveau d'informations qui en était attendu, tel qu'il était exprimé avec précision dans l'objectif.

• Mesurez le degré de lisibilité du tableau de bord présenté.

Ce n'est qu'une fois ces ajustements réalisés que vous pourrez envisager une diffusion élargie de votre tableau de bord social.

Vos clients en la matière sont exigeants, ils ne disposent que de peu de temps à consacrer à la lecture de vos tableaux. C'est la raison pour laquelle il est bon que ces tableaux de bord présentent, en plus d'une grande lisibilité, les caractéristiques d'un document agréable à consulter.

La figure 10.2 met en évidence le mécanisme de la remise en cause dans le fonctionnement général d'un tableau de bord.

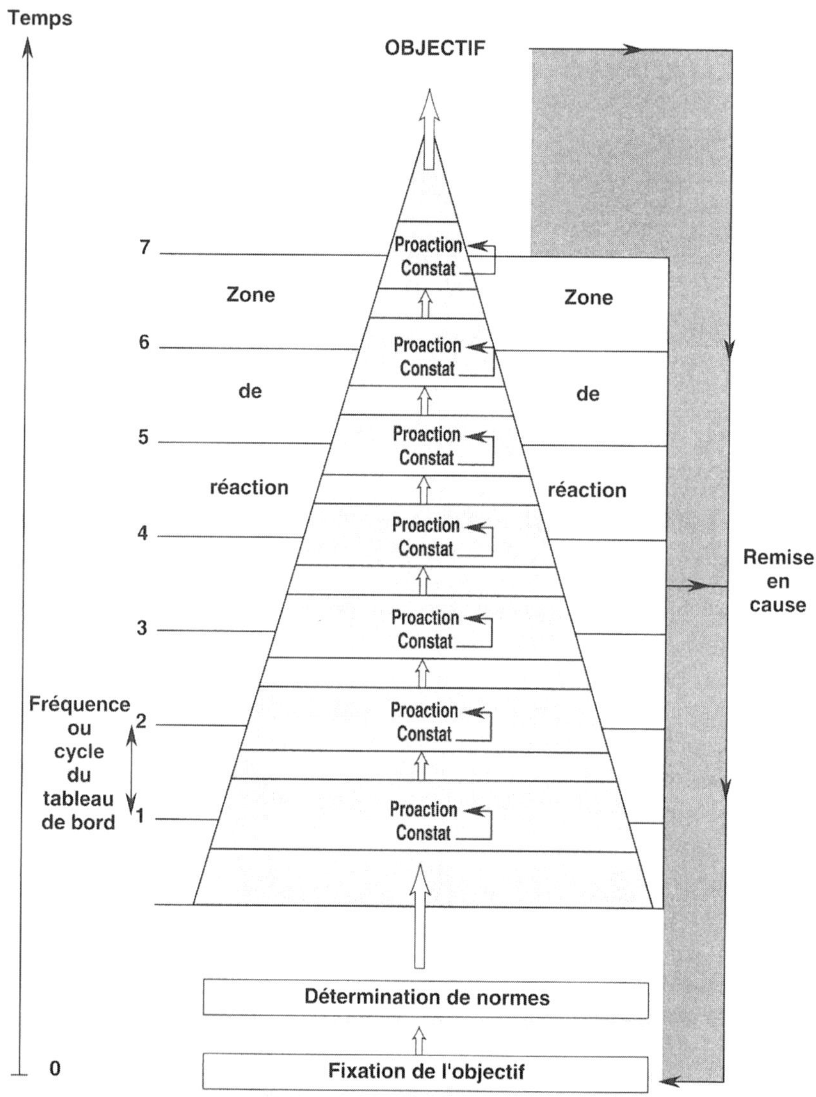

Figure 10.2 – Fonctionnement général d'un tableau de bord : la remise en cause du tableau de bord

CHAPITRE 11

Principaux tableaux de bord appliqués à la gestion du personnel

NOMBREUX sont les modèles de tableaux de bord comme nombreuses sont les combinaisons qui existent entre un objectif et son destinataire. Mais en dépassant la spécificité des objectifs et la particularité des destinataires, on peut dégager une typologie simple de tableaux de bord.

Dans ce chapitre nous étudierons des exemples de tableaux de bord appliqués aux principaux domaines de la gestion sociale que vous pourrez ainsi, sous réserve d'adaptations, utiliser dans votre gestion quotidienne.

Deux grandes familles de tableau de bord

Deux grandes familles de tableaux de bord sont définies en fonction des résultats attendus.

Les tableaux de bord à fréquence mensuelle

Bien que l'objectif couvre une période de douze mois, ces tableaux de bord sont définis par un cycle mensuel de réalisation et de diffusion.

Ils sont les plus utilisés dans la *fonction ressources humaines* où le mois est le cycle signifiant de l'organisation progressive et l'année est la période sur laquelle l'objectif se réalise.

On peut citer en exemple les tableaux d'engagement budgétaire en matière de masse salariale comme de formation.

Dans cette catégorie de tableaux de bord sociaux, on distingue deux formes principales.

- *Les tableaux de bord mensuels à résultats analytiques détaillés*

Ils visent une mise en valeur détaillée des résultats d'un mois concerné. Les indicateurs apparaissent avec un grand niveau de détail pour permettre une analyse fine.

On y fait figurer entre dix et quinze indicateurs pour leur valeur budgétée et réalisée ainsi que l'expression des écarts.

Ce tableau de bord permet, par sa fréquence, de faire un point par rapport à l'objectif annuel : chaque indicateur étant valorisé au mois et en cumul depuis le début de l'année (figure 11.1).

- *Les tableaux de bord progressifs*

Les douze mois de l'année figurent dans ces tableaux ; chacun des mois concernés permet la visualisation des réalisations d'une même série d'indicateurs (figure 11.2).

Grâce à ces tableaux de bord, vous voyez progressivement se réaliser l'année, au travers des indicateurs que vous avez choisis.

Ces tableaux de bord permettent de faire tous les mois un point sur les résultats mensuels et leur projection jusqu'à la fin de l'année. De plus ils vous permettent de garder l'historique des réalisations et des écarts constatés pour chacun des mois écoulés de l'exercice.

Les tableaux de bord à fréquence annuelle

Ils concernent essentiellement les niveaux directionnels (direction générale et DRH) qui poursuivent des objectifs prévisionnels à plus long terme.

Ces tableaux de bord permettent la mise en évidence de constats lourds qui facilitent des extrapolations dans le futur.

Service : ____________________

Mois de :		Année :			Cumul de l'année		
Indicateurs	**Budgété**	**Réalisé**	**Écart (%)**		**Budgété**	**Réalisé**	**Écart (%)**
Éléments incompressibles							
Indicateur 1							
Indicateur 2							
Indicateur 3							
Indicateur 4							
Indicateur 5							
Indicateur 6							
Total							

Mois *A* – 1	
Mois *A* – 2	

Mois *A* – 1	
Mois *A* – 2	

Figure 11.1 – Tableau de bord mensuel à résultats analytiques détaillés

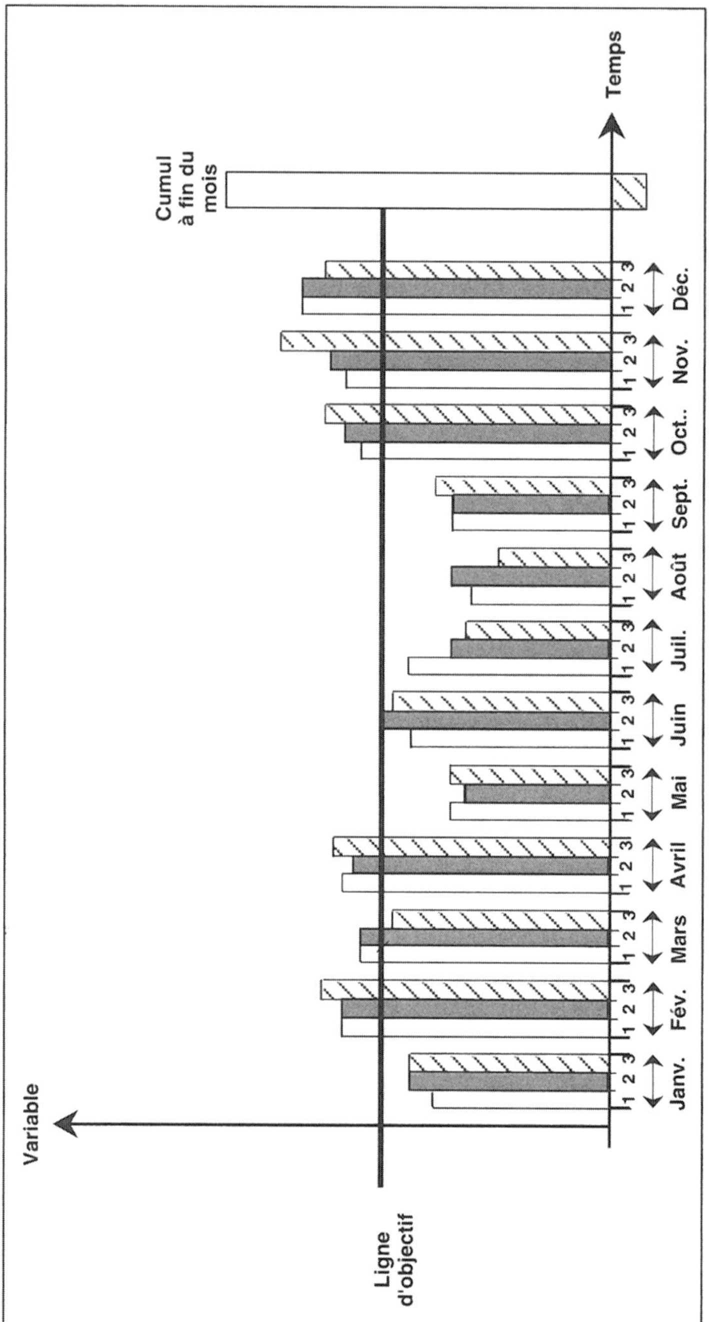

Figure 11.2 – Tableau de bord progressif

La comparaison sur plusieurs années de la mesure des indicateurs donne la tendance de leur évolution. Malgré des écarts atypiques au cours d'un exercice, le nombre des mesures, au moins égal à cinq, facilite l'émergence de la progression moyenne.

Le bilan social est bien en ce sens un tableau de bord à fréquence annuelle.

Exemples de tableaux de bord par domaine de gestion des ressources humaines

Pour la première illustration de la méthodologie de construction des tableaux de bord appliquée à l'absentéisme, nous détaillerons une à une toutes les étapes de la réalisation du tableau de bord. Ensuite, pour les autres sous-fonctions des ressources humaines, nous présenterons et commenterons plus brièvement les modèles de tableau de bord proposés.

Tableau de bord et absentéisme

Pour vous aider à réaliser un tableau de bord sur ce thème, nous allons nous appuyer sur le cas concret, qui nous servira d'exemple, d'une entreprise confrontée à un fort absentéisme.

Cette entreprise du domaine des « services » dont l'effectif est de cinquante et un salariés connaît un absentéisme maladie record.

De par le service direct et continu qu'elle offre à ses clients elle doit remplacer immédiatement l'absence d'un salarié, et ce quelle qu'en soit la durée.

L'impact de cet absentéisme et des remplacements qu'il nécessite se fait lourdement sentir sur la masse salariale entraînant une baisse des résultats d'exploitation. L'entreprise est donc bien décidée à agir et vite.

Souhaitant atteindre avec certitude son objectif de redressement, la DRH veut se doter d'un tableau de bord mensuel permettant de suivre les résultats progressifs de l'année *A* par rapport à l'objectif, et d'agir le cas échéant.

Son objectif : « Diminuer l'absentéisme et le coût qu'il génère ».

L'objectif est-il suffisamment précis ? Pas assez pour réaliser un bon tableau de bord.

En utilisant la matrice d'aide à la rédaction d'objectifs (voir p. 22), l'objectif prend la forme précise qui suit :

Objectif : « Diminuer de 20 % l'absentéisme maladie, tout personnel confondu, sur l'année *A* ».

➤ Le choix des indicateurs

Pour le constat et l'action :
- Effectif total par mois.
- Effectif en maladie ventilé par : sexe, âge, service.
- Durée de l'arrêt-maladie.
- Période de l'année durant laquelle intervient la maladie.
- Moyenne nationale du nombre de jours de maladie.

➤ Les données du problème

On dispose du nombre de jours d'absence pour maladie de tout le personnel pour l'année passée *A* – 1, mois par mois.

Les jours sont exprimés en unité calendaire, c'est-à-dire qu'on compte tous les jours de la semaine, soit sept jours pour une semaine.

Mois/Année *A* – 1	Pourcentage (51 × 30 j)
Janvier : 76 jours	4,96
Février : 83 jours	5,42
Mars : 89 jours	5,81
Avril : 64 jours	4,18
Mai : 39 jours	2,54
Juin : 51 jours	3,33
Juillet : 21 jours	1,37
Août : 10 jours	0,65
Septembre : 38 jours	2,48
Octobre : 71 jours	4,64
Novembre : 81 jours	5,29
Décembre : 80 jours	5,22

L'objectif à atteindre en année *A* est la diminution de 20 % des absences de *A* – 1, soit 80 % des réalisations mensuelles de *A* – 1 :

(Les chiffres seront arrondis au nombre entier le plus voisin.)

Mois/Année *A*	Pourcentage
Janvier :	3,96
Février :	4,33
Mars :	4,64
Avril :	3,34
Mai :	2,03
Juin :	2,66
Juillet :	1,09
Août :	0,52
Septembre :	1,98
Octobre :	3,71
Novembre :	4,23
Décembre :	4,17

En année *A* nous nous situons à la fin du mois de juin. Les résultats des jours d'absence pour maladie enregistrés mois par mois depuis le début de l'année sont les suivants :

Mois/Année *A*	Pourcentage
Janvier : 53 jours	3,46
Février : 68 jours	4,44
Mars : 66 jours	4,31
Avril : 59 jours	3,85
Mai : 27 jours	1,76
Juin : 39 jours	2,54

➤ Les étapes de la réalisation

Les étapes de réalisation du tableau de bord visant la mise en évidence du constat sont illustrées par les figures 11.3 à 11.6.

Ce tableau de bord a un objectif annuel, il s'inscrit dans la famille des tableaux de bord progressifs et sa fréquence est mensuelle. En effet, si l'importance des écarts justifie une action, celle-ci ne peut être engagée avant le début du mois suivant. Les résultats ne seront eux observables qu'avec un décalage de temps, proportionnel au coefficient de réactivité des indicateurs. De ce fait, une fréquence de diffusion plus grande risque de compromettre l'atteinte de l'objectif.

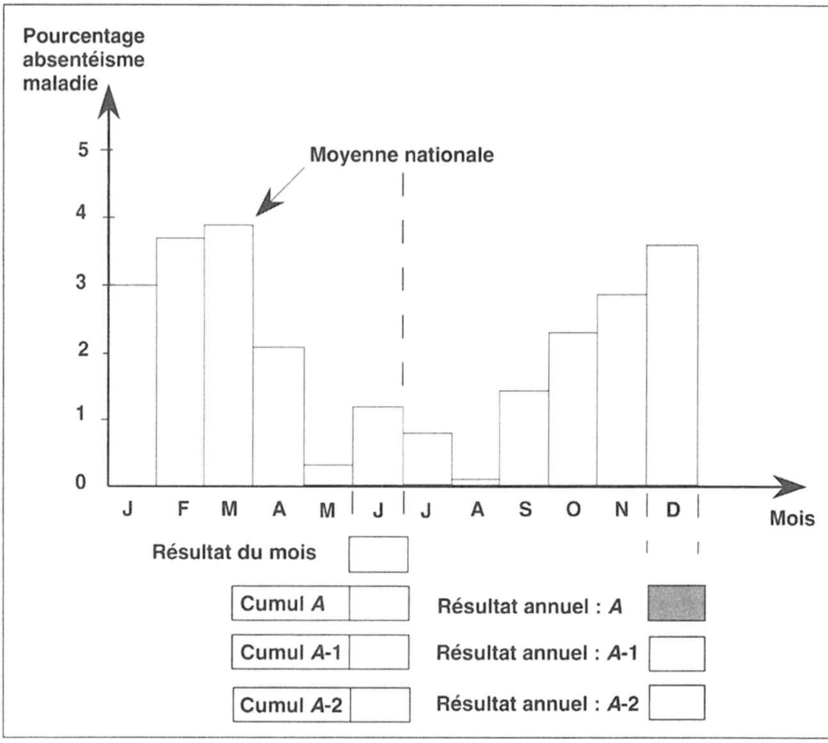

Figure 11.3 – Tableau de bord d'absentéisme maladie – Mois de juin – Année *A*

La limite verticale tracée en pointillé à la fin du mois de juin permet de situer le mois concerné par les résultats cumulés. Dans le tableau de bord du mois suivant, cette limite sera située à la fin du mois de juillet et avec elle auront glissé d'un mois, les cases de recueil du RÉSULTAT DU MOIS et des CUMUL *A*, CUMUL *A* – 1 et CUMUL *A* – 2.

Dans un premier temps, plaçons mois par mois la référence externe représentée par le pourcentage d'absentéisme moyen national.

La ligne d'objectif exprimée en pourcentage de l'année *A* – 1 est tracée mois par mois. Nous aurions pu pondérer cet objectif en le ramenant à un pourcentage mensuel, ce qui aurait remplacé la ligne d'objectif actuellement en escalier en une ligne d'objectif horizontale (voir figure 11.2).

Les pourcentages d'absentéisme réalisés sont ensuite positionnés mois par mois, de janvier jusqu'à juin qui est le mois concerné par ce

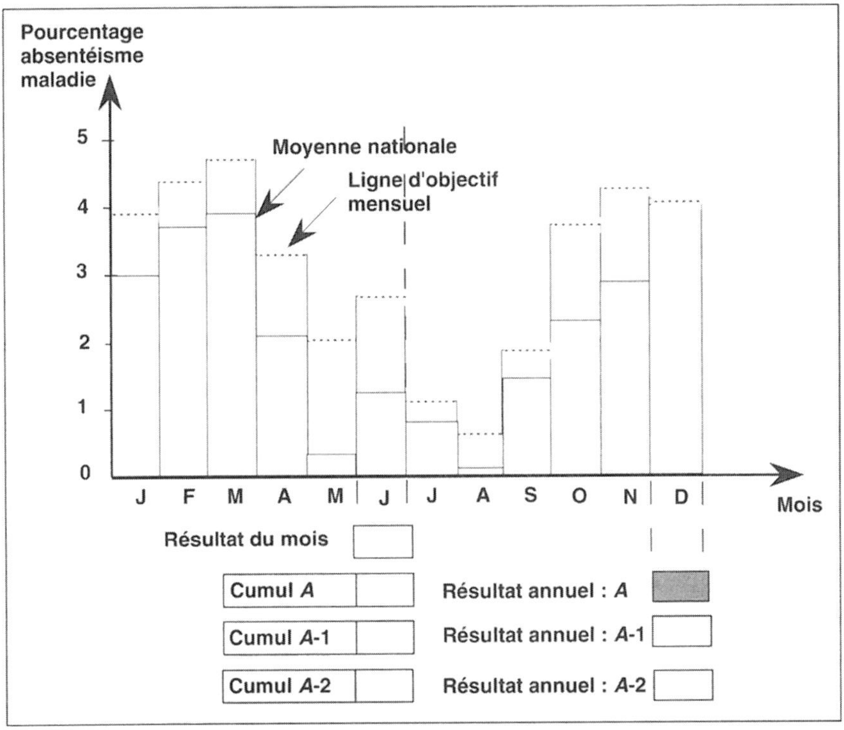

Figure 11.4 – Tableau de bord d'absentéisme maladie – Mois de juin – Année *A*

tableau de bord (dernier mois connu). La ligne d'objectif et la ligne de réalisation *A*, arrêtée à fin juin, délimitent des surfaces d'écart (voir figure 11.5).

Les surfaces grisées figurent les écarts négatifs à l'objectif. Elles sont donc, pour le mois concerné, significatives de la performance de l'entreprise et lui sont directement proportionnelles. Les surfaces hachurées représentent les dépassements par rapport à l'objectif. Elles signifient que l'absentéisme du mois a été plus important que ce qui était prévu.

Les mesures chiffrées situées en colonne sous le mois juin, précisent le RÉSULTAT DU MOIS de juin de l'année *A*. Ils sont directement exprimés en pourcentage d'écart entre le prévu (ligne d'objectif) et le réalisé (ligne de réalisation). On constate un écart négatif de – 4,87 % pour le seul mois de juin de l'année *A* (voir figure 11.6).

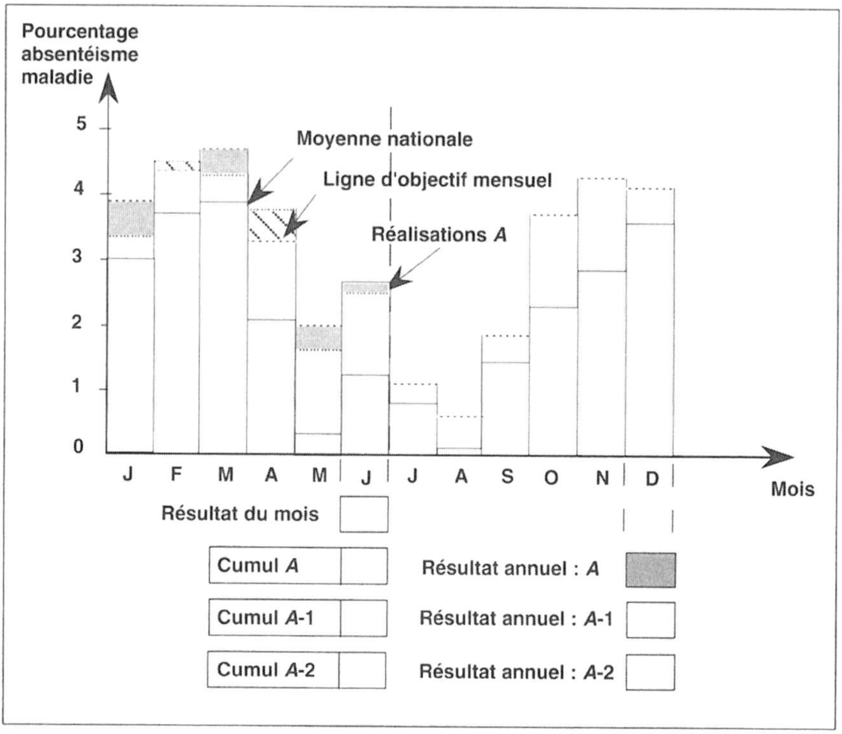

Figure 11.5 – Tableau de bord d'absentéisme maladie – Mois de juin – Année *A*

Les résultats cumulés à fin juin de l'année *A* figurent dans la case CUMUL *A* et sont comparés avec les résultats à la même date des deux années antérieures (CUMUL *A* – 1 et CUMUL *A* – 2).

Grâce aux réalisations annuelles des deux années passées RÉSULTATS ANNUELS *A* – 1 et *A* – 2 qui représentent le repère cinématique temporel, on peut extrapoler aisément les RÉSULTATS ANNUELS *A*.

Si, d'une part, à fin juin de *A* – 1 des résultats cumulés de – 1 % ont amené des résultats annuels supérieurs à l'objectif de 0,3 %, et si, d'autre part, en juin de *A* – 2, les résultats cumulés à cette date de + 0,5 % ont généré des résultats annuels qui dépassaient l'objectif de 1,5 %, on peut raisonnablement penser qu'avec un résultat cumulé de – 2,80 % à fin juin de l'année *A*, l'objectif fixé (100 %) sera atteint mais non dépassé.

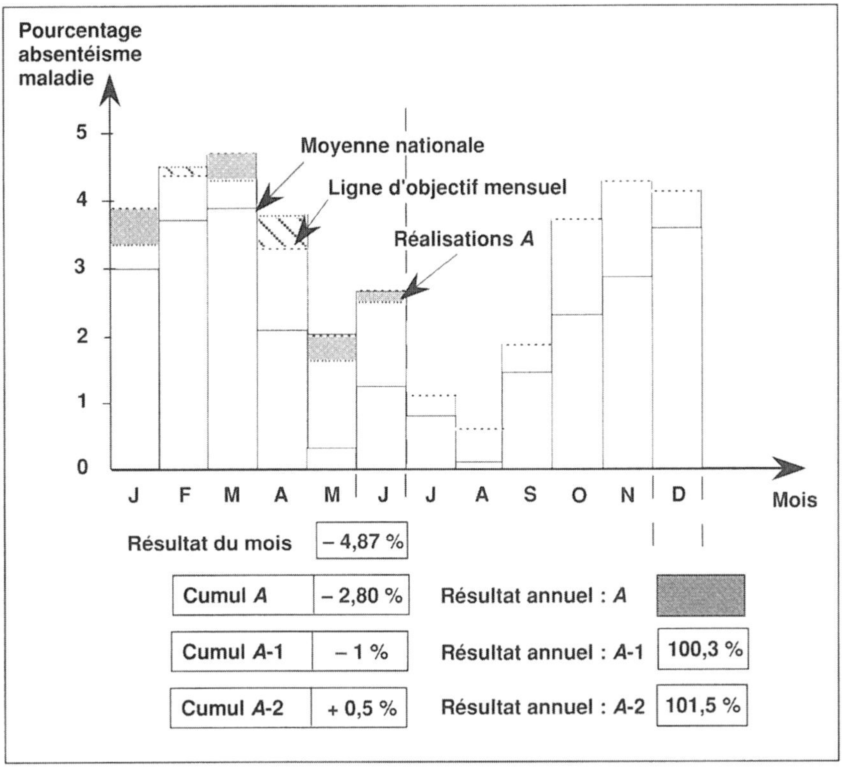

Figure 11.6 – Tableau de bord d'absentéisme maladie – Mois de juin – Année *A*

De plus, l'analyse des résultats issus des deux années précédentes souligne l'importance de l'absentéisme des six derniers mois de l'année comparé à celui des six premiers mois.

Les résultats comparés des pourcentages d'absentéisme moyens de l'entreprise par rapport à la moyenne nationale dégagent deux constats.

– Le premier confirme l'objectivité de l'entreprise sur son absentéisme qui est en effet très fortement supérieur à la moyenne nationale.

– Le second constat est que l'écart à la moyenne nationale se creuse de manière significative aux mois de mai et de juin de chaque année. Le taux d'absentéisme est dans l'entreprise anormalement élevé.

La ventilation des arrêts constatés sur ces deux mois particuliers, par durée d'arrêt, nous renseigne sur la prolifération anormale des arrêts-

	J	F	M	A	M	J	J	A	S	O	N	D
Moyenne nationale	3,00	3,70	3,95	2,7	0,55	1,20	0,85	0,20	1,43	2,37	2,9	3,65
Année *A*	3,46	4,44	4,31	3,85	1,76	2,54	–	–	–	–	–	–
Année *A* – 1	4,96	5,42	5,81	4,18	2,54	3,33	1,17	0,65	2,48	4,64	5,29	5,22
Année *A* – 2	3,90	4,6	4,58	3,45	2,41	2,89	1,05	0,8	3,5	4,75	4,1	6,4

Figure 11.7 – Pourcentage d'absentéisme mensuel

maladie de courte durée, c'est-à-dire ceux qui sont inférieurs ou égaux à trois jours.

L'analyse de cet absentéisme de courte durée amène un questionnement normal sur la correlation entre cet indicateur et une cause à trouver. Il peut s'agir soit d'un malaise social qui est lié à la saisonnalité de la production de l'entreprise sur ces deux mois. Soit encore de la mobilisation des salariés hors de l'entreprise, par des activités agricoles saisonnières ou enfin l'attrait saisonnier de la chasse ou la pêche. Ces deux hypothèses sont compatibles avec la répartition des arrêts essentiellement constatés chez les hommes de moins de quarante ans durant ces deux mois (fig. 11.8 et 11.9).

Mais compte tenu de la localisation en région parisienne de cette entreprise, les travaux agricoles, la chasse et la pêche sont peu probables. En revanche, une autre possibilité plus réaliste dans notre contexte reste à envisager. Et nous allons formuler une hypothèse fermée de corrélation (voir chapitre 5) : « C'est l'engouement croissant des Français pour le tournoi de tennis de Roland Garros qui entraîne un absentéisme de courte durée chez les hommes de moins de quarante ans ».

Ce tournoi, qui dure deux semaines, commence chaque année le lundi de la dernière semaine de mai pour se terminer le dimanche de la première semaine de juin.

La superposition des dates du tournoi de Roland Garros sur les trois dernières années permet de vérifier la pertinence de cette corrélation (figure 11.10).

Durée	Janvier			Février			Mars			Avril			Mai			Juin		
des arrêts	*A*	– 1	– 2	*A*	– 1	– 2	A	– 1	– 2	*A*	– 1	– 2	*A*	– 1	– 2	*A*	– 1	– 2
de 0 à 3 jours	6	5	3	2	4	5	3	5	4	6	5	4	22	21	25	24	23	19
de 4 à 7 jours	15	17	16	15	11	13	16	15	14	6	6	5	8	9	10	10	11	9
de 8 à 14 jours	8	6	5	9	8	6	9	9	8	6	7	5	2	4	3	5	5	2
+ de 14 jours	3	3	3	3	1	2	1	2	4	1	4	3	1	1	–	2	2	1
Total	**32**	**31**	**27**	**29**	**24**	**26**	**29**	**31**	**30**	**19**	**22**	**17**	**33**	**35**	**38**	**41**	**41**	**31**

Durée	Juillet			Août			Septembre			Octobre			Novembre			Décembre		
des arrêts	*A*	– 1	– 2	A	– 1	– 2	*A*	– 1	– 2	*A*	– 1	– 2	*A*	– 1	– 2	*A*	– 1	– 2
de 0 à 3 jours		2	3		–	1		4	3		3	3		1	3		5	4
de 4 à 7 jours		1	2		–	–		7	6		14	15		15	17		19	19
de 8 à 14 jours		–	1		2	–		7	4		9	5		6	5		8	6
+ de 14 jours		–	1		1	–		3	2		3	5		4	2		4	4
Total		**3**	**7**		**3**	**1**		**21**	**15**		**29**	**28**		**26**	**27**		**36**	**33**

Figure 11.8 – Ventilation du nombre d'arrêts maladie par durée au 30 juin *A*

Mois		Janvier			Février			Mars			Avril			Mai			Juin		
Sexe	Année / Âge	*A*	– 1	– 2	*A*	– 1	– 2	A	– 1	– 2	*A*	– 1	– 2	*A*	– 1	– 2	*A*	– 1	– 2
Hommes	– 40	5	7	8	7	5	6	4	3	4	3	4	4	14	16	18	30	28	20
	+ 40	6	11	9	3	5	5	8	6	8	6	4	3	4	4	7	4	3	5
Femmes	– 40	12	8	5	14	8	7	7	10	8	5	4	4	13	10	9	5	8	4
	+ 40	9	5	5	5	6	8	10	12	10	5	10	6	2	5	4	2	2	2
Total		**32**	**31**	**27**	**29**	**24**	**26**	**29**	**31**	**30**	**19**	**22**	**17**	**33**	**35**	**38**	**41**	**41**	**31**

Mois		Juillet			Août			Septembre			Octobre			Novembre			Décembre		
Sexe	Année / Âge	*A*	– 1	– 2	A	– 1	– 2	*A*	– 1	– 2	*A*	– 1	– 2	*A*	– 1	– 2	*A*	– 1	– 2
Hommes	– 40		1	0		–	–		5	2		6	5		6	5		6	4
	+ 40		0	2		–	–		3	3		5	5		6	4		10	11
Femmes	– 40		1	2		1	1		8	4		8	9		4	10		8	9
	+ 40		1	3		2	–		5	6		10	9		10	8		12	9
Total			**3**	**7**		**3**	**1**		**21**	**15**		**29**	**28**		**26**	**27**		**36**	**33**

Figure 11.9 – Ventilation des arrêts maladie par sexe et par tranche d'âge au 30 juin *A*

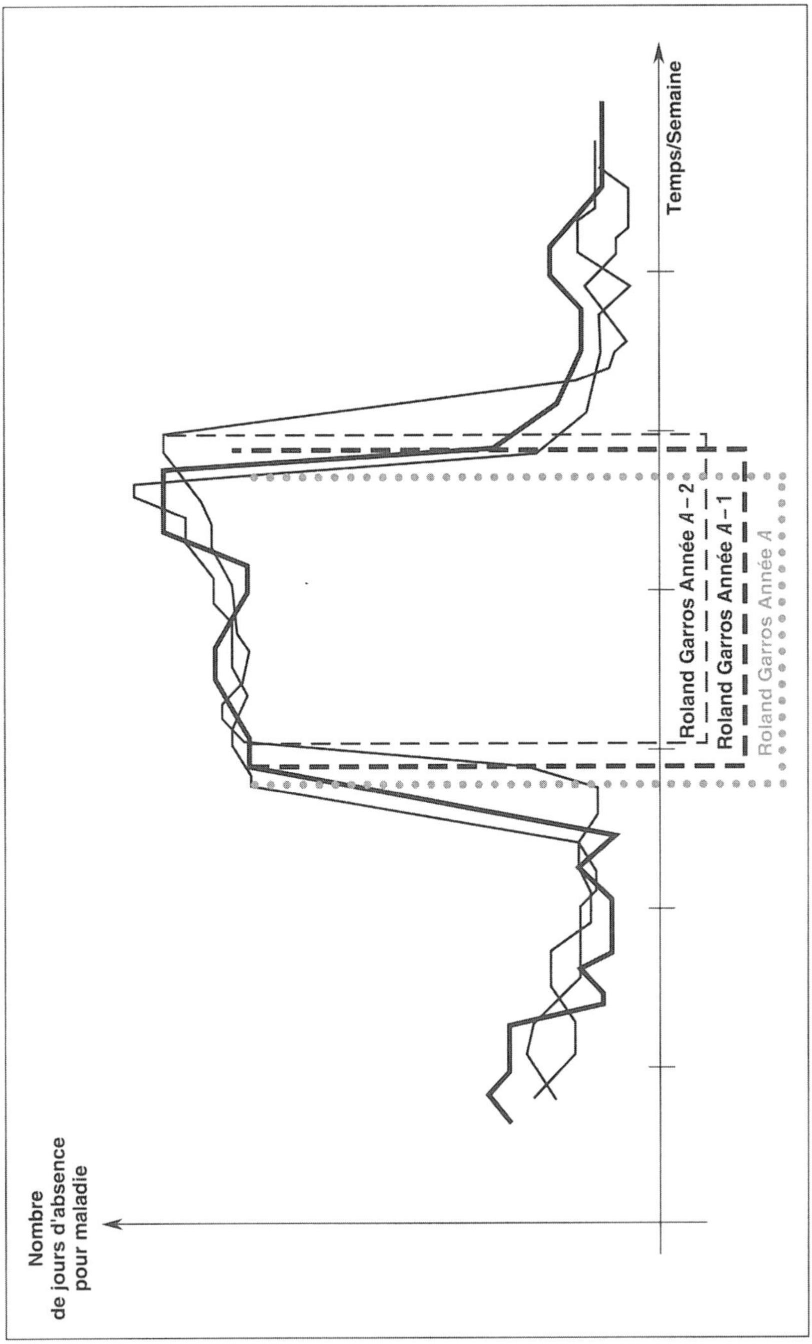

Figure 11.10 – Mise en évidence d'une corrélation

Tableau de bord et appréciation du personnel

L'appréciation des performances des salariés repose sur une définition de leur poste qui est un descriptif qualitatif des postes dans leur environnement opérationnel.

La définition de poste doit être aussi claire que possible pour préciser le poids relatif des différentes tâches.

Un pourcentage de temps à consacrer à chacune d'elles permet de quantifier les activités décrites. Les pourcentages ainsi définis par le responsable hiérarchique sont le reflet de la vision qu'il a d'une tenue optimale du poste.

De plus, un coefficient attribué à chaque pôle d'activité permet d'en apprécier l'importance. Ce coefficient d'importance relative va pondérer qualitativement la part de chaque tâche.

Dans la suite, nous allons définir le poste d'ingénieur d'affaires dont le rôle est de développer et de commercialiser une gamme de logiciels de gestion.

➤ Objectifs fixés

• Rapprocher les performances collectives des équipes d'ingénieurs d'affaires de la description de leur poste qui en a été faite.

• Tirer des écarts qui serviront de base à l'évaluation et à la rémunération des équipes de vente.

Ce tableau de bord est destiné au responsable de cette équipe technico-commerciale.

➤ Le choix des indicateurs

– Les différentes tâches du poste.

– Le pourcentage idéal de temps affecté par tâche.

– Le repérage cinématique sur quatre années des indicateurs.

– Le salaire en milliers d'euros.

– Les écarts à la moyenne de la catégorie.

– Les écarts avec la moyenne externe.

➤ La définition du poste d'ingénieur d'affaires

C'est à partir de la définition du poste d'ingénieur d'affaires analysé comme la contribution économique au développement de l'entreprise que nous tirerons les principaux indicateurs de ce tableau de bord. Chaque tâche est référencée en fonction de son importance et une norme de temps à y consacrer est définie par le responsable hiérarchique.

Les salariés qui occupent ces postes disposent ainsi d'une norme appliquée à la tenue idéale de leur poste sur laquelle ils seront appréciés.

Tâches	Coefficient d'importance	Pourcentage temps passé : Normes A
Intervention facturée chez les clients	8	60
Développement commercial : recherche de nouveaux clients	6	10
Développement commercial : fidélisation d'anciens clients	5	15
Formation personnelle	3	5
Développement technique	2	7
Participation à de grands projets de l'entreprise	4	3

C'est à partir de la définition de poste que le tableau de bord va être élaboré.

On paramètre le tableau de bord d'appréciation du personnel par service, en indiquant la norme de référence de l'appréciation des performances, activité par activité.

En regard de cette norme, on affiche les résultats de l'équipe de vente ou les résultats individuels de chaque ingénieur depuis trois années.

On visualise les évolutions et on dégage les écarts sur la dernière année *A*. Ces écarts pourront amener une redéfinition des normes du poste pour l'année suivante et le cas échéant les nouveaux moyens pour y parvenir.

L'exemple chiffré dans la figure 11.11 reflète la performance d'un ingénieur d'affaires recruté en année *A* – 2. À cette date, les résultats en pourcentage de temps passé présentent des écarts importants avec la norme du poste.

La formation personnelle en période d'intégration est plus forte qu'en temps normal. Les aspects commerciaux sont plus faibles que la norme requise par le poste et notamment sur l'activité de développement car l'activité commerciale nécessite au préalable une connaissance de l'entreprise, de ses produits techniques et un accompagnement sur le terrain.

On constate de ce fait que c'est sur les aspects techniques (intervention clients, développement) et sur la formation personnelle que ce nouvel ingénieur répartit son temps productif.

Établissement : Service :								
Activité du poste	**Pourcentages de temps**				**Norme *A***	**Écart**	**Norme *A* + 1**	**Moyens *A* + 1**
	A – 3	*A* – 2	*A* – 1	*A*				
Intervention clients		30	45	50	60	– 10		
Commercial : fidélisation		5	15	10	10	0		
Commercial : développement		0	5	5	15	– 10		
Formation personnelle		35	15	10	5	+ 5		
Développement technique		30	20	22	7	+ 15		
Participation Projets		0	0	3	3	0		
Absences		0	0	0	0	0		

Figure 11.11 – Tableau de bord : appréciation par service – Année *A*

Grâce au tableau de bord proposé (voir figure 11.11), le responsable de l'équipe d'ingénieurs d'affaires peut mesurer la performance individuelle mais aussi collective des ingénieurs de son service par rapport à la norme qu'il s'est fixée.

Les écarts apparaissent clairement, tâche par tâche. Le repérage temporel permet, sur quatre années, une bonne mesure de la progression des performances.

Il est possible enfin d'y intégrer de manière négociée les évolutions de poste avec les différents pourcentages et coefficients qui le composent. Une nouvelle norme sera ainsi définie, avec des moyens nouveaux.

Le tableau de bord, outil cyclique d'aide à la décision, va prendre en compte ces modifications en affichant, l'année suivante, la nouvelle norme définie.

Ainsi conçue, la définition de poste sert de base à l'entretien d'appréciation annuel qui repose sur des critères objectifs mesurés. Pour ce faire, il convient d'organiser un pointage quotidien du temps passé et son affectation par pôle d'activités. Un document de recueil est à concevoir avec un niveau de détail suffisant (de l'ordre du quart de journée) et à alimenter quotidiennement par les ingénieurs.

Concernant la fixation de la rémunération pour l'année à venir $A + 1$, le tableau de bord proposé par la figure 11.12 permet de situer le niveau de rémunération de l'équipe ou de l'ingénieur d'affaires par rapport à ce qu'elle était l'année précédente ($A - 1$) et de dégager un écart de progression.

Les informations seraient insuffisantes pour prendre une décision en matière de rémunération si on ne disposait pas sur le même tableau d'une référence externe : l'écart à la moyenne externe.

Cette moyenne externe peut aussi bien être la moyenne nationale de progression des salaires toutes catégories confondues ou, plus finement, la progression moyenne de la rémunération des ingénieurs d'affaires du secteur d'activité dans lequel se situe l'entreprise.

Tableau de bord et effectifs

La maîtrise de votre masse salariale implique un contrôle continu des effectifs. C'est la raison pour laquelle une série d'objectifs sociaux importants gravitent autour des effectifs.

Établissement : Service :				
Année	**Coefficient moyen**	**Rémunération annuelle moyenne en milliers d'euros au 1er janvier**	**Écart à la moyenne de l'entreprise**	**Écart à la moyenne externe**
A – 1	415	40	+ 1 %	– 2 %
A	430	44	+ 1,75 %	– 1,5 %
A + 1	?	?	?	?

Figure 11.12 – Tableau de bord :
rémunération globale – enveloppe budgétaire

Dans le cadre de cette stratégie sociale, l'évolution globale des effectifs est préalablement arrêtée ; les créations et les suppressions de postes sont prévues mois par mois.

➤ Objectif fixé

Respecter la planification annuelle des effectifs sous contrat à durée indéterminée (CDI) budgétés par service. Exprimé d'une autre façon ceci revient à passer d'un effectif salariés sous contrat à durée indéterminée de 1 630 au dernier jour de l'année *A* – 1, à un effectif de 1 500 salariés au dernier jour de l'année *A*.

➤ Choix des indicateurs

– Effectif salarié à la fin d'année écoulée (*A* – 1).

– Effectif salarié planifié à la fin de chacun des 12 mois de l'année *A*.

– Nombre de postes créés par mois de l'année *A*.

– Nombre de postes supprimés par mois de l'année *A*.

– Effectif au 31 décembre *A* – 1.

– Effectif au 31 décembre *A* – 2.

– Effectif au 31 décembre *A* – 3.

– Effectif à atteindre au 31 décembre *A* : par catégorie professionnelle et par mois.

L'objectif de ce tableau de bord est parfaitement précis. Un tel tableau destiné à la DRH donne une vision d'ensemble de tous les paramètres liés aux effectifs et mesure la progression vers l'objectif.

Quant au choix du type de tableau de bord, il porte sur un tableau progressif à échéance annuelle, diffusé mensuellement : le cycle du tableau de bord est lui aussi mensuel. En effet, le mois est le délai nécessaire pour laisser le temps à la direction des ressources humaines de mener la proaction, si celle-ci s'avère nécessaire, et d'en vérifier les résultats.

On dispose, dans cet exemple, de l'effectif total au dernier jour de l'année *A* – 1, avec une planification mois par mois du nombre de postes à créer et à supprimer.

La grande partie gauche du tableau est destinée à recevoir la planification mensuelle des créations et suppressions de postes. Alors que la partie droite du tableau visualise les réalisations du mois *M* et du mois précédent ainsi que les écarts sur le mois *M* et sur l'année *A*.

Le repérage cinématique sur trois années donne une vision quantifiée des effets mesurés de la politique sociale adoptée par l'entreprise.

Dans cet exemple, le mois *M* est le mois de mai, durant lequel la suppression d'un poste de cadre était prévue et devait faire passer l'effectif de cette catégorie de 52 à 51 cadres.

L'effectif cadre constaté à fin mai est de 52 au lieu de 51 car cette suppression de poste n'est pas intervenue.

À l'écart cumulé à fin avril qui était de + 1 vient s'ajouter celui de mai de + 1, ce qui donne un écart cumulé positif sur l'année *A* de + 2 : il est temps pour le DRH de proagir.

Avant d'intégrer une mesure référentielle externe, il faut préalablement vérifier la composition de l'unité d'œuvre significative de la production de l'entreprise. Vérifier par exemple qu'une différence dans les effectifs salariés ne cache pas la sous-traitance d'une activité à des entreprises extérieures ou le recours à du personnel des sociétés de travail temporaire.

Unité :

	Effectif fin dernier jour *A* – 1	Objectifs													Réalisations			
		J	F	M	A	M	J	J	A	S	O	N	D	Total objectif au dernier jour *A*	Écart cumulé à fin *M* – 1	Constaté fin *M*	Écart sur *M*	Écart sur *A*
Cadre	52																	
Créations		2																
Suppressions					2	1				3							+ 1	
Sous-total Cadre		**54**	**54**	**54**	**52**	**51**								**50**	**+ 1**	**52**	**+ 1**	**+ 2**
ETAM	533																	
Créations			2		3													
Suppressions										88								
Sous-total ETAM														**450**				
Ouvriers	1 045																	
Créations		4			1													
Suppressions										50								
Sous-total ouvriers														**1 000**				
Total	**1 630**													**1 500**				

Effectif fin *A* – 1	**1 630**
Effectif fin *A* – 2	**1 800**
Effectif fin *A* – 3	**2 100**

Figure 11.13 – Effectifs CDI – Mois *M* – Année *A*

Tableau de bord et formation

Les objectifs gravitant autour de la formation sont nombreux. Ils s'articulent de plus en plus autour de la gestion de l'emploi et des compétences.

➤ Objectif fixé

Un objectif classique sur le thème formation porte sur la réalisation du budget formation conformément à celui qui a été décidé par la DRH et présenté au comité d'entreprise.

Il convient de construire un tableau de bord permettant de visualiser chaque mois les réalisations du mois et les réalisations cumulées depuis le début de l'exercice.

Le budget formation sera ventilé par postes composant ce budget, ce qui permet d'affiner le suivi budgétaire.

➤ Le destinataire

Ce tableau étant destiné au DRH ou au Responsable Formation, tous les deux techniciens en matière de formation, on peut envisager sans risque, d'y faire figurer un grand nombre d'indicateurs.

➤ Choix des indicateurs

Parmi les indicateurs les plus pertinents, on trouve les différents postes de dépenses de ce budget, ventilés par nature.

- Le nombre de conventions signées.
- Le salaire chargé des stagiaires.
- Le salaire des animateurs.
- Les frais d'hébergement et de repas.
- Les frais de transport.
- Les fournitures.
- Les frais de fonctionnement.
- L'achat de matériel.

Le tout est suivi mois par mois, par unité et par catégorie socio-professionnelle.

➤ Le constat

Pour favoriser la mise en évidence du constat, il est utile d'enrichir ce tableau de bord d'un certain nombre d'informations transformées :

– organiser le repérage cinématique sur les deux années précédentes ($A - 1$ et $A - 2$),

– ramener le total des dépenses annuelles en euros à un pourcentage de la masse salariale prévue pour l'année A,

– rapprocher ce résultat du pourcentage minimum légal obligatoire, et du pourcentage moyen de la branche (voir fig. 11.14).

➤ L'action

Le nombre de stagiaires est *un indicateur-maître* auquel beaucoup d'autres indicateurs sont liés.

Diminuer le nombre de stagiaires va non seulement réduire l'indicateur « salaires + charges » mais aussi, et dans une proportion similaire, les indicateurs « frais de transport » et « frais d'hébergement et de repas ».

On constate, de ce fait, les réelles possibilités d'actions face à un dépassement de l'objectif budgétaire.

Dans l'exemple du tableau de bord formation qui est proposé (voir figure 11.15), chaque indicateur détaillant l'effectif formé est flexible, il peut varier en fonction des choix stratégiques des décideurs.

Au vu de ces tableaux de bord, le DRH ou le Responsable de la Formation vérifie le montant du budget restant disponible à la fin du mois concerné et décide, selon le cas, des engagements prioritaires à réaliser.

En fonction de l'intérêt reconnu de la formation, les grandes entreprises, et de plus en plus les PME, considèrent la formation comme un investissement. Il est fréquent que leur budget annuel dépasse de 50 % le pourcentage minimum légal de 1,6 %. C'est la raison pour laquelle ce pourcentage légal obligatoire n'est plus une bonne référence externe à laquelle se comparer. Il est plus pertinent d'enrichir ce tableau de bord du ratio national de la moyenne des sommes consacrées à la formation ramenée à la masse salariale. Mieux encore si c'est possible, positionner ce même ratio obtenu en moyenne de branche.

Nature de la dépense	**Montant total du budget annuel**	**Pourcentage de la masse salariale**	**Janvier**			**Février**			**Mars ...**	
			Dépenses engagées	Pourcentage engagé	Reste disponible	Dépenses engagées	Pourcentage engagé	Reste disponible	D ______ E ______	RD ______
Conventions										
Salaires stagiaires + charges										
Salaires animateurs										
Frais hébergement + repas										
Frais transport										
Fournitures										
Frais fonctionnement										
Achat matériel										
Total dépenses Année *A*										
	Pourcentage moyen de la branche	2,4								
Total dépenses *A* – 1		**1,9**								
	Pourcentage moyen de la branche	1,6								
Total dépenses *A* – 1		**1,8**								
	Pourcentage moyen de la branche	1,5								

Figure 11.14 – Tableau de bord formation – Année *A*

Entreprise :
Service :

Catégorie professionnelle	Nombre d'heures prévues dans le plan	Janvier		Février		Mars		Avril	...
		Heures effectuées	Pourcentage réalisation du plan	Heures effectuées	Pourcentage réalisation du plan en cumulé	Heures effectuées	Pourcentage réalisation du plan en cumulé		
Ingénieurs et cadres									
Techniciens									
Maîtrise									
Employés									
Ouvriers non qualifiés									
Opérateurs									
Total									

Figure 11.15 – Réalisation du plan de formation en heures, par catégorie professionnelle

Tableau de bord : masse salariale et suivi budgétaire

En matière de masse salariale, beaucoup d'entreprises gardent comme objectif de « contenir » une masse salariale.

Cet objectif se résume en fait au strict respect de la réalisation d'une enveloppe financière globale dans le cadre de l'année à venir (parfois objectifs pluriannuels).

On retrouve dans cette enveloppe les différentes composantes du salaire brut ainsi que les charges sociales fiscales et parafiscales confondues.

Définissons tout d'abord la masse salariale comme la somme des salaires bruts, et des charges sociales y afférant, versés au cours de l'année.

➤ Objectif fixé

Chaque fin d'année, le responsable de l'unité opérationnelle U1 se voit attribuer par la direction générale un budget de masse salariale à réaliser pour l'année suivante.

L'objectif du tableau de bord qui lui est destiné est simple : engager pour l'année à venir une masse salariale totale, au maximum égale au montant budgété.

➤ Choix des indicateurs

La pertinence du choix des indicateurs va dépendre essentiellement de leur sensibilité à réagir.

C'est pourquoi on regroupera dans un même poste budgétaire le salaire de base des contrats à durée indéterminée (primes d'ancienneté et autres primes calculées en pourcentage du salaire de base incluses), par définition incompressibles. La liste non exhaustive des éléments de salaire incompressibles est la suivante :

– Le salaire de base et les primes fixes.
– Les heures supplémentaires.
– Les heures complémentaires.
– Le salaire des contrats à durée déterminée.
– Les primes exceptionnelles.
– Les absences non rémunérées.
– Les charges sociales.

Sur ce thème nous allons aborder plusieurs modèles de tableaux de bord qui présentent chacun diverses options qui guideront votre choix en la matière.

➤ Le constat

Le premier tableau de bord proposé (figure 11.16) est un tableau de bord à objectif annuel de type progressif, dans lequel on retrouve affichés en permanence, les résultats de chacun des douze mois réalisés. Chaque indicateur positionné est d'abord budgété mensuellement puis comparé à la valeur de sa réalisation. Un écart en euros ou en pourcentage vient donner le résultat du mois. Dans la colonne de droite intitulée cumul, sont positionnés les résultats cumulés à la fin du mois concerné avec les rubriques « Estimé cumulé », « Réalisé cumulé » et les « Écarts cumulés ».

L'intérêt d'un tel tableau est de visualiser clairement les écarts, indicateur par indicateur, et de conserver l'historique des informations mensuelles. En revanche il présente deux inconvénients : le premier dû au grand nombre d'informations qu'il comprend peut parfois nuire à la lisibilité. Le second inconvénient est dû à la nécessité de mensualiser le budget annuel indicateur par indicateur. Cette opération d'éclatement du budget annuel en douze mois n'est pas toujours simple surtout si votre calcul budgétaire est réalisé globalement par la détermination des grands effets appliqués à la masse salariale.

Le second modèle de tableau de suivi budgétaire de la « masse salariale comptable » proposé à la figure 11.17 est lui aussi de type progressif à objectif annuel.

Parmi les indicateurs analysés, figurent regroupés la somme des éléments incompressibles et le détail des indicateurs choisis pour leur compressibilité, ventilés mois par mois. Le grand intérêt de ce modèle est d'éviter la phase délicate de mensualisation du budget.

On raisonne en permanence sur le seul montant du budget annuel total auquel on se réfère. C'est pourquoi on ramène le montant du cumul réalisé à la fin de chaque mois au budget annuel : on obtient ainsi le pourcentage de réalisation.

C'est ce pourcentage qui va servir de clignotant d'une éventuelle dérive, notamment lorsqu'il dépasse la valeur qu'il prenait à la même date de $A-1$ et de $A-2$.

Année *B* en milliers d'euros

E = Estimée
R = Réalisée

Catégorie : toutes catégories confondues

	Janvier			Février			Mars			Avril			Mai			Juin			CUMUL		
	E	R	Écart	E	R	Écart	E	R	Écart	E	R	Écart	E	R	Écart	E	R	Écart	E	R	Écart
Masse salariale de référence Effectif constant ①																					
Primes, indemnités, primes exceptionnelles ②																					
Heures supplémentaires et heures complémentaires ③																					
Retenues pour absences non rémunérées ④																					
Salaires des CDD ⑤																					
Brut soumis ⑥ ① + ② + ③ – ④ + ⑤																					
Charges patronales ⑦																					
Éléments non soumis ⑧																					
Total général ⑥ + ⑦ + ⑧																					

Figure 11.16 – Suivi budgétaire de la masse salariale sociale – Année A

Catégorie : Comparaison

	J	F	M	A	M	J	J	A	S	O	D	Cumul réalisé	Budget annuel	Pour-centage de réalisation	Réalisé	
															A – 1 (%)	*A* – 2 (%)
Salaire de base et primes fixes CDI	1 451	2 071	2 484	2 198	1 405							9 609	25 286	38	42	41
Majoration (HS, nuit, ...) et primes non fixes	0	65	37	0	9							111	326	34	35	33
Salaires CDD	76	131	411	159	183							960	2 743	35	31	30
Retenues pour absences	– 54	– 53	– 27	– 27	– 30							– 192	– 640	30	35	36
Charges patronales	736	1 107	1 450	1 165	783							5 330	13 857	38	41	42
Indemnités départ	37	10	18	0	112							177	491	36	10	35
Intérimaires	0	74	124	73	212							483	1 073	45	31	32
Total général	**2 246**	**3 405**	**4 497**	**3 568**	**2 674**							**16 651**	**43 136**	**38**	**41**	**42**

Figure 11.17 – Suivi budgétaire de la « masse salariale comptable » – Année *A*

Service : ____________

Mois de : Mars			Année : *A*		*A* – 1	*A* – 2	*A* – 3
Indicateurs	**Réalisé du mois**	**Cumul réalisé**	**Budget annuel**	**Pourcentage de réalisation sur *A***	**Pourcentage de réalisation**		
Éléments incompressibles du salaire							
Heures supplémentaires							
Primes exceptionnelles							
Heures d'astreinte							
Salaire des CDD							
Absences non rémunérées							
Charges patronales							
Indemnités non soumises							
Intérim							
Sous-traitance							
Total				32	28	29	26
			Résultat à fin d'année		99	100	97

Figure 11.18 – Suivi budgétaire des frais de personnel

Le troisième modèle proposé dans la figure 11.18 est un tableau de bord de suivi budgétaire des frais de personnel de type « mensuel à résultats analytiques détaillés ». Il reprend, comme le précédent tableau, les réalisations mensuelles cumulées comparées au budget annuel. Il en exprime ensuite le pourcentage de réalisation et le compare aux pourcentages de réalisation mesurés à la même date de *A* – 1, *A* – 2 et *A* – 3.

L'élément nouveau est la présentation dans cet exemple des résultats finaux annuels qu'ont entraînés ces résultats partiels pour chacune des trois années de comparaison.

On observe qu'en année *A* – 1 le pourcentage à fin mars était de 28, ce qui a permis d'être en dessous du budget de 1 point (99 %), en *A* – 2 un pourcentage de réalisation de 29 a entraîné la juste tenue du budget (100 %), et enfin un pourcentage de réalisation de 26 en *A* – 3 a généré un gain de 3 points sur le budget (97 %).

De ces trois expériences du passé on tire la conclusion qu'avec un pourcentage de réalisation de 32 à fin mars de l'année *A*, le budget annuel sera dépassé de 3 points environ si aucune proaction n'est menée.

➤ Le référentiel semi-interne

Dans le cas d'une entreprise organisée en unités de production à activités similaires, il est intéressant d'intégrer dans le même tableau de bord, les résultats comparés de toutes les unités (voir figure 11.19).

Pour des raisons de mise en page et de lisibilité, il convient de limiter le nombre des unités à un maximum de 5, pour permettre les comparaisons semi-internes. Pour des raisons de clarté seuls deux indicateurs figurent par unité (salaire des CDD et salaire des CDI).

➤ Le référentiel externe

Avant de comparer les résultats de réalisation de masse salariale avec les référentiels externes, il convient de faire des vérifications de cohérence.

Une des premières précautions à prendre avant d'intégrer une mesure externe, consiste à vérifier que tous les paramètres de gestion du personnel sont comparables.

	Unité 1			Unité 2			Unité 3			Unité 4			Unité 5			Total Société *A*		
	Sal. CDI	Sal. CDD	**Total**	Sal. CDI	Sal. CDD	**Total**	Sal. CDI	Sal. CDD	Total	Sal. CDI	Sal. CDD	Total	Sal. CDI	Sal. CDD	Total	Sal. CDI	Sal. CDD	Total
Janvier	1 451	322	1 773	920	0	920	76	0	76	846,6	37	883,6	591,2	54	645,2	3 884,8	413	4 297,8
Février	2 071	150,8	2 221,8	745	74	819	131,7	65,8	197,5	607	10	617	833	53,6	886,6	4 387,7	354,2	4 741,9
Mars	2 484	306	2 790	1 161	124	1 285	411	37	448	1 557	18	1 575	1 005	27	1 032	6 618	512	7 130
Avril	2 198	211	2 409	1 206	73	1 279	159	0	159	597	0	597	460	27,6	487,6	4 620	311,6	4 931,6
Mai	1 405	201	1 606	971	212	1 183	183	9	192	653	112	765	777	0	777	3 989	534	4 523
Juin			0			0			0			0			0	0	0	0
Juillet/Août			0			0			0			0			0	0	0	0
Septembre			0			0			0			0			0	0	0	0
Octobre			0			0			0			0			0	0	0	0
Novembre			0			0			0			0			0	0	0	0
Décembre			0			0			0			0			0	0	0	0
Cumul	**9 609**	**1 190,8**	**10 800**	**5 003**	**483**	**5 486**	**960,7**	**111,8**	**1 072,5**	**4 260,6**	**177**	**4 437,6**	**3 666,2**	**162,2**	**3 828,4**	**23 500**	**2 124,8**	**25 624**
Objectifs Année *A*	**25 000**	**3 500**	**28 500**	**15 000**	**1 100**	**16 100**	**3 800**	**300**	**4 100**	**11 200**	**600**	**11 800**	**9 000**	**500**	**9 500**	**64 000**	**6 000**	**70 000**

Comparaison en %						
Fin mai Année *A*	38,0 /	34 /	26 /	38 /	40 /	37 /
Année *A* – 1 (à fin mai) / à fin décembre	47,1 / 102	42 / 107	50 / 113	47,2 / 104	35,7 / 95	44 / 104
Année *A* – 2 (à fin mai) / à fin décembre	46 / 100	40 / 101	46 /101	44 / 101	39 / 101	42 / 101

Figure 11.19 – Tableau de bord de réalisation de la masse salariale annuelle – Année *A*

En effet dans le domaine des coûts de personnel, plus qu'ailleurs, les choix sont multiples. Plusieurs solutions et toutes leurs combinaisons, sont possibles :

– le personnel salarié mesuré par la masse salariale,
– le personnel intérimaire et le personnel de sociétés de sous-traitance, qui sont différemment imputés en comptabilité.

Si les coûts globaux de personnel sont comparables pour l'entreprise, il s'agit de vérifier, lorsqu'on parle de masse salariale, qu'il n'existe pas une autre source de travail non comptabilisée dans cette ligne budgétaire.

➤ L'action

On retrouve ici les notions capitales de compressibilité, de réactivité et de coût des indicateurs, déjà évoquées lors de la préparation de l'action.

C'est la raison pour laquelle le salaire de base des CDI et les primes fixes qui lui sont liées sont définis comme des indicateurs *incompressibles*. Ils sont regroupés dans un seul poste qui est largement la masse salariale à effectif constant.

En revanche, les indicateurs dont la compressibilité est reconnue sont largement détaillés car c'est par eux que vous initierez la proaction correctrice.

On repère dans ce tableau de bord la présence d'indicateurs interdépendants. En effet, les heures supplémentaires, les heures complémentaires, les salaires du personnel sous contrat à durée déterminée comme le coût indirect du personnel intérimaire, répondent au même besoin de productivité supplémentaire. Agir à la baisse sur l'un des indicateurs interdépendants amène inévitablement à compenser à la hausse un autre de ces indicateurs. Le choix de l'un par rapport à l'autre se justifie alors par leur coût comparé.

Tableau de bord et accidents du travail

Les accidents du travail ne sont plus une fatalité due aux risques inévitables que présentent certains métiers.

C'est dans les entreprises appartenant à ces corporations à risques que les outils d'action préventive, tels les tableaux de bord sociaux, sont les plus utiles.

➤ Objectif fixé

Dans cette entreprise que nous allons prendre en exemple, l'objectif poursuivi par la DRH est de diminuer de 20 % le nombre des accidents du travail ainsi que le nombre de jours d'arrêt qu'ils occasionnent.

Ceci donne pour l'année *A*, concernée par ce tableau de bord, un nombre d'accidents à ne pas dépasser et un nombre total de jours d'arrêt à contenir dans une limite calculée pour chacun des douze mois de l'année.

➤ Choix des indicateurs

– La date des accidents.

– La cause de l'accident.

– Le nombre de jours d'arrêt.

– Le nombre d'accidents.

Informations sur les victimes :

– La nature du contrat.

– L'âge.

On fait le choix d'un tableau de bord à objectif annuel à résultats analytiques détaillés dans lequel apparaissent les résultats du mois *M*, octobre dans ce cas précis, comparés aux résultats du même mois des trois années précédentes.

➤ Le constat

On visualise sur ce tableau de bord graphique la fréquence des accidents et la durée des arrêts, par simple lecture (voir figure 11.20).

Chaque accident est représenté par une bande dont la hauteur est proportionnelle à la durée de l'arrêt qu'elle a engendré. Le nombre d'accidents du travail du mois apparaît totalisé au sommet de la plus haute bande des accidents pour chacune des quatre années *A*. Le nombre total de jours d'arrêt se lit, lui, sur l'axe des ordonnées. Apparaissent enfin dans la partie gauche du tableau, les résultats à fin octobre exprimés en nombre d'accidents du travail et en nombre de jours d'arrêt.

On constate ainsi que, dans cette entreprise, le nombre des accidents comme celui des journées perdues n'a cessé de croître durant les trois

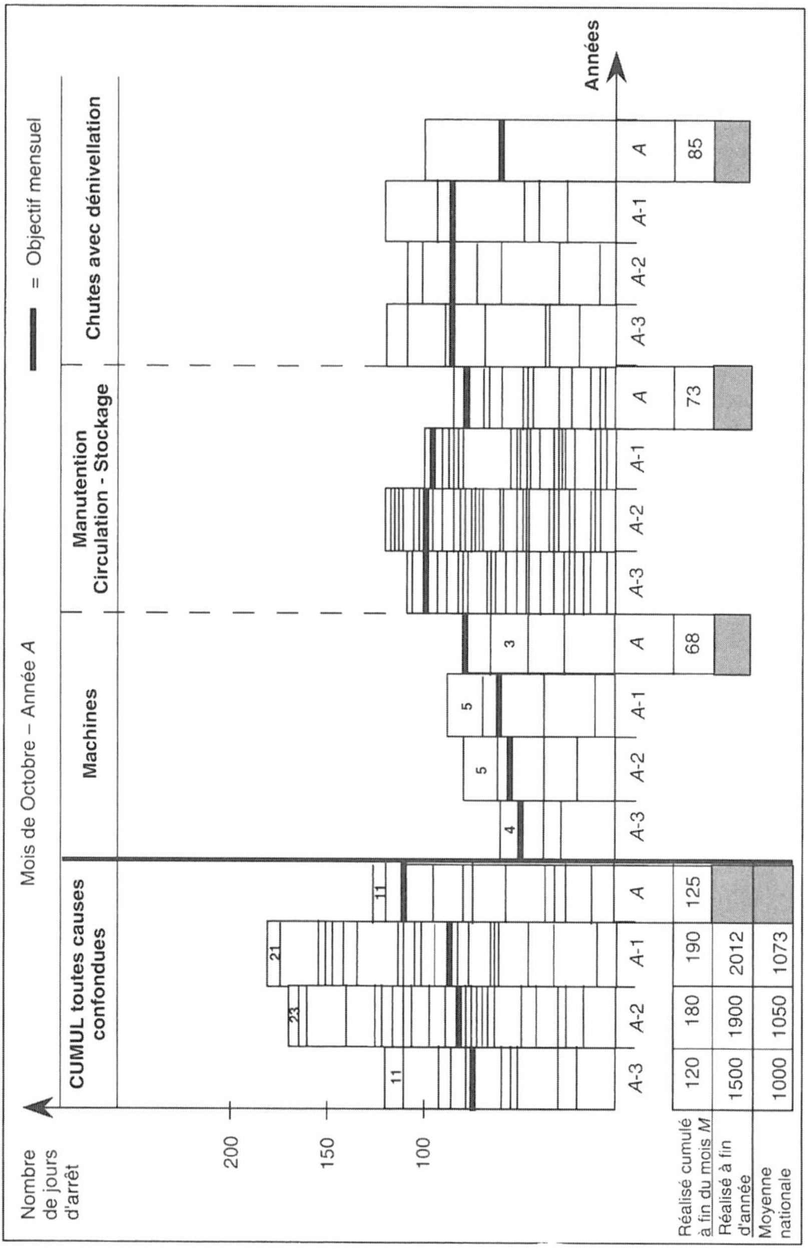

Figure 11.20 – Journées perdues pour accidents de travail, par causes

dernières années. Cette tendance est confirmée par l'augmentation simultanée de la moyenne nationale sur ces trois années.

L'année *A* semble être une année de réaction, puisque les objectifs que s'est fixés l'entreprise sont en baisse sensible. De plus, on peut dire que pour les accidents dus à la manutention et ceux occasionnés par des chutes avec dénivellation, les objectifs semblent ambitieux.

Pourtant la direction les a fixés à un seuil inférieur à celui de la moyenne nationale, il est donc probable que l'entreprise s'est dotée préalablement de moyens préventifs fiables.

Ces résultats qui apparaissent pour leur valeur du mois et leur valeur cumulée sont comparés aux objectifs mensuels matérialisés par un trait plus épais.

➤ L'action

La figure 11.21 définit plus précisément les moyens de l'action correctrice à envisager.

On voit apparaître l'évolution sur quatre ans de la ventilation des accidents du travail par cause, par âge et par nature du contrat. Ces indicateurs sont le reflet d'un choix parmi ceux qui expliquent le constat et sur lesquels les moyens d'actions sont les plus efficaces.

Il existe, il est vrai, des professions plus exposées que d'autres qui subissent doublement les conséquences pécuniaires liées au coût de ce risque : une première fois dans la masse salariale, majorée du montant du salaire chargé du contrat à durée déterminée remplaçant le salarié accidenté, et une deuxième fois dans la cotisation patronale au risque accidents du travail. Rappelons que le calcul de ce taux pour les entreprises de plus de deux cents salariés, prend en compte le coût réel du risque. Il est calculé sur les trois années qui précèdent l'année qui précède l'année de notification (en début d'année *A* le taux qui vous est notifié est calculé sur les années *A* – 4, *A* – 3 et *A* – 2. L'année *A* – 1 est l'année qui est nécessaire à la CRAM pour collecter des informations et procéder au calcul).

Causes / Âge et nature du contrat		Toutes causes confondues				Machines				Manutention circulation				Chutes			
		A – 3	A – 2	A – 1	A	A – 3	A – 2	A – 1	A	A – 3	A – 2	A – 1	A	A – 3	A – 2	A – 1	A
– 40 ans	CDD	14	26	40	18												
	CDI	12	23	12	2												
+ 40 ans	CDD	8	14	18	4												
	CDI	86	107	120	101												
Total jours		**120**	**180**	**190**	**125**												
Total nombre d'accidents		**11**	**23**	**21**	**11**												

Figure 11.21 – Répartition des accidents du travail du mois *M* de l'année *A*, par causes

CHAPITRE 12

Le contrôle de gestion RH

LA CRÉATION de valeur ajoutée est aujourd'hui encore le principal moteur du développement économique et social des entreprises. Les RH ont longtemps souffert, et souffrent encore, de ne pouvoir mesurer avec fiabilité leur contribution à la performance humaine de l'entreprise. C'est la raison pour laquelle elles se sont dotées d'outils de gestion de plus en plus performants. Les tableaux de bord de la gestion sociale en font partie car ils permettent d'organiser un contrôle de gestion RH rigoureux.

Si le contrôle de gestion générale a une place de choix dans l'organisation de l'entreprise il n'en va pas de même pour le contrôle de gestion en matière sociale. On en parle de plus en plus au sein des DRH sans savoir tout à fait ce qui s'y rattache et le lien exact qui existe entre le contrôle de gestion RH et les tableaux de bord de la gestion sociale.

C'est pourquoi l'objet de ce chapitre est de définir précisément ce qu'est le contrôle de gestion sociale, de donner les bases sur lesquelles il repose ainsi que de décliner les méthodes de contrôle spécifiques appropriées. Nous verrons enfin le lien qui existe entre le contrôle de gestion sociale et les tableaux de bord sociaux ainsi que les conditions de réussite de la mise en œuvre de cette nouvelle fonction de la GRH.

Principes et méthodes

Rappelons tout d'abord que le contrôle général de gestion de l'entreprise est, d'après Pierre Lauzel et Robert Teller :

☞ **« un processus pensé pour intervenir avant, pendant et après l'action afin de permettre une représentation opératoire de la chaîne de création de valeur dans l'entreprise »**[1] .

Le contrôle de gestion RH se présente donc comme un processus permanent organisé, qui repose sur l'accompagnement actif de la DRH à l'atteinte des objectifs qu'elle s'est fixés dans le cadre de la stratégie de développement de l'entreprise. À ce titre, il doit permettre l'identification des facteurs clés de succès du potentiel humain de l'entreprise et fournir les indicateurs de la mesure de leur performance.

Les principes du contrôle de gestion RH sont, il est vrai, simples dans leur expression mais, de création récente dans la fonction RH, ils sont en fait plus complexes dans leur mise en œuvre. C'est la raison pour laquelle nous allons aborder le contrôle de gestion RH sous un angle très pratique afin d'en examiner les éléments essentiels.

Le contrôle de gestion RH permet, à partir d'une approche quantitative des indicateurs sociaux, de vérifier la bonne adéquation de la fonction RH par rapport aux objectifs qu'elle s'est fixés, et au delà, de mettre en évidence la bonne participation de la fonction RH aux objectifs de l'entreprise elle-même.

Ainsi le contrôle de gestion RH doit permettre les actions suivantes.

- Participer à la fixation des objectifs
- Mesurer les écarts entre les réalisations et les objectifs
- Superviser les proactions déclenchées en vue de l'atteinte nominale des objectifs
- Analyser les raisons de la non atteinte des objectifs dans les délais :

– objectifs trop ambitieux

– actions correctrices ne donnant pas le résultat escompté

– management à reconsidérer.

1. Pierre Lauzel et Robert Teller, « Contrôle de gestion et budgets », Sirey

À quelle conception du contrôle de gestion se référer ?

Parmi les différentes conceptions du contrôle de gestion, regroupées dans le tableau 12.1, je propose de retenir conjointement la conception de l'approche systémique et organisationnelle ainsi que celle qui repose sur les théories de l'école des relations humaines. En effet, pour définir le contrôle de gestion RH il nous faut dépasser le simple principe d'analyse des écarts de la théorie classique pour atteindre un concept plus socio-économique qui mette en interaction étroite la motivation des hommes avec leur performance mesurée.

Tableau 12.1 – Les conceptions du contrôle de gestion[1]

Conception de l'entreprise	Conception du contrôle de gestion
Théorie classique	Contrôle comptable et financier centré sur la vérification Analyse des écarts et des responsabilités
École des relations humaines	Contrôle socio-économique Audit social Participation, motivation, communication
Approche systémique et organisationnelle	Pilotage de l'organisation Contrôle intégré des sous-systèmes (notamment humain) Relation structure-objectif-performance Relation communication-information-performance

Mise en œuvre par la DRH

Un débat classique oppose habituellement le contrôle de gestion et la DRH, pour savoir qui va piloter cette composante du contrôle de gestion générale. Ma conviction est clairement arrêtée sur le rôle prépondérant que doit avoir la direction des ressources humaines dans cette opération. Comme le montre une enquête réalisée en 2000, 80 % des DRH font désormais partie du comité de direction de leur entreprise. Ils sont donc partie prenante des objectifs généraux de l'entreprise

1. J. Lebraty, « Évolution de la théorie de l'entreprise », *Revue Économique*, n° 1, 1974.

et connaissent les clés de la politique sociale permettant de les atteindre. Pourquoi alors, sous le prétexte que ces objectifs sont exprimés dans l'unité d'œuvre de l'organisation, millions de tonnes produites ou centaine de milliers d'euros de produits vendus, faut-il s'en remettre à d'autres acteurs ?

La DRH est, de par sa technicité et va vision stratégique, idéalement placée pour quantifier les objectifs de sa politique sociale et d'en suivre les résultats progressifs sur les différents domaines qui la composent.

Le contrôle de gestion de l'entreprise est bien entendu informé et consulté sur les étapes du contrôle de gestion sociale que nous venons d'évoquer afin de les intégrer dans le contrôle de gestion générale de l'entreprise.

Les méthodes de mise à œuvre du contrôle de gestion RH sont au nombre de deux et le choix que vous ferez de la méthode appropriée dépend beaucoup, vous allez le voir, de l'environnement technique et culturel de votre entreprise.

La première méthode de contrôle de gestion repose sur la *simple surveillance de l'évolution de valeurs constatées.* Il s'agit d'une conception débutante qui ne se justifie que comme une phase transitoire nécessaire pour réaliser un plan d'actions. Ce dernier va s'appuyer sur la connaissance des résultats du passé afin de les comparer à ceux d'aujourd'hui. Il permettra ainsi d'en tirer des décisions d'actions telles que des recrutements ou la mise en place d'un nouveau système de rémunération comportant une partie fixe et une partie variable.

La seconde méthode de contrôle de gestion RH est basée sur la *comparaison des valeurs constatées avec des valeurs préétablies.* Le principe de ce contrôle de gestion repose, vous l'avez compris, sur la fixation préalable d'objectifs sociaux à atteindre au cours d'une période temporelle. Ces objectifs prennent généralement en compte les capacités du marché, le positionnement de la concurrence ainsi que les normes sociales mesurées au niveau national ou, mieux encore lorsqu'elles sont disponibles, au niveau sectoriel de la branche d'activité.

Quelle que soit la méthode choisie, vous vous appuierez fortement sur votre système d'information des ressources humaines pour puiser les indicateurs pertinents à la base des ratios de gestion sociale.

Bien que le contrôle de gestion RH par comparaison des valeurs constatées avec les valeurs préétablies soit le reflet d'une ambition affichée, cette méthode n'est pas forcément la plus simple pour débuter. En effet comme nous l'avons souligné plus haut, il faut pour cela disposer des outils d'un reporting social efficace, ce qui n'est pas toujours le cas surtout pour les petites et moyennes entreprises. De plus, un passage préalable par l'analyse comparée des ratios de gestion dans le temps est souvent le moyen de poser les jalons d'un contrôle de gestion RH avant la mise en place d'un management par objectifs.

Les étapes chronologiques de sa mise en place

Le contrôle de gestion RH intervient tout au long du processus de gestion des ressources humaines, depuis l'élaboration des objectifs, en conformité avec ceux que s'est fixés l'entreprise, jusqu'à leur suivi progressif pour les atteindre dans les délais.

La phase de fixation des objectifs à atteindre

Le point de départ de la phase de fixation des objectifs est, vous l'avez compris, une phase de négociation avec la direction générale de l'entreprise sur les objectifs que celle-ci s'est fixés en matière de production, de développement, ou de recherche.

Il résulte de toutes ces ambitions une déclinaison d'objectifs précis qui vont être formulés par chacune des grandes directions de l'entreprise.

La DRH va ainsi adopter une stratégie sociale adaptée à ces objectifs et se donner à son tour des objectifs sur les nombreux aspects de sa gestion.

Par exemple, le *mix* de son plan d'actions pourrait tout à la fois développer la formation des collaborateurs sur certains aspects stratégiques du développement de l'entreprise (comme l'est actuellement la relation-client), limiter l'augmentation de la masse salariale à un pourcentage donné, et en même temps fidéliser la population des cadres de 25 à 35 ans.

Trois axes de progrès pour lesquels chacun des domaines de la DRH devra être sous objectif et, de ce fait, sous contrôle.

Ces objectifs, une fois écrits, quantifiés et datés (voir page 22) sont déclinés au niveau managérial afin de disposer de l'aide des relais opérationnels, indispensable à la réussite de la stratégie sociale.

La phase de suivi ou phase de vérification

Les objectifs, une fois fixés, doivent être réalisés conformément aux prévisions globales, comme par exemple la diminution de l'absentéisme maladie de 1 % sur un an, mais aussi de façon progressive puisque cela présuppose que les objectifs intermédiaires soient atteints eux aussi.

C'est à cette phase de vérification que les tableaux de bord de la gestion sociale sont le plus utiles puisqu'ils vont être les instruments précis du contrôle de gestion. Les indicateurs sociaux et ratios qu'ils contiennent vont permettre de vérifier cycliquement l'écart avec les normes et dégager les proactions nécessaires à la bonne réalisation des objectifs. Quant à la référence externe, elle est la norme, moyenne nationale ou plus spécifique au métier de l'entreprise, sur laquelle nous nous appuierons pour rester compétitifs.

Les résultats escomptés sont mesurables dans tous les domaines de la gestion sociale :

- la diminution des accidents du travail et de leur gravité entraînant une baisse du taux de la cotisation patronale AT ;
- la diminution de l'absentéisme de courte durée dont la conséquence est une meilleure productivité ;
- la mesure d'efficacité des résultats de la formation et l'optimisation des dépenses en la matière et une productivité accrue ;
- l'amélioration des indicateurs de qualité dans le domaine de la paie et de l'administration du personnel ;
- la diminution des fins de période d'essai avec rentabilisation des recrutements.

Dans la mesure où le contrôle de gestion sociale vise l'optimisation de la gestion des ressources humaines dans leur performance et leur coût, l'évaluation des résultats attendus s'en trouve facilitée.

Les composantes

Le contrôle de gestion RH présente deux composantes essentielles qui sont le contrôle budgétaire de la gestion sociale et le contrôle qualitatif de la gestion sociale.

Voyons maintenant avec plus de précisions les modalités pratiques de fonctionnement de ces deux branches du contrôle de gestion RH.

Le contrôle budgétaire de la gestion sociale

Le fonctionnement de la Gestion des Ressources Humaines repose sur l'utilisation, à bon escient, des différents budgets qui composent les domaines de sa gestion. Ce qui revient à dire que les budgets alloués à chaque domaine de la gestion des ressources humaines l'ont été avec une mesure, plus ou moins précise, du retour sur investissement qu'ils allaient générer.

Le contrôle budgétaire de la gestion sociale s'intéresse plus particulièrement à la fixation et à la réalisation nominale des objectifs financiers affectés aux différents domaines de la DRH qui font généralement l'objet d'enveloppes budgétaires allouées, par entité organisationnelle, pour un exercice donné.

On retrouve ainsi les grands postes budgétaires de la fonction RH dont le principal, la masse salariale, offre tous les effets d'une analyse stratégique et qui fera, plus loin, l'objet d'un exemple appliqué. Si la masse salariale est de loin le premier poste de dépense de la DRH, jusqu'à 80 % des charges de certaines entreprises de services, le second en importance diffère selon les ambitions des organisations. Cependant c'est le budget formation que l'on trouve souvent en deuxième position mais dans une part beaucoup plus faible puisque, nous l'avons vu au cours de cet ouvrage, en 2001 les entreprises françaises y ont consacré, en moyenne, un pourcentage de leur masse salariale égal à 3,16. Ce chiffre, bien qu'élevé par rapport à l'obligation légale, puisqu'il en représente un peu plus du double, reste, en proportion de celui de la masse salariale, un budget encore modeste.

Ces budgets font, pour certains, l'objet d'une très grande attention de la DRH tant la part qu'ils représentent dans les dépenses de la fonction RH est importante. Une autre raison de leur suivi méthodique relève aussi du fait qu'ils sont étudiés avec attention par les instances représentatives du personnel.

Les budgets les plus importants sont, on l'a vu, ceux de la masse salariale et de la formation. Quant aux autres budgets de la DRH, l'importance dépend essentiellement de la stratégie sociale adoptée mais aussi des objectifs du moment. C'est le cas des entreprises en fort développement qui vont consacrer une part importante du budget de la DRH aux opérations de communication et au recrutement.

Pour les autres domaines de la GRH, même si les dépenses peuvent représenter un coût important comme c'est le cas dans certaines branches d'activité pour l'absentéisme maladie et les accidents du travail, il est rare qu'un budget leur soit explicitement alloué. On les suit donc comme des composants de la masse salariale sans qu'on puisse y appliquer directement la méthode du contrôle budgétaire.

Appuyons-nous sur le budget de la masse salariale pour analyser, sur cet exemple, les modalités du contrôle de gestion budgétaire.

Il va porter sur les deux grandes phases chronologiques de la gestion de la masse salariale que sont la *phase de simulation des hypothèses budgétaires* conformément aux objectifs de fluctuation de la masse salariale arrêtés et la *phase de suivi budgétaire* permettant, à l'aide des tableaux de bord appropriés, d'atteindre l'objectif fixé.

La phase de simulation des hypothèses budgétaires

La phase de simulation, qui intervient nécessairement en amont de l'exercice budgétaire, repose sur des hypothèses de gestion des différents budgets qui constituent la masse salariale.

Certaines composantes de la masse salariale peuvent être revues à la baisse comme cela a pu être le cas pour les augmentations générales après la signature d'accord sur les 35 heures, et d'autres composantes peuvent être réévaluées. En effet, même s'il paraît surprenant de vouloir augmenter certains postes du budget de la masse salariale, on constate, à l'occasion de la mise en place d'un nouveau système de rémunération, une augmentation de la part variable des salaires assortie d'objectifs à atteindre.

C'est à cette étape de construction budgétaire que l'on va, en fonction d'hypothèses de gestion de la masse salariale cohérentes avec la stratégie de l'entreprise, réaliser pas à pas le budget des salaires du ou des exercices à venir.

La première phase du contrôle de gestion va intervenir dès la préparation de l'ensemble des éléments qui composent le budget de la masse salariale.

À cette étape, vous allez favoriser des hypothèses de fluctuation de la masse salariale en fonction des objectifs que vous aurez fixés. Ce n'est qu'à ce prix que la seconde phase du contrôle de gestion de la masse salariale a un sens. Autrement dit, il faut avoir fixé un axe d'objectifs à atteindre pour que le contrôle de la réalisation des objectifs ait une signification.

Le suivi budgétaire que vous allez ainsi effectuer en tant que DRH porte sur les éléments de la masse salariale qui caractérisent votre politique salariale. Le suivi budgétaire est centré sur l'analyse du réalisé en terme :

– d'augmentations générales et individuelles,

– d'embauche,

– de salaire de remplacement,

– de promotion.

Les indicateurs en sont les différents effets que vous avez simulés pour déterminer le budget des éléments permanents de la masse salariale. Ils doivent permettre de comparer les effets prévisionnels avec le réalisé.

Vous êtes en année A, la phase de simulation de votre masse salariale porte donc sur l'année de projection, dite année B, et aura des conséquences sur l'année C. Les résultats peuvent être présentés dans l'encadré suivant[1] :

1. Voir *La Masse salariale* du même auteur paru chez Dunod en 2003.

Présentations des hypothèses budgétaires sur la masse salariale de l'exercice à venir (année B)

Masse salariale *de base* pour l'année B, avant augmentation

– effet sur l'année B, des *augmentations générales* en niveau et en masse, et leur effet report sur l'année C

– budget à prévoir

– effet sur l'année B, des *augmentations individuelles au mérite* en niveau et en masse, et leur effet report

– budget à prévoir

– effet sur l'année B, des *augmentations individuelles automatiques*, en niveau et en masse, et leur effet report sur C

– budget à prévoir

– effet *noria* sur l'année B, en niveau et en masse, et son effet report

– budget à prévoir

– effet de *structure* sur l'année B, en niveau et en masse, et son effet de report

– budget à prévoir

– effet *d'effectif* sur l'année B, en niveau et en masse, et son effet report

– budget à prévoir

– effet de *variation d'activité* sur l'année B, en niveau et en masse, et son effet report

– budget à prévoir

budget prévisionnel des éléments permanents de la masse salariale de l'année B

budget prévisionnel des éléments non permanents de la masse salariale de l'année B

budget prévisionnel de la masse salariale de l'année B au sens du suivi budgétaire

Dans l'exemple que nous prenons, le budget de base à effectif constant de l'année de référence A est de 3 000 000 d'euros avant toute augmentation sur l'année B. Les résultats de la simulation, incluant poste par poste toutes les hypothèses d'augmentation, sont ainsi consignés dans un tableau récapitulatif de contrôle de gestion dont nous vous proposons ici un modèle (tableau 12.2).

Tableau 12.2

Simulation masse année B	**% niveau**	**% masse**	**% % report**	**Budget en euros**
Avant toute augmentation				3 000 000
Augmentations générales	3,017	1,579	*1,416*	47 370
Augmentations individuelles au mérite	0,926	0,527	*0,384*	15 810
Augmentations individuelles automatiques	0	0	*0*	0
Sous total : budget après augmentations	3,943	2,106	*1,800*	3 063 180
Effet de noria	– 0,76	– 0,380	*– 0,380*	– 11 400
Effet de structure	0,5	0,5	*0*	15 000
Sous total : budget à effectifs constants et activité constante	3,183	1,726	*1,42*	3 066 780
Effet d'effectif	2,2286	2,2286	*0*	66 858
Effet des variations d'activité	1,00	1,00	*0*	30 000
Sous total : budget des éléments permanents à effectifs variables et à activité variable	5,412	5,4546	*1,42*	3 163 638
Éléments non permanents	–	–	–	25 000
Charges patronales	–	–	–	1 577 519
Budget total				4 766 157

Ce modèle présente les conséquences précises de toutes les mesures de votre politique budgétaire. La double colonne des résultats, tant en pourcentage qu'en euros, présente l'avantage d'une analyse tournée à la fois vers la négociation et vers le suivi budgétaire.

➤ La phase de suivi budgétaire : le tableau de bord comme outil du contrôle de gestion sociale

Dans la recherche de la performance, les entreprises font varier les équilibres autour des quatre paramètres fondamentaux que sont le Coût, la Qualité, la Flexibilité et les Délais.

Ceci les éloigne de plus en plus de la productivité taylorienne basée sur le rapport de l'unité de temps de travail car les critères de choix sont désormais plus orientés vers la satisfaction du client que vers la maximisation de la production.

La question qui se pose alors à la DRH est de se doter d'indicateurs mesurant cette satisfaction pour permettre de suivre l'évolution de ces paramètres autour des valeurs normées fixées préalablement comme objectifs à atteindre.

Le contrôle de gestion sociale va s'appuyer sur les tableaux de bord de la gestion sociale avec les quatre objectifs suivants :

- Intégrer l'utilisation des tableaux de bord dans le système de gestion par objectifs et dans le processus d'élaboration du business plan.
- Intégrer dans les tableaux de bord des aides à la décision pour réaliser les proactions.
- Lier la mesure des performances aux systèmes de stimulation salariale (primes).
- Intégrer les objectifs de l'entreprise pour que chacun puisse comparer sa performance à celle de la collectivité *(benchmark).*

• *Procéder au suivi budgétaire de la masse salariale*

Pour poursuivre dans l'exemple appliqué à la masse salariale que nous avons choisi, il convient, une fois celle-ci budgétisée, d'en suivre la réalisation nominale c'est-à-dire d'agir conformément aux prévisions. Nous allons pour ce faire étudier la mise en place de tableaux de suivi budgétaire.

On trouve parmi les clients du suivi budgétaire la direction du personnel, les services financiers et le contrôle de gestion qui souhaitent mettre en évidence le constat analytique des écarts sous un angle que l'on peut qualifier de mécanique : comprendre ce qui s'est passé entre le processus de prévision et la réalisation pour en tirer des leçons pour les nouvelles simulations.

À chaque échéance de paie, vous recalculez les effets des différents facteurs, en utilisant les mêmes tableaux base 100 ou les mêmes tableaux de pondération des enveloppes que ceux utilisés lors de la simulation, avec les mêmes formules de calcul. Ce qui change, c'est que vous intégrez dans les différents tableaux de calcul, au fur et à mesure des mois, les mesures salariales telles qu'elles ont été réellement accomplies. Par contre, pour le reste de l'année, vous laissez dans vos tableaux les mesures telles qu'elles ont été prévues initialement.

Par exemple, un tableau de pondération des enveloppes d'augmentations individuelles, peut devenir à fin mai *(les chiffres en italiques sont des prévisions) :*

Prévision			
au 31/12/A	**Euros**	**Pondé-ration**	**Euros**
janvier	*100*	*12*	*1 200*
février		*11*	
mars	*400*	*10*	*4 000*
avril		*9*	
mai	*200*	*8*	*1 600*
juin		*7*	
juillet	*200*	*6*	*1 200*
août		*5*	
sept		*4*	
octobre	*500*	*3*	*1 500*
nov.		*2*	
déc.	*100*	*1*	*100*
Total	*1 500*		*9 600*

Réalisation			
au 31/05/B	**Euros**	**Pondé-ration**	**Euros**
janvier	100	12	1 200
février	350	11	3 850
mars		10	
avril		9	
mai	250	8	2 000
juin		*7*	
juillet	*200*	*6*	*1 200*
août		*5*	
sept		*4*	
octobre	*500*	*3*	*1 500*
nov.		*2*	
déc.	*100*	*1*	*100*
Total	*1 500*		*9 850*

Dans cet exemple, l'effet niveau estimé et l'effet niveau prévu sont les mêmes. Par contre, l'effet en masse est plus important en réalisé, ce qui entraîne une augmentation du budget de 250 euros.

Pour identifier les enveloppes accordées pour les augmentations au mérite, nous vous recommandons de remplir après chaque paie un tableau nominatif, reprenant le montant et la date des augmentations accordées. Ce tableau vous permettra de retrouver précisément la cause des dépassements et de les justifier.

Voici un modèle de ce tableau de suivi des augmentations individuelles consenties (tableau 12.3).

Tableau 12.3 – Analyse budgétaire : augmentations individuelles

Année : B – mois : mai	**Catégorie : employés**
Nom des bénéficiaires	**Montant en euros**
Lucien Bernard Dupont Dubois Charles	50 40 50 60 50
Total des augmentations individuelles	250
Total pondéré par le nombre de mois de paie pendant lesquels l'augmentation est perçue	2 000

Le fait de recalculer les effets des différents facteurs d'évolution de la masse de base présente l'avantage supplémentaire de disposer pour l'année B de calculs ajustés en fonction du réalisé. Cela est surtout important pour les effets de noria et d'effectifs qui ne peuvent pas être estimés en prévisionnel pour une valeur certaine. Ces calculs authentiques permettront à leur tour, au moment de la simulation de la masse salariale de l'année suivante, l'année C, d'affiner les prévisions. Ainsi, l'effet de noria prévisionnel de l'année C peut être estimé à la valeur de l'effet de noria constaté de l'année B.

Pour calculer l'effet de noria réalisé, vous devez renseigner, au fur et à mesure des paies, un tableau récapitulatif des départs et des embauches. Ce tableau est nominatif, il comptabilise le nombre de remplacements, la date de départ et le salaire des sortants, la date d'embauche et le salaire des embauchés (tableau 12.4).

Tableau 12.4 – Analyse budgétaire : suivi de la noria

Année : B	Catégorie : cadres					
	Entrées		Sorties			
	Noms des remplaçants	Salaire mois (1)	Noms des partants	Salaire mois (2)	Écart (1) – (2)	Pondération
Janvier			*Durand*	*1 400*	– 1 400	12
Février	*Dupuis*	*1 200*			1 200	11
Mars						10
Avril						9
Mai	*Leblanc*	*2 000*			2 000	8
Juin			*Lenoir*	*2 100*	– 2 100	7
Juillet						6
Août						5
Septembre						4
Octobre						3
Novembre						2
Décembre						1
Total brut	*2 personnes*	*3 200*	*2 personnes*	*3 500*	*– 300*	
Total pondéré	*2 personnes*	*29 200*	*2 personnes*	*31 500*	*– 2 300*	

L'effet noria en niveau est obtenu en comparant les – 300 avec le salaire de décembre *A*, et l'effet noria en masse est obtenu en comparant – 2 300 avec la masse annuelle avant augmentation. En terme budgétaire, la noria permet une économie de 2 300 euros.

Dans cet exemple de contrôle appliqué à la réalisation de la masse salariale, les hypothèses sont clairement exprimées, des formules y sont attachées, les effets démontrés et les résultats quantitatifs se mesurent en euros.

Nous venons d'aborder le contrôle de gestion RH, sous un aspect technique, reposant sur la base classique d'un budget prévisionnel à réaliser. Nous allons voir maintenant qu'il en va autrement avec le contrôle qualitatif de la gestion sociale.

Le contrôle qualitatif de la gestion sociale

La gestion des ressources humaines est, par définition, une gestion qualitative des hommes au sein des organisations. C'est pourquoi on voit apparaître, dans la formulation d'objectifs qualitatifs, une réelle difficulté à les transposer en indicateurs sociaux et à en mesurer l'évolution pour chiffrer les résultats obtenus. C'est la raison pour laquelle la fonction RH est le siège d'un paradoxe quant à la démonstration de sa contribution aux résultats de l'entreprise. En effet, lorsque des difficultés économiques surgissent au sein de l'organisation, une des solutions, la plus simple mais pas toujours la plus judicieuse, consiste à diminuer les charges salariales par le biais de plans sociaux, donc par le licenciement d'une partie du personnel. La corrélation existant entre déficit global d'exploitation et charges de personnel paraît alors évidente et on dira qu'elle est explicite.

Il en va différemment lorsque l'organisation est prospère, de plus en plus, et qu'elle accentue sa marge bénéficiaire parce que la corrélation existant alors entre l'accroissement de la marge et la gestion des ressources humaines va devenir implicite c'est-à-dire que le moment sera alors venu d'en démontrer toute la pertinence.

Pour être opératoire sur les objectifs qualitatifs de la DRH, le contrôle de gestion soit s'appuyer sur des indicateurs qui se mesurent, directement ou indirectement, par une unité qui est, en bout de course, toujours financière. Que ce soit la diminution du nombre et du taux de gravité des accidents du travail, la réduction de la partie fixe de la rémunération au profit de la partie variable, l'abaissement de la moyenne d'âge des salariés, ou encore le renforcement de la formation des collaborateurs de l'entreprise, l'impact de l'objectif est toujours convertible en euros. Mais dans l'ensemble de ces objectifs que nous venons d'énumérer, volontairement pêle-mêle, un tri est à faire car pour les uns l'unité est directement exprimée en euros alors que pour les autres l'unité est celle de la variable concernée, le nombre d'accidents du travail ou l'âge moyen.

Pourtant toutes ces unités peuvent, après translation, trouver leur expression en unité monétaire.

Il faut pour cela passer par une étape de conversion basée sur les corrélations existant entre l'indicateur qualitatif, ou plutôt sa variation, et la mesure en euros de son impact financière.

Prenons en exemple l'objectif que s'est fixé cet établissement de stockage, de conditionnement et de livraison de papier, de diminuer le nombre de ses accidents du travail de 20 % sur trois ans.

Cet objectif représente tout d'abord un investissement financier facilement mesurable tant par le coût d'acquisition des équipements de protection des manutentionnaires et des caristes qui réceptionnent et emmagasinent le papier (gants de protection et chaussures de sécurité) que par le coût de la formation à la sécurité destinée aux chauffeurs et aux livreurs qui réalisent les tournées de livraison du papier chez les clients. Pourquoi dans la même logique ne nous attachons-nous pas, une fois cet objectif atteint, à en mesurer les gains pour l'entreprise ?

Difficulté ou négligence ? Je dirais que les deux sont en cause car dans cet exemple précis la mesure des résultats est, comme vous allez le voir, relativement simple.

Si l'objectif a été atteint vous avez mesuré une diminution de l'absentéisme de 20 % ce qui permet de dégager une première source de valeur ajoutée égale à la masse des salaires chargés des salariés en accident, minorée de la part des indemnités journalières versées par la sécurité sociale. Vous rajoutez, le cas échéant, la part des salaires chargés des personnes recrutées en remplacement des salariés absents, en interne comme en externe, sans oublier la conséquence, facilement mesurable, de la baisse de votre taux de cotisation au risque Accident du travail. Faut-il rappeler que cette cotisation est une charge, uniquement patronale, assise sur la totalité de la masse salariale brute et dont le taux est directement proportionnel aux dépenses, supportées par la sécurité sociale, causées par vos propres accidents du travail ?

Nous venons de le voir, la mesure des résultats de gestion des RH, convertis en euros, est réalisable dans le domaine de la GRH, qu'est l'absentéisme pour accident du travail. Il en va de même pour chacun des huit grands domaines de gestion des ressources humaines.

• *Les huit domaines du contrôle qualitatif*

Le contrôle qualitatif de la gestion sociale permet la fixation et la réalisation nominale d'objectifs en relation directe avec les ressources humaines dans les huit grands domaines du contrôle de gestion qui sont :

1 • Recrutement/intégration

2 • Gestion des rémunérations

3 • Gestion des carrières

4 • Gestion des temps productifs

5 • Relation avec les instances représentatives du personnel (IRP)

6 • Gestion de la formation

7 • Gestion des Compétences

8 • Sécurité et protection sociale des salariés

Les indicateurs affectés à chaque domaine du contrôle de gestion sociale permettent de vérifier, dans leur évolution positive, la qualité de la gestion des ressources humaines. A contrario, lorsque ces indicateurs clignotent, c'est-à-dire qu'ils évoluent négativement par rapport à une norme de gestion attendue, le risque humain encouru par l'organisation va s'échelonner de la démotivation du collaborateur jusqu'à son départ.

D'un extrême à l'autre, tous les indicateurs qui occupent l'intervalle vont engendrer un coût. C'est pourquoi nous allons, ci-après, affecter à la liste d'indicateurs sociaux dysfonctionnants, leurs conséquences en matière de coût.

Domaines du contrôle de gestion RH	**Dysfonctionnement ou variation négative de l'indicateur**	**Conséquences en matière de coût**
1. Recrutement/ Intégration		
	Nombre de nouveaux embauchés qui ne se sont pas présentés à leur poste le 1er jour de leur contrat	Coût de recrutement

Domaines du contrôle de gestion RH	**Dysfonctionnement ou variation négative de l'indicateur**	**Conséquences en matière de coût**
	Nombre de salariés n'ayant pas terminé la période d'essai à leur initiative	Coût de recrutement Coût d'intégration
	Nombre de salariés n'ayant pas terminé la période d'essai à l'initiative du manager	Coût de recrutement Coût d'intégration
	Turnover subi, par catégorie socioprofessionnelle et par unité organisationnelle	Coût de recrutement Coût d'intégration
2. Gestion des rémunérations		
	Absence d'une part variable liée à des objectifs motivants	Coût de perte de productivité
	Fixation d'objectifs irréalisables	Coût des objectifs non atteints
	Disparité de la rémunération interne avec le marché du travail	Coût de recrutement Coût d'intégration
3. Gestion des carrières		
	Absence de filière de progression de carrière formalisée	Coût de l'absentéisme en général Coût de perte de productivité
	Absence de publicité interne des vacances de postes	Coût de l'absentéisme en général Coût de perte de productivité

Domaines du contrôle de gestion RH	Dysfonctionnement ou variation négative de l'indicateur	Conséquences en matière de coût
	Absence de plan de formation ayant comme finalité un accroissement de productivité ou une meilleure qualité	Coût de l'absentéisme en général Coût du manque de performance
	Absence de plan de formation ayant comme finalité une progression de carrière	Coût de l'absentéisme en général Coût de perte de productivité
4. Gestion des temps productifs		
	Nombre de jours de congés payés reportés ou payés	Coût de l'absentéisme en général
	Nombre de jours de RTT reportés ou payés	Coût de l'absentéisme en général
	Nombre d'HS effectuées par an et par salarié	Coût des Heures Supplémentaires
	Absence de modulation du temps de travail	Coût de l'absentéisme en général Coût de perte de productivité
	Absence d'horaires variables lorsque cela est possible	Coût de perte de productivité
5. Relations avec les IRP		
	Nombre d'accords signés	Coût des arrêts de travail collectifs
	Nombre de jours de grève	Coût des arrêts de travail collectifs
	Participation aux élections professionnelles	Coût des arrêts de travail collectifs

Domaines du contrôle de gestion RH	**Dysfonctionnement ou variation négative de l'indicateur**	**Conséquences en matière de coût**
	Nombre de candidats libres élus au deuxième tour	Coût des arrêts de travail collectifs
6. Gestion de la formation		
	Nombre moyen de formations demandées par les salariés et refusées par le management	Coût du manque de performance
	Nombre de formations suivies par salarié	Coût du manque de performance
	Nombre de formations annulées du fait du salarié	Coût du manque de performance
	Nombre de formations annulées du fait du manager	Coût du manque de performance
	Nombre de Congés individuels de formation	Coût de l'absentéisme en général + *éventuellement* Coût de recrutement Coût d'intégration
7. Gestion des Compétences		
	Nombre moyen de formations suivies par salarié	Coût du manque de performance
	Absence d'un référentiel de compétences	Coût du manque de performance
	Absence de gestion prévisionnelle des compétences	Coût du manque de performance
	Nombre de pièces rebuts	Coût du manque de performance
	Nombre de problèmes Qualité	Coût du manque de performance

Domaines du contrôle de gestion RH	Dysfonctionnement ou variation négative de l'indicateur	Conséquences en matière de coût
8. Sécurité et protection sociale des salariés		
	Nombre d'accidents du travail (AT)	Coût de l'absentéisme en général Coût particulier de l'AT
	Taux de fréquence des accidents du travail	Coût de l'absentéisme en général Coût particulier de l'AT
	Taux de gravité des accidents du travail	Coût de l'absentéisme en général Coût particulier de l'AT
	Dépenses de sécurité	Coût particulier de l'AT
	Plan de prévention des AT	Coût particulier de l'AT

• *La valorisation des coûts*

La démotivation du personnel, on le sait, peut prendre des formes distinctes, parfois simultanées, qui ont toutes un coût que nous allons approcher dans les quatre temps du cycle des coûts. Ces quatre temps sont :

- La baisse de la productivité et de la qualité perçue par le client
- L'augmentation de l'absentéisme en général
- Le déclenchement de conflits collectifs
- Le remplacement après départ définitif

On le voit dans la figure 12.1, représentant le volume des coûts par dysfonctionnement de gestion sociale, les coûts les plus importants sont à proportionner avec la taille de la population qui y est affectée.

En effet, si on prend comme exemple cette entreprise de service informatique (SSII), qui dans l'année 2003 connaît un fort turnover de 30 % de ses ingénieurs, on constate que les coûts d'intégration prennent largement le pas sur le coût des conflits collectifs du travail. En

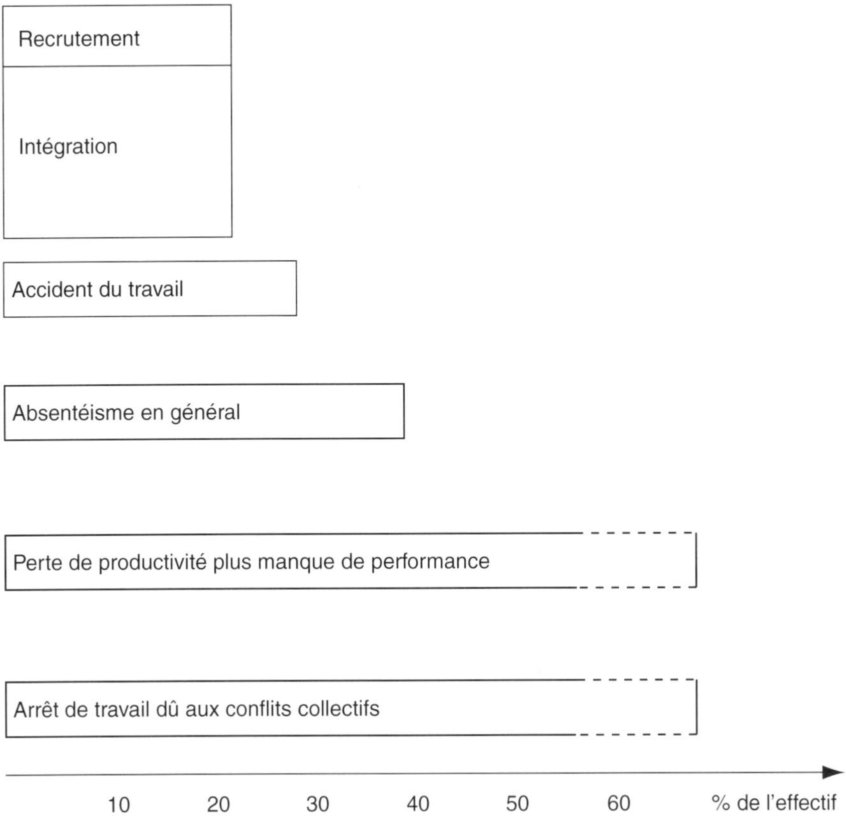

Figure 12.1 – Contrôle de gestion – Représentation du volume des coûts de disfonctionnement

effet, les ingénieurs informaticiens, qui représentent 58 % de son effectif total, sont la force vive de sa production. L'importance du turnover met en valeur un coût global constitué de la somme des coûts de recrutement, d'intégration, et probablement de celui de la perte de performance et par voie de conséquence la perte de certains clients.

• *La baisse de la productivité et de la qualité perçue par le client*

On le sait, l'absence du salarié n'est pas la seule source de non productivité puisque, même en étant présent et ponctuel, le salarié peut travailler plus ou moins vite, plus ou moins bien et il peut, en prime, combiner les deux éléments.

Le coût de la baisse de la productivité se mesure grâce à des indicateurs que suivent les managers opérationnels. Ces derniers disposent, chacun à leur façon, d'indicateurs mesurant la productivité exprimée dans l'unité d'œuvre de production du service. Il peut s'agir du nombre de contrats rédigés, du nombre de dossiers traités, de la quantité de produits fabriqués ou du chiffre d'affaires de vente réalisé. Quant à la baisse de la qualité perçue par le client, elle se mesure par d'autres indicateurs tels que l'augmentation du nombre de pièces de rebuts, ou du nombre de problèmes qualité. Elle se mesure également par la diminution de la qualité de l'accueil des nouveaux clients ou encore par une moindre fidélisation des clients existants.

Dans tous les cas, les indicateurs sont à trouver et à suivre scrupuleusement par le management opérationnel qui peut vous fournir là, une des clés de la mesure finale de votre rentabilité.

Illustrons ce point par un exemple. Si vous mettez en place un plan de formation ambitieux visant l'amélioration de l'accueil des clients, comment ferez-vous pour mesurer les résultats de cette opération ?

Vous le savez, l'évaluation de la formation est une question vaste et difficile, alors avant que toutes les réponses y soient apportées, appuyez-vous sur la mesure permanente de l'indicateur de satisfaction du client détenue par votre service qualité. Vous pourrez suivre l'évolution de cet indicateur dans le temps et guetterez les signes de son augmentation après un laps de temps T1, T2 et T3 suivant la formation que vous préciserez avec les managers opérationnels.

Attention donc, avec des actions de gestion des ressources humaines de ce type, à ne pas vous isoler à force d'élaborer des plans d'actions. Vous vous battrez pour les faire adopter sans chercher, en retour, le contrôle et la mesure, au risque de vous voir refuser les budgets d'investissement.

L'augmentation de l'absentéisme

On sait que la réaction classique face à un malaise social, perçu comme difficilement supportable par les salariés, est une réaction d'évitement. Vous pourrez la mesurer sur certains postes dits « sensibles » de l'absentéisme conjoncturel comme l'est la maladie de courte durée.

La maladie de courte durée

La maladie, surtout lorsqu'elle est indemnisée par l'employeur, est le premier poste d'absence conjoncturelle d'évitement. Elle est généralement de courte durée, le plus souvent entre un et trois jours afin de se soustraire aux contrôles de la sécurité sociale, et dépasse rarement les sept jours.

Le coût direct que génère l'absentéisme, lorsque le salaire est maintenu, est celui des salaires chargés minorés du montant des indemnités journalières versées par la sécurité sociale, majoré du montant des salaires chargés des remplaçants.

Coût direct de la maladie = Salaires chargés – indemnités journalières + salaires chargés des remplaçants (éventuellement)

Il est peu probable qu'il faille ajouter au coût de cet absentéisme celui du remplacement du fait même de la courte durée de l'absence à l'exception toutefois des postes dont la présence du salarié est indispensable comme les standardistes, les conducteurs d'engins ou les péagers dans les sociétés d'autoroutes pour ne citer que ces trois exemples.

À ce coût direct, il convient d'ajouter un coût indirect, beaucoup plus difficile à appréhender, qui est celui de la dégradation du service du fait du non remplacement du salarié absent. Cette dégradation du service peut aboutir à la perte du client, qui ne communique pas forcément la raison de son départ. Elle s'exprime par un coût, bien connu des services commerciaux, calculé comme la différence entre le coût d'acquisition d'un client nouveau et le coût de fidélisation d'un client existant.

Coût indirect de la maladie = Coût d'acquisition d'un nouveau client – coût de fidélisation d'un client existant

Or, le coût d'acquisition d'un nouveau client peut représenter jusqu'à dix fois le coût de fidélisation d'un client déjà présent.

Les accidents du travail (AT)

Pour les accidents du travail, en plus des coûts directs très proches de ceux développés pour l'absentéisme maladie, il convient de rajouter le coût différentiel supporté par l'employeur dans le taux de la cotisation. Comme nous l'avons vu précédemment, la CRAM qui calcule tous les ans le taux de cotisation applicable au seul employeur, va utiliser une méthode de calcul qui répercute le coût total généré par les accidents du travail survenus dans l'entreprise au cours des trois années qui précèdent l'année de calcul, sur le taux que vous allez supporter. Dans la mesure où la CRAM prend en compte le coût moyen des accidents sur trois ans, vous retrouverez, en cas d'accident grave, l'impact de son coût sur votre taux pendant trois ans.

Coût direct de l'accident du travail = Salaires chargés – indemnités journalières + salaires chargés des remplaçants (éventuellement)

Coût indirect de l'accident du travail = Coût d'acquisition d'un nouveau client – coût de fidélisation d'un client existant

Coût indirect sur le taux AT = variation du pourcentage AT × masse salariale annuelle brute × 3 ans

• *Le déclenchement des conflits collectifs*

Il s'agit, là encore, de l'addition de différents coûts parmi lesquels on trouve le coût du conseil juridique, c'est-à-dire le salaire du poste de chargé d'études ou les honoraires de l'avocat, plus le coût direct du conflit collectif. Celui-ci est égal à la marge sur le chiffre d'affaires perdu. De plus, les conséquences de la baisse d'image institutionnelle vis-à-vis des clients et la perte de certains d'entre eux nous ramènent aux calculs précédents du différentiel des coûts entre perte de clients existants et acquisition de nouveaux clients.

Coût direct des arrêts de travail collectifs = nombre de pièces non fabriquées x marge sur la pièce

Coût indirect des arrêts de travail collectifs = Coût d'acquisition d'un nouveau client – coût de fidélisation

• *Le remplacement du salarié après départ définitif*

Le coût du remplacement d'un salarié va s'analyser comme la somme de deux coûts principaux : le coût du recrutement et le coût de l'intégration.

Le coût de remplacement d'un nouveau collaborateur est rarement calculé avec précision par les organisations car les modalités de son calcul sont imprécises et font, de plus, l'objet de l'addition de deux coûts de différentes natures. Les coûts du recrutement sont connus comme, par exemple, le coût du cabinet chargé du recrutement ou le coût de la location d'emplacement pour la publication de l'annonce dans la presse. Les autres, à partir du moment où le collaborateur a rejoint l'entreprise, sont plus difficiles à sérier. Il s'agit du coût de la formation des nouveaux entrants, lorsqu'elle existe, additionné du coût des salaires chargés de la période improductive de ce nouveau collaborateur. Car il convient, en effet, de comptabiliser dans le coût de l'intégration d'un collaborateur, en plus de tous les coûts que nous venons d'évoquer, celui de ses salaires chargés pour une période allant d'une semaine à six mois. On sait la relation qui existe entre l'importance des missions d'un poste et la durée de la phase d'intégration de la personne embauchée à ce poste. Comme les méthodes de travail tayloriennes sont de moins en moins présentes dans nos organisations du travail, nous pouvons valider, comme norme basse de la période improductive, le seuil minimum d'une semaine. J'entends déjà certains d'entre vous dire, et je suis d'accord avec eux, que pendant ce laps de temps le nouvel arrivé travaille et assume, au fil de ce temps qui passe, une part de plus en plus grande de son poste. Ce qui veut dire qu'il faut, pour être plus précis, fixer un coefficient de dégressivité linéaire du coût de ses salaires chargés tout au long de cette période.

Avez-vous pensé aux nombreuses personnes avec qui vous allez mettre en relation votre nouvelle recrue ?

S'il s'agit d'un cadre de support, vous allez tout d'abord lui faire rencontrer chef comptable, responsable de la paie et chef de projet informatique, pour ne citer que ces trois exemples. Puis il faudra, bien sûr, lui faire rencontrer plusieurs de ses homologues, avec qui il devra harmoniser ses procédures de travail, et enfin chacun de ses collaborateurs directs qu'il rencontrera en entretien individuel.

Enfin, je suis sûr que vous y avez pensé, valorisez le coût de la DRH et plus particulièrement celui de son service paie et administration du personnel qui va gérer les tâches chronologiques suivantes :

- Déclaration unique d'embauche
- Rédaction de la promesse d'embauche et/ou du contrat de travail
- Inscription aux caisses de retraite et de prévoyance
- Organisation de la visite médicale
- Saisie des données individuelles du nouveau collaborateur dans la base informatique du SIRH

Et ce sans compter les particularités de certains personnels comme ceux du bâtiment, les VRP, les intermittents du spectacle, les médecins du travail et les salariés de l'agriculture, pour lesquels des déclarations spécifiques, en sus de celles listées précédemment, sont à réaliser.

Nous le voyons, il convient de chiffrer tous ces coûts, parfois complexes à estimer précisément, car c'est cette connaissance qui va permettre de diminuer les facteurs qui en sont la cause et de justifier ainsi la nouvelle place du contrôle de gestion RH.

On peut dire en synthèse que les deux composantes du contrôle de gestion RH sont étroitement liées dans la mesure où le contrôle de gestion budgétaire contient forcément dans ses objectifs une part du contrôle qualitatif de gestion sociale.

Le modèle de gestion des ressources humaines actuel repose sur la coexistence simultanée d'un certain nombre d'exigences qui relèvent à la fois du quantitatif et du qualitatif, du financier et de l'humain. On peut affirmer sans trop se tromper que la DRH des années 2000 réconcilie l'économique et le social et que le contrôle de gestion RH est le trait d'union qu'il manquait pour permettre à la DRH de tenir sa place au sein des Comités de Direction.

Les conditions de réussite

La première mission du contrôle de gestion sociale est de relier les objectifs RH aux indicateurs sociaux qui leurs sont affectés afin d'en assurer l'atteinte dans les délais impartis. Ce qui revient à positionner, en amont de cette étape, une phase de communication auprès du management opérationnel sur la relation qui existe entre l'atteinte d'un objectif de GRH et la mesure de ses résultats dans l'unité d'œuvre de l'organisation.

Les conditions de succès du contrôle de gestion RH reposent, comme nous l'avons vu lors de l'identification des coûts non productifs, sur une adhésion forte des acteurs opérationnels qui ont la charge directe des RH de l'entreprise.

Pour cela, il convient de définir avec eux un ensemble cohérent d'objectifs sociaux qui portent aussi bien sur le respect des différents budgets salariaux que sur la réalisation d'objectifs qualitatifs comme l'est notamment l'amélioration de la qualité perçue par le client final.

Voyons maintenant comment les hommes et la technique vont se rejoindre pour assurer la réussite du contrôle de gestion RH.

L'importance de l'implication des managers et de la présence d'un système de management par objectifs

Dans le domaine des ressources humaines, le contrôle de gestion RH s'intègre dans un système où les managers opérationnels sont des décideurs à part entière et où ils sont les pilotes de l'unité organisationnelle qu'ils dirigent. Ils sont ainsi les relais de la DRH pour faciliter la gestion de proximité avec leurs équipes et pour faire remonter à la DRH la mesure de l'évolution des indicateurs de performance. Pour ce faire, le management par objectifs est un levier puissant qui permet de mettre tous les responsables de l'entreprise dans un système de gestion contrôlée.

L'information et la communication sont facilitées par les nouvelles technologies ce qui nous amène à mieux expliciter les objectifs fixés dans la gestion des RH et d'obtenir ainsi l'adhésion de tous les acteurs en relation directe avec la DRH : les salariés, les managers opérationnels, les instances représentatives du personnel.

Le contrôle de gestion s'appuie sur des constantes parmi lesquelles on peut citer : la réflexion sur les objectifs et les moyens de les atteindre ainsi que sur la réactivité de la DRH face à la baisse des performances des RH.

La fiabilité du SIRH comme élément essentiel de la qualité du contrôle de gestion RH

L'informatisation croissante des organisations rend les SIRH incontournables afin de répondre aux multiples défis que doit affronter la Direction des Ressources Humaines. Un Système d'Information des Ressources Humaines est la combinaison des modalités de gestion des RH traitées autour d'un support informatique qui permet d'assurer la communication des informations sociales dans l'entreprise.

On le sait, aujourd'hui, communiquer est le principal intérêt retenu par la majorité des DRH pour mettre en place un SIRH. Communiquer, c'est échanger des indicateurs sociaux avec les acteurs des différents niveaux de l'entreprise mais c'est aussi passer facilement d'une application informatique à une autre dans l'entreprise.

La connaissance des coûts de gestion des ressources humaines va amener de plus en plus de managers de l'entreprise, la direction générale en premier, à analyser et à comparer leur propre structure de coût à celle des autres directions et à celle des autres entreprises, concurrentes ou non.

Il faut reconnaître qu'en matière de communication, la DRH possède aujourd'hui un grand nombre d'outils faisant appel aux nouvelles technologies : cd-rom, multimédia, *workflow*[1], *groupware*[2], gestion électronique et échanges informatisés de documents.

Que vous choisissiez une solution informatique intégrée ou un progiciel de GRH plus classique, ce que vous recherchez surtout dans l'informatisation de votre Direction des Ressources Humaines, c'est une application qui alimente les principaux processus RH tout en optimisant une collaboration entre les salariés et les responsables opérationnels, la DRH et ses fournisseurs.

Vous attendez enfin d'un système informatique qu'il fournisse le plus grand nombre d'indicateurs pour pouvoir établir des tableaux de bord sociaux, suivre la réalisation des objectifs et distribuer l'information aux différents niveaux de la structure. Grâce à quoi, vous pourrez suivre les ratios de mesure des actions engagées pour alimenter votre contrôle de gestion RH.

Quant aux réunions de travail à distance, les architectures client/serveur à plusieurs niveaux offrent la possibilité d'un travail en groupe. Les nouvelles technologies de l'information et de la communication, telles internet, permettent aux entreprises de mettre en œuvre de nouvelles organisations des modes de travail.

1. *Workflow*, c'est le routage de formulaires entre plusieurs personnes qui permet d'automatiser un enchaînement de tâches et une circulation de documents.
2. *Groupware*, c'est l'ensemble des technologies qui permettent de gérer tous les modes de travail en groupes. On y trouve en particulier : la messagerie électronique, la gestion partagée d'informations et de documents, l'automatisation des workflow, l'internet et l'intranet.

Les fonctions de *workgroup* et de *workflow* rationalisent et fluidifient les processus de gestion des données RH d'aide à la décision.

Ces fonctions sont des éléments d'évolution extrêmement intéressants même si les techniques de workflow ne sont pas encore la priorité des DRH.

Dans l'histoire récente des RH, les objectifs que se sont fixés les DRH ont gravité, de façon plus ou moins forte, autour des grandes valeurs humaines comme : l'adhésion aux valeurs et au projet d'entreprise dans les années 1980, les compétences et les performances dans les années 1990 et, liées aux tensions sur le marché de l'emploi dans les années 2000, l'intégration et la fidélisation des collaborateurs.

On le sait, les Ressources Humaines, plus encore que les autres services de support de l'entreprise, rencontrent bien des fois des difficultés à démontrer leur participation active à la gestion économique de l'entreprise.

Or il arrive encore trop souvent que l'importance des coûts des projets RH ait comme conséquence l'arrêt de ces projets en cours de route parce que la DRH est incapable de démontrer à la direction générale les gains qui sont à attendre en retour sur investissements.

Avec la mise en œuvre de son propre contrôle de gestion, la DRH va se doter des moyens d'assurer l'atteinte nominale des objectifs qu'elle s'est fixés et d'en mesurer précisément le retour sur investissement.

C'est pourquoi l'enjeu des DRH, est de montrer, par la mesure et le contrôle, que la gestion optimisée des RH participe bien à la création de valeur ajoutée dans les entreprises performantes.

Conclusion

POUR conclure cet ouvrage sur les tableaux de bord de la gestion sociale, il nous faut aussi donner les limites de cet outil. Les tableaux de bord touchent leurs limites dans la mesure quantitative des indicateurs qu'ils contiennent.

Toute l'activité des ressources humaines ne peut être réduite à des indicateurs mesurés tant il est difficile pour certains domaines de définir des normes.

Chaque entreprise a selon son mode de fonctionnement, des indicateurs dont la mesure ne peut être analysée que dans son propre contexte. Il est de ce fait très difficile d'intégrer la référence externe pourtant si utile au pilotage social.

Mais au-delà de ces particularités, centrées sur les choix de mode de gestion, il est des domaines pour lesquels la dimension quantitative n'est pas signifiante. La satisfaction des salariés, certains aspects du climat social sont essentiellement qualitatifs et bien que nous ayons listé un certain nombre d'indicateurs s'y rapportant, ceux-ci ne nous renseignent qu'imparfaitement sur la nature des résultats.

Cependant, les tableaux de bord sociaux contribuent grandement à apporter des normes directrices en ce sens qu'ils véhiculent toutes les valeurs des référentiels internes et externes.

Dans l'environnement en mutation qui est le vôtre, la DRH joue son « atout gestion ». Les tableaux de bord de la gestion sociale vont vous permettre de démontrer que vous êtes aussi en mesure d'aligner des résultats de gestion clairs, face à des ambitions annoncées. Vous bénéficierez, à votre tour, du crédit déjà accordé aux autres directions de l'entreprise (directions commerciale et financière) jugées sur leurs résultats. C'est dans la prise en compte des réalités objectives que les tableaux de bord sociaux sont normatifs.

Ils sont conçus pour alerter tout écart par rapport à une norme de gestion et sont, de ce fait, les garants de la bonne santé sociale de l'organisation.

Index

047606 - (II) - (1) - OSB - 100° - NOC - CDD

Imprimerie Nouvelle
45800 Saint-Jean de Braye
N° d'Imprimeur : 415037Y
Dépôt légal 1re édition : 1e semestre 1996
Octobre 2005 - suite du 1er tirage

Imprimé en France